Guoji Haishang Huowu Yunshu Chengyunren Ze ren

Lifa Zhong Mudi Lixing Yu Jiazhi Panduan Yanjiu

南开大学法学院
学术文存

# 国际海上货物运输承运人责任立法中目的理性与价值判断研究

胡绪雨◇著

人民出版社

# 目　　录

# 序　言

## 一、本书写作背景和意义

在一个成熟的法律体系中,日益重要的问题愈来愈集中在立法方面。而在当代国际航运法律制度中,立法上的变化之所以极端重要,是因为国际贸易实务界与航运界对立法功能的看法,发生了一场悄悄的革命,这可能是航运业中除了航海技术进步、货运量迅速增长之外最引人注目的特征。国际航运的各种情势乃是持续变化的,不可预见的情形也会不断地发生,立法过程中不可避免要受各种利害关系的影响,要求我们对国际海商事法律制度不断作出调适。"涉及海上货物运输的当事方已经增加并将持续不断地增加,而海洋法律没有与海上运输的复杂性保持同步"。① 应该看到,货主安全和海洋环境等利益在海商事法律体系中不断得到强化,从而对海商事法律所能提供保护的程度以及法律力求平衡冲突的方式都产生了深远的影响与变化。海上货物运输承运人责任体系是具有国际性的法律,若世界上大多数国家的航运立法无法同步,将增加各国冲突,并将妨碍国际贸易和航运业的发展。"尽管海上运输对于全球经济一体化和经济增长作用日益增强,然国际社会还没有建立一个统一的船东责任法律体系。建立一个统一

---

① Chester D. Hooper, "Carriage of Goods and Charter Parties", *Tulane Law Review*, May-June 1999, p. 2.

的承运人和托运人义务与责任制度是 21 世纪实质运动",①是国际航运与国际贸易发展所追求的目标。

"法律的标准化是全球发达国家、发展中国家经济进程的重要的前提条件"。② "在国内法之间的差异已经严重阻碍了跨边界贸易"。③ 而"缺乏统一性会给商业体制产生实际费用。承运人必须决定对于每次装船运输的关心程度,这种决定是基于其潜在的义务;托运人在货物准备装船运输时也必须决定其关心程度以及对货物的投保范围,这些决定部分基于可以从他人(例如承运人)处追偿货物损失;保险人必须决定其保险范围和保险条款;货物的潜在买主必须决定他们需要何种保护;银行必须了解他们运输中的货物是否安全。所有的决定都将基于分配损害风险的责任体制"。④ 目前国际海上货物运输领域主要形成了两种相互分离与对立的制度,即以承运人不完全过失责任为基础,偏袒于承运人风险分配的《海牙规则》与对其修正的《维斯比规则》,和以承运人完全过失责任为基础,对托运人提供更多保护以有利于索赔人的《汉堡规则》。国际海上货物运输制度的差异与双重规则并行存

① Samuel robert mandelbaum, "International ocean shipping and risk allocation for cargo loss, damage and delay: a u. s. approach to cogsa, Hague-visby, Hamburg and the multimodal rules", *Journal of transnational law & policy*, fall 1995, p. 2.

② William Tetley, "Uniformity of international private maritime law—the pros, cons, and alternatives to international conventions—how to adopt an interationalconvention", *Tulane maritime law journal*, Spring 2000, p. 16.

③ Roy Goode, "Insularity or Leadership? The Role Of The United Kingdom In The Harmonisation Of Commercial Law", *International and comparative law*, Quarterly October 2001, p. 154.

④ Michael f. sturley, "Uniformity in the Law Governing the Carriage of Goods by Sea", *Journal of Maritime Law & Commerce*, October 1995, p. 21.

在和运作,反映了航运产业发展程度与不同国家的潜在利益需求,给国际贸易发展带来了不确定性与不可预见性,导致了择地诉讼、不公平竞争,以及法律冲突与争议、诉讼费用和商业成本的增加等障碍性因素。"尽管政府和非政府的海商法团体进行了大量努力,然寻求一种为大多数国家、船舶所有人、托运人及其各自保险人接受的体制是很艰难的"。① 因此,国际海上货物运输法律秩序未来发展必须以一种合理的和一贯的方式来平衡各方面的利益,并以法律的价值来调和利益的相互冲突。然而国际海上货物运输法律体系,尤其是其中的承运人责任基础规则实际上是一个庞大的惰性系统,对要变革的压力不断起着限制和消除的作用;而且承运人责任基础立法在整体上向"当为"型法律制度转变非常缓慢,并且存有较大目的理性的阻力。

国际海上货物运输承运人对货物损坏和灭失所负的法律责任,根植于国际贸易及运输业的发展历史。探究国际航运业发展史,从19世纪以前承运人严格责任制度,到19世纪合同自由原则被滥用,以致承运人毫无责任可言;从20世纪初期《海牙规则》实行承运人不完全过失责任原则,以及《维斯比规则》对《海牙规则》部分修正与承运人责任加重,到激进的《汉堡规则》承运人完全过失责任原则确立,以致进入21世纪CMI和联合国贸发会推出《联合国全程或部分海上国际货物运输合同公约》(简称联合国《运输法公约》或《鹿特丹规则》),试图在确立《汉堡规则》完全过失责任基础之上,以谋求世界最大范围承认与接受的某些调和与折中,无不昭示着建基于公平与效益价值之上,船货双方的利益斗争与妥协,以及承运人责

---

① 〔加拿大〕威廉·台特雷:《国际海商法》,法律出版社2005年版,第94页。

任体系在主张不同利益的船货双方相互斗争中实现其日益变化,并谋求船货双方新的动态利益平衡这一国际航运新秩序的发展规律。

国际海上货物运输法律制度历来被认为是海商法中最重要的组成部分,是运输合同的核心问题。因为不论是托运人在运输合同下债权的实现,还是提单持有人提单关系下物权的实现,都最终取决于承运人在合理条件下安全运输货物。承运人的责任基础是指承运人对在其责任期间内发生的货物灭失或损害,承担赔偿责任所依据的原则。可以说,"每一种责任体制的关键问题都是责任基础,赔偿数量以及承运人和托运人协议改变规则有关规定的可能性"。① 所以承运人的责任基础问题一直备受关注,其中争议最大的就是是否废除航海过失免责。承运人航海过失免责是基于海上风险的特殊性和海难损害的严重性而建立的一种制度,海商法上的诸种制度也是在此基础之上建立起来的。航海过失免责为美国《哈特法》及《海牙规则》所确立,到《汉堡规则》被正式废除,数十年来对于航海过失免责的存废所引发的利益平衡与分担风险问题,成为以船货双方为代表的国家及利益组织激烈争论的焦点。在联合国《运输法公约》制定过程中,有关海上货物损害分配体系的经济效益问题也一直是热点问题之一。

"秩序是国际法统一的一个最基本的原因。秩序是任何国家或者国际社会正义的组成部分"。② 国际海上货物运输承运人责

---

① Jurgen Basedow, "Common Carriers—Continuity and Disintegration in United States Transportation Law Part II", *Transportation Law Journal University of Denver*, 1984, p. 15.

② William Tetley, "Uniformity of international private maritime law—the pros, cons, and alternatives to international conventions—how to·adopt an international convention", *Tulane maritime Law Journal*, Spring 2000, p. 15.

任基础法律制度的发展,反映出更大范围的国际航运经济、贸易以及航运科技的发展所引起的承运人责任基础原则的更新。由于货物多式联运包含许多种类的运输方式,因此最重要的是发展统一的责任制度。航海过失抗辩不仅是取得统一的主要障碍,也为海上承运人提供了一种在任何其他运输方式中都没有的保护。而承运人责任基础又是承运人权利与义务最根本的体现,是货方权利最根本的保障与救济手段,其统筹着海上货物运输制度,影响或制约着海上保险、共同海损、船舶碰撞、海难救助和责任限制等其他海事法律制度,是统一国际海上货物航运秩序的核心问题,也是《汉堡规则》、《国际多式联运公约》乃至联合国《运输法公约》争议最大且难以取得一致的问题。其蕴涵了目的理性与价值判断的紧张关系,各国经济、立法和政策的矛盾与对立,以及货主与船东之间、航运发达国家与不发达国家、国际不同地区之间多层利益冲突,涉及商业实践经济利益因素的接受程度,以及两大法系的协调与融合,其存废对海商法产生巨大的变革,从而导致国际海上货物运输承运人责任基础规则制定的正确目标有多种争论且无法达成共识。这些争论主要集中在责任基础的正确目标究竟是矫正正义即过失责任原则还是利益最大化这一点上。因为国际社会一旦建立了较大范围被接受与适用的国际海上货物运输承运人责任体系——如《海牙规则》,那么由《海牙规则》向《汉堡规则》或联合国《运输法公约》转变,必定会产生这种变化是否划算的质疑,即对这种变化进行成本与效益的对比分析的要求。因为,承运人或货方会因替换这种责任体系而遭受巨大损失,这会促使他们形成利益集团来否定或阻碍该立法。这也是本书关注对承运人责任基础立法进行法律实证主义的分析缘由。

国际航运现实的效用目的与法律正义价值的关系是国际海上

货物运输承运人责任规则立法中最基本的问题。在国际海商事公约制定过程中,以效用为基础并受价值约束的行为模型即《海牙规则》中效用目的得到了偏重的优待,在航运与贸易实践中是具有较强的目的利益基础。而《汉堡规则》明显偏离了基于效用为导向的目的理性的原则,是基于法律的正义理论原则而得以确立,在国际航运实践中影响力较小。因此,在联合国《运输法公约》制定过程中,指出这一偏差并进行分析,而不是试图掩盖这一区别,就成为理论与实务研究以及立法决策的重点,也是本书研究的目的所在。国际海上承运人责任基础立法不得不考虑基于效用的目的理性,这是因为,如果完全不顾效用,会使国际航运经济发展政策几乎无法贯彻,从而也妨碍国际贸易、人类经济交往或沟通,加重承运人责任,运费自须相对提高,此等于加重托运人贸易成本,其结果对托运人则未必有利。若运费不相对提高,承运人势将无法获利,无法改善设备以增强国际航运竞争实力,甚至承运人可能因为其无利可图而退出航运业界,这对于助长发展国家航运政策而言殊非有利。当今世界 70% 以上国际贸易量是通过海运完成的,而海上运输又是资本密集的高风险性行业,其运输规模的形成通常需要较长的周期,而其毁灭或衰落往往发生在较短的一段时期。因此,这决定了必须对其采取特殊保护、鼓励和扶持措施。保护海运业这一具有一定公益事业性质特殊行业的健康稳定发展,在一定程度上就是保护和促进货主利益,货主是其最大的受益者。在此目的理性支配下,伴随着国际贸易发展对海运依赖性增强,促成承运人处于优势甚至垄断地位,私法中权利与义务对等的民法保护的平等观被打破,货主部分利益让渡给船方。从宏观上讲这一利益的让渡,是一种客观的需要,利益最终将轮回到货主。然而公平与效率是法律永恒的价值,货主利益的让渡必须保持一种度的平衡,这种利益倾斜只应限制在缓解海运业高风险以及持续稳定发展基础上。过分地让与和倾斜,加之船方所处的优势地位,必将成为海运业牟取暴利的筹码。如果不加以规制,觅取最大利润这一商人本能,将被承运人发挥到极致,货物的安全保障也将随之下降。而船方和货方等各种航运业的参加者的利益之争在责任制度上达到了顶点,责任制度的变迁与各方势力的此消彼长往往呈直接对应关系。船方总是固守其已经得到的特殊优惠并力求扩大,而货方则坚持不懈地要求平等待遇。因此,相当程度的法律经济研究是有效的立法工作中必不可少的,通过对承运人责任基础的法律经济分析可以使我们从经济角度构建责任基础体系,诸如如果只需要很小的经济成本即可以防止货物损害的发生,则承运人必须对其造成的货损承担责任的方案,和船货双方是一个利益共同体,让经济上最为强大、能够轻松地支付货损的货主承担责任,以利于双方长远共同发展方案等;以及由于海上货物运输的损害赔偿一定程度上得到了保险体系的补充,保险使得损害分担和支付协议在经济上变得简单化了,对海上货物承运人过失责任的设计亦须作重新设计与调整的探讨等,都将对承运人责任基础立法产生影响。

我们不应该把国际海上货物运输责任基础法律制度的统一所产生的障碍归咎于各国文化多元性,而应归咎于不同国家之间利益的不相容性。利益反映了主权国家的经济地位、经济发展程度和目标,在航运发达的国家集团内部,在发展中国家群体内部都能够找到最大的共鸣,而最困难的是调和航运发达的国家与航运不发达的发展中国家之间的利益,更有效、更具有接受力的承运人责任基础法律制度将取决于目的理性与价值判断的调和程度。无论航运发达国家还是发展中国家,都在维护本国利益的基础上,在强有力的动机推动下,自愿遵守国际航运法律,其中首先是有秩序合作的愿望、互惠和利益分享动机的需要。① 然而对国际海上货物承运人责任基础的统一发展展望不应过于乐观,尽管人们对所有国家都是全球航运经济体系当中相互依存的一部分这一点认识愈来愈深刻,但迄今为止,为调整航运经济而建立的国际海上货物承运人责任基础的法律制度尚难以尽如人意。若要使此法律制度与日益增长的国际贸易相互依赖程度保持同步发展,那么,这些制度本身在未来还需要大量的实证主义研究论证。因此,基于目的理性与价值判断对承运人责任基础展开一定论述与研究,这对于国际海上货物运输法律制度协调统一、建立公正与有效预防激励和补偿制度、促进贸易和航运发展,以及对正处于体制转轨时期的我国航运市场经济发展和航运法制建设、《海商法》修订②和远洋运输与沿海运输承运人责任制度统一与否的立法决策是具有重要理论和实践意义的,实为研究航运法律制度的重要课题。

---

① 《1980 年联合国国际货物多式联运条约》(MT 公约)尚未能吸引足够的国家批准而生效。公约规定多式联运经营人(MTO)对货物灭失或损坏以及迟延交付的赔偿责任,根据"推定过失或疏忽"原则确定。此规定是按照《汉堡规则》模式制定。目前铁路、公路、航空运输承运人责任基础已统一为完全过失责任,因此,海上承运人不完全过失责任(航海过失免责)成为国际多式联运统一法律制度的最大障碍。

② 由于年代变迁,国际贸易与航运经济以及科技发展,加上《海商法》本身原有的瑕疵,《海商法》已呈现出不足以应对现有纠纷的问题,修改现行《海商法》,以配合实际需要的呼声,日益高涨。因此,以现行《海牙规则》和《汉堡规则》并就未来 CMI《运输法》新趋势为主,发掘其中可能产生的争执,以目的理性与价值判断予以讨论,提出适当的解决途径,以期减少船货双方纠纷与损失,实有助于我国《海商法》作出更切合实际与合乎国际趋势的修订、适用与解释,以使航运与贸易双受其利。

### 二、目前国内外研究现状

现代航运,由于科技高度及快速发展,运输方式为之渐变,直接影响到海商事法律规范的内容,进而导致正义理念变动,以求公平合理,其中影响最为深远的是海上货物承运人责任基础。而有关承运人过失责任的检讨以及归责原理的重建,乃至其有关哲学基础的探讨,尚属少见,甚至可以说相当缺乏。此种情形,无疑将使国际海上货物运输责任体系出现危机。对承运人是采不完全过失,抑或完全过失责任制度,是海上货物运输制度最根本的问题,影响到其他海事法律制度的存在基础。目前,国际上形成了以代表船方的海运发达国家与代表货主的贸易国家,以及船东组织与货主组织间的利益对立。在《汉堡规则》制定过程中,航运发达国家曾强烈提出,对取消航海过失免责、实行完全过失责任进行经济影响分析。然由于广大发展中国家的反对,以及获取明确全球范围统计资料较为困难的现实影响,对此项法律制度缺少深入的实证分析研究。UNCITRAL《汉堡规则》工作组对承运人与货主风险分配责任原则,从公平价值观念出发对主张废除航海过失免责曾提出过比较简单的分析报告(Working paper by the Secretariat: approaches to basic policy decisions concerning allocation of risks between the cargo owner and carrier)。联合国《运输法公约》制定过程中,部分学者和专家对统一承运人责任制度提出一些报告,比较有代表性的包括:Background paper on basic of the carrier's liability, CMI draft instrument on transport law introduction。对于承运人责任基础变化的实证经济研究,美国学者Robert Force对此论述道:"因为《汉堡规则》的变化意在方便货物灭失、损坏或者迟延交货的索赔,承运人可能面临更高的保险成本,运费也将相应增加。尽管

《汉堡规则》在 1978 年通过,对其争论相当激烈。然似乎没有权威机构对《汉堡规则》取代《海牙规则》的预期经济影响进行研究。"①

国际范围内,由于美国既是贸易大国又是航运大国且具有发展航运潜在的经济政策需求与导向,美国国内形成了对立的游说与影响国会立法的航运和货主两大利益阵营。导致美国政府虽签署了《汉堡规则》,但是一直没有得到国会批准。因此,美国对承运人责任基础的理论与实践研究,较其他国家更为全面与翔实,处于国际最高学术研究水平,且其研究动态和立法趋向影响着世界航运法律制度的选择。许多专家、学者和法官对于国际海上运输货物灭失、毁损、迟延交付风险分配,《海牙规则》、《海牙—维斯比规则》、《汉堡规则》、《国际多式联运公约》和联合国《运输法公约》,以及美国 COGSA 改革与发展对美国航运与贸易在全球水平影响进行理论比较研究;对世界范围内《华沙公约》(航空承运人责任公约)确立完全过失责任与《汉堡规则》确立海上承运人完全过失责任进行了横向经济分析比较。在学者理论分析中,对创造统一世界范围内承运人责任制度基础、前景和障碍也形成相对立且矛盾的观点和立场。加拿大、澳大利亚许多海商法学者对国际海事法律统一的正面与负面作用,以及对国际公约选择和立法改革,从货主国家角度进行了较高水平的论述。处于亚洲航运与贸易发达国家地位的韩国部分学者对《汉堡规则》下改变海上货物运输责任分配对海上保险的影响,海上保险又反作用于航运业,以及对承运人驾驶管理船舶过失和商业过失(管货过失)责任进行

---

① Robert Force, " A comparison of the Hague, Hague-visby, and Hamburg Rules: much adout", *Tulane Law Review*, June 1996, p. 154.

了理论与实证分析,形成了具有较高学术水准的成果。分析国内研究现状,虽然近十年我国对外贸易与航运业共同迅猛发展,然而由于立法与经济体制迥异于发达国家等原因,没有形成船货双方对立利益阵营,对承运人是否取消航海过失免责,实行完全过失责任研究缺乏源动力,导致对此问题理论学术研究较少。中国台湾是亚洲航运与贸易相对比较发达地区,对海商法研究起步较早,许多法官、学者从理论与实务角度对《海牙规则》与《汉堡规则》下承运人货物运输风险分摊责任与损害赔偿等问题进行专题研究,出版了许多较有影响的专著。

综合目前国内外承运人由不完全过失责任到完全过失责任研究现状,要得出非常明确与可行的对未来航运发展影响的优势预测结论是较为困难的。理论分析与商业实践往往存有巨大差距,任何制约国际贸易与航运发展的法律制度与措施都是国际社会所不愿意见到的,这也是许多学术论述研究模棱两可,立法者举棋不定的主要原因。目前对国际海上货物承运人责任基础的目标有多种争论,这些争论主要集中在正确的目标究竟是矫正正义还是效益最大化、抑或是保护航运的发展。国际社会对此没有达成共识,这也解释了国际承运人责任基础立法的曲折与复杂。公平与效率之间的关系,不仅是法理学的问题,也是海商法领域中争论最激烈的问题。然而从法理学角度,从目的理性与价值判断关系的角度,专题研究海上承运人责任基础规则的确立,以能够搜集到的资料来源而论,是较为少见的。大多数研究是建立在从效用与目的理性的角度,对责任基础改变对航运与贸易影响进行实证分析,导致片面性。所以,研究国际海上货物承运人责任基础理论的根本问题不仅要研究如何确立公平与正义航运秩序,更要研究公约何以能有效实施与合目的理性,而国际社会对此研究领域是存有空白的。①

### 三、本书研究方法与范围

自然科学与规范科学(如法律科学)之间存在巨大区别,前者所关注的是实然问题,而后者所关注的是应然问题。应然国际海商事法律规范是规定特定航运秩序行为的规范,实然规范是描述国际航运秩序与事件之间现实存在一般关系的规范,实然国际海商事法律规范与价值是不相干的,而国际航运秩序是我们必须在某种程度上对持某种价值态度的价值体现。因此,国际海上货物运输法律制度从其总体来看,既有规范的一面,又有事实的一面;规范与事实这两个方面,互为条件且互相作用,这两个要素缺一不可,否则就不会有什么真正意义上的航运法律制度。

航运法律制度发展史表明,对国际海商事法律制度而言,完全正确的调整航运实践行为的方法与永恒有效的公正的国际航运秩序是不存在的,正义的要素和衡量标准随着国际贸易、航运技术的变化而变化。在国际海上货物运输责任法律制度中,尽管目的理性与利益衡量论应有的地位有时被掩盖了,然而目的理性与利益衡量理论一直处于中心位置,在立法中占有主导地位。即在更多的时候,不是法律价值思维,而是进行目的理性的思维,因为国际海上货物运输承运人责任基础立法中多数的问题涉及解决方法的合理性或实质合目的理性问题。但是,倘若因此一概地认为承运

---

① 这种追求公平观念必然会损害航运业效益的结论,通常并不被采用公平观念评价航运法律政策的学者所强调,尽管有时也会指出追求公平观念和关切航运业的效益之间存在一种紧张关系,却很少揭示出这种对立的真实程度,公平观念与航运效益之间的根本冲突并没有得到充分的理解与认识。

人责任基础立法是纯粹的目的理性的效益计算,根本不试图应用价值判断,从价值层面上追问海商事法律制度的意义,那么也是错误的。价值判断的思路始终有脱离航运现实的危险,而目的理性的思路则淡忘了所有规范价值。对这两个方面之间的紧张关系,我们可以理解为,不要固执于一种思路,而要坚持开放的态度,不同的方法论,不同的理论目标,以及不同研究方法,对这些都要持开放的态度。"法学以法社会学研究成果为基础,从事实证法研究与改进,使法学增加科学气氛,已然为二十世纪法学开一生机,则为不可否认的事实"。① 在航运实践秩序中,利益与价值相互渗透,实然与应然交互影响而相对应于立法。换言之,基于效用经济分析以及价值取向在国际海上货物运输承运人责任基础立法中均具有重要意义。因此,承运人责任基础立法不是根本拒绝诸如形而上学价值论、法律实证主义分析以及利益衡量论等多元分析论,多元论并非研究制订国际海商事的统一法律制度的障碍,反之,是达到高度统一重要的要件。

　　本书所关注的是对海上货物运输承运人归责原则进行评价的原则,在规范评价方面,考虑两种基本方法:一种是以归责原则如何影响效益为基础的经济分析,也就是说,法律规则的选择只应该以它对航运实践中的实际效果为依据,评价的标准是财富最大化或者效率。这种立场意味着,在对法律规则的评价中,诸如矫正正义等公平观念不应该给予特别的强调。另一种是基于公平观念,强调把公平观念当做独立的评价原则,并用这些原则来评价法律规则的价值所在,无视法律规则对航运业的影响,即一个认为矫正正义具有独立性的分析家将非常看重行为者因他的错误行为承担

---

　　① 　杨仁寿:《法学方法论》,中国政法大学出版社 1999 年版,第 105 页。

责任,而不会考虑如此归责能否防止有害行为的发生抑或使航运效益得以增加。在讨论这两种规范评价的方法的本质之后,我们研究的核心问题是应当采取哪一种方法,究竟应该用法律实证主义效益还是公平原则来指导承运人归责原则的评价,通过分析可以发现追求公平将会降低航运业的效益,而当公平理念引导选择有悖于效益的法律规则时,越追求公平越会使航运业的效益减少,导致只能以牺牲航运业的效益为代价来促进公平。

本书试图运用法律实证主义——经济分析方法作为国际海上货物运输承运人责任基础立法研究方法之一,即"经验应用法学",意欲用自然科学实证方法达到航运法律秩序的革新和实效;同时意识到法律实证主义方法的一维性与局限性,即它必须和其他方法,尤其是形而上学的法律价值论的分析方法进行沟通与互动。法律经济分析这一法律实证主义手段对国际海上货物运输承运人责任基础立法来说是重要的,即提高责任规则在实现其目标上的效力,并避免形成使船货双方规避规则的一些诱因,同时也能够说明,承运人责任基础规则是否可能实现其所宣称的那些航运与贸易政策目标以及效用目的。用经验数据对海商事法律制度的实在性作出终极说明和分析是"科学"的可能性,尽管这仅仅是一种可能性,是一个努力的目标,而且可能是永远不能完全实现的目标,但我们没有理由否认它的重要性。对海上货物运输责任体系的实然分析,所收集到的一定数量的数据材料不可避免既有片面性也有偶然性,而且立法中所涉及的诸多效用参数具有大量的不确定性和不可计算性。因此,立法中仍然要正视而不是回避法律价值选择。

(一)法律实证主义认识论。实证主义一直是现代法理学的主导认识论之一。作为认识论,实证主义强调价值无涉的分析。

法律实证主义主张两个基本的构成因素:(1)法律是人类的创造,它是人类以某种方式安排的结果,也就是由主权者的明确意志经过立法程序创造出来;(2)通过运用 18 世纪和 19 世纪所谓的"自然的"或"物理的"科学方法论,法律能够被研究,被恰当地理解。为了追求客观性,法律实证主义试图消灭任何主观因素。在收集到适当的数据之后,采用一种纯粹的分析方法论,避免把价值观带到分析之中。本书之所以强调法律实证主义——法律经济分析方法,在海上承运人责任基础立法中的重要性,是因为国际海商事法律或国际航运市场经济的法律秩序所追求的,不仅是传统法律规范中的"公平",更是经济理性的建立。没有人愿意见到海商事法律制度实施的结果是违反市场经济原理,甚至产生经济上的恶果的。规范国际航运市场秩序,不但是一个法律问题,更是一个经济问题,经济运行的力量,本质上有超出人为法律框架的潜能,即是一个目的理性与价值判断合二为一的问题。"以追求安定性的法律来规范不断变动的经济现象,是一项极为困难的任务。正因为如此,立法者往往在制定经济法规时,使用的是'目的程式'(仅表示出立法者意欲追求的目标)而非一般传统法律的'条件程式'(法律预先制定的构成要件及法律效果)"。①

(二)法律的经济分析方法。1970 年以来,美国侵权行为法的研究深受法律经济分析的影响,即从经济效益及财富最大化的观点探究侵权行为法的目的和功能,用以制定和解释适用侵权行为法的规定。主张以效益即以经济价值极大化的方式分配和使用资源作为法律制定的准则,表现出功利价值取向。由于经济价值在

---

① 　赖源河编审:《公平交易法新论》,(中国台湾)元照出版社 2002 年版,第 36 页。

当代国际海上货物运输责任体系中占有重要地位,因此,建基于效率与正义二元论,运用法律经济分析方法与理论对国际海上货物运输承运人责任基础中的功利主义标准,即效益最大化,对承运人责任基础体系的所有构成要件之间相互关系进行经济解释与阐述,在实现目的理性目标与手段之间进行机能主义经济分析,从效率的观点来评价过失责任以及构建国际航运秩序,将对立法产生较大的影响。正如美国学者所述:"基于成本效益分析的方法的适用有助于航运业满足平衡船东以及那些与船东有相互影响的当事方商业利益的目的。最基本的是,它为法规的强迫接受提供了一个逻辑原理,并给予了目标设置和确保遵守上述目标的执行措施更大的可信性。"[1]当然,过失责任可行与否,不能全部依赖经济分析,但该方法确实是一个有效的工具。因为,任何关于运输合同法律的经济目标是鼓励运输中货物保管人采取一些经济上能够产生效益的预防措施,从经济学的角度分析,承运人责任基础立法是一种资源的配置机制,立法者在向人们分配法律上的权利和义务时,实际上就是在分配资源,而资源的分配不仅要考虑公平的要求,也要考虑效率的要求。"立法者在立法时应当进行成本效益分析,坚持效率原则"。[2]

(三)形而上学的超验论与价值论。形而上学是从自由意志的观念中推演出整个体系和法律秩序目的,所探寻的乃是批判实然的原则。价值判断属于形而上学领域,其并不依赖于任何事实,

① Kevinxli & Kevin Cullinane, "An Economic Approach to Maritime Risk Management and Safety Regulation", *Maritime Economics & Logistics* (2003, 5), p. 280.

② 沈宗灵主编:《法理学》,高等教育出版社 2004 年版,第 298 页。

因为它的目的是陈述人类行为的规范。从终极的形而上学意义上看，一切意义都是主观的而不是客观的。法律实证科学并不能解释真正的国际航运秩序法律规则的本质所在，它或许能说明国际航运法律秩序成因，但它决不会建立同时能满足形而上学要求的国际海商事法律的价值等级体系，航运法律秩序的本质结构，最终必须依靠人本身所共有的终极价值。因此，法律实证主义的经济分析模式与形而上学的超验论与价值论这两种研究手段是互补的，两者所代表的价值可以有机地结合起来，即需要把面向现实的实证科学的成果同面向本质的第一哲学的价值科学成果结合起来，在经济学模式和正义模式之间寻求一种协调。

本书的研究重点，以目的理性与价值判断关系、基于目的理性受价值约束的责任基础行为规则模型和国际海商事法律效力基础问题为主，兼而论及实证分析及承运人完全过失责任下对海上保险、共同海损、船舶碰撞、海难救助等其他海事法律制度影响，以及过失责任矫正正义与严格责任分配正义的选择。同时，由于国际海上货物运输范围广泛，所涉国家极多，若仅以一国的法规与实务为研究对象，势必产生不切实际的后果，故采比较方式，一方面分析现行有关国家国内海上货物运输法与《海牙规则》和《汉堡规则》关于承运人责任基础的异同，探讨理论与实务上所可能或经常面临的问题及其解决方法，另一方面则采中外学者有关的见解，以为立论依据，同时涉及联合国《运输法公约》承运人责任基础的立法现状与未来发展动态、趋向。唯因承运人责任基础立法问题涉及甚广，时间、资料所限，难以俱全，仅就关键性基础问题加以深入探讨，其他相关部分，只作简略论述。

目前，法律不断分裂成许多独立学科，此一难以遏制的进程，必然会产生目光盯在"专业"上的危险。因此，本书试图从法理学、民法价值观、法律经济分析方法以及航运经济实践等诸方面，从联系、整体和法学基础的视野与角度，对承运人责任基础立法中的目的理性与价值判断进行研究。将在分析国际海上货物运输承运人责任立法现状和国际航运市场客观运行规律基础上，借助法律实证主义——法律经济分析的理论与方法，探讨船货双方利益关系的优化与选择；通过对承运人完全过失责任的经济影响、保险制度对这一责任基础化解、举证责任分配对船货双方利益再调整分析，论述不完全过失责任存在的实质性因素是否消除和实行完全过失责任对航运业发展是否形成制约；以及货物安全性提高所产生收益与货主所可能付出代价是否平衡等目的理性问题；且企求在此基础上对因完全过失责任的确立而对共同海损、海难救助、船舶碰撞、保险制度影响，以及《SWCT》公约和《ISM》规则对航海过失免责限制作用，在本质上有一个较为全面、系统的理解与论述，以期能结合国际贸易与航运业发展目标、发达国家海上货物运输立法的先进经验与做法，对国际海上货物运输责任制度是否适用统一的完全过失责任提出一些发展建议或探求一些立法趋向，以求有所增益。

### 四、本书研究的主要内容

关于法律的"目的"所存在的两种不同的观念，在法律哲学历史上可谓极为凸显。从康德对正当行为规则"无目的"性的强调，到边沁和耶林等功利主义者视"目的"为法律核心特征，"目的"是指特定行动所具有的具体且可预见的结果，目的这个概念所具有的含混性始终都是导致人们观点分歧和冲突的根源。国际海上货物运输承运人责任基础法律制度的发展，反映出更大范围内的国际经济与社会，以及航运科技发展引起的承运人责任基础原则的更新,和适应现实航运实践中这些新因素变化及所带来的危险。
"国际海上货物运输法制,源远流长,并因利益冲突,错综复杂。
经历20世纪面临分裂的多元发展,进入新世纪如何求得统一,以
维护海运新秩序,为共同期待与立法新任务"。① 本书试图秉持此
种精神与原则,把基于效用的目的理性的构成同基于正义的价值
的实现这两方面协调起来。

　　在制定《汉堡规则》和联合国《运输法公约》的一系列会议进
程中,各国代表团都为本国利益而辩护,而各国利益都是本国政府
根据本国的目标和能力所确定的,不惜阻碍真正的全球航运法律
秩序的产生,扩张国家利益的目标胜过了为国际航运经济与社会
谋求正义。在讨价还价过程中,谋求达成一项最有效的、公平合理
的国际航运法律秩序,就变得模糊不清了。在效用与正义为动因
的现实航运论战中,国家利益的确定永远是建立在具体和可明察
的国家实利基础上,而不是建立在抽象的道德与正义的基础上。
从某一"是"的东西,即目的理性中,而且按照因果关系的原则,必
然"是"或大概将"是",永远不会推论出来某一"应当是"的东西,
即国际海上货物运输承运人按照某种行为方式行为的义务或权
利。"从'是'的领域通过逻辑结论而进入'应当'的领域是不可能
的"。② 一个国际海商事法律规范,若根本不以正义为目的时,则
"并非法律"。因此,国际海商事法律并非完全来自于实然,来自
于基于效益的目的理性。未经法律价值评价,纯粹由基于效用与
保护国际航运经济发展的目的理性,不可能得到一个国际航运秩

---

① 杨任寿:《汉堡规则》,(中国台湾)发行人杨任寿1990年版,第19页。
② [美]汉斯·凯尔森:《国际法原理》,王铁崖译,华夏出版社1989年版,
第126页。

序的"应然"法律规范,亦即表达一项"应然"的航运法律概念。而纯粹脱离国际航运实践基于效用目的,仅依凭法律价值的"应然"本身,亦不可能创造出能够有效调整国际航运秩序的法律。只有在价值与航运事实目的,应然与实然,彼此相互对应时,才能产生实际有效的国际海上货物承运人责任基础法律规则。

现代国际航运秩序越是追随自身内在的目的理性发展规律,就越难以和价值理性建立联系。因为价值理性构成了目的合理性的障碍,而航运经济世界本身的冷酷性,以及航运现代化秩序过程本身的功利主义摧毁和侵蚀了价值理性基础。因此,只有把目的理性与价值理性结合起来,才会形成一种新的统一的为国际社会所接受航运法律秩序,满足航运实践合理性的总体要求。正如罗尔斯指出:一个社会,无论效益多高、多大,如果它缺乏公平,则我们不会认为它就比效益较差但较公平的社会更理想。因此,为了实现一定的正义准则而拟定国际海上货物运输承运人责任基础法律时,我们必须研究大量的航运技术与效用的问题,解决问题的方案不能轻易地从一般的正义准则中推导出,这里更多的是关于相应规则的合目的性,以高效率地和同时谨慎地实现立法目的。

本书所关注的是指导国际海上承运人责任基础的评价原则,在规范的评价方面,考虑了两种基本方法:一种是以法律规则如何影响效益为基础,即法律规则的选择只应该以它对航运实践中的实际效果为依据,法律规则的评价标准是财富最大化或者效率。这种立场意味着,在对法律规则的评价中,诸如矫正正义等公平观念不应该给予特别的强调,以此,对法律规则的问题分析以及对所使用方法的包容性表明,以效益为基础的规范评价的方法绝非偏激,它将对法律政策的分析产生重要的影响;其囊括了船货双方与效益及其分配有关的因素,反过来说,它忽略了与效益无关其他因素,因此,排他性地应用法律经济效益分析的主张,就等于采取了法律制度的设计应该只建基于关切效益这样的立场。另一种则基于公平的观念,以涵盖正义、权利等同类概念的公平观念,评价法律规则的方法,决定什么样的法律规则最合乎已给定的公平原则,换言之,把公平观念当做独立的评价原则,并用这些原则来评价法律规则的价值所在,无视法律规则对财富最大化或者效率的影响,一个认为矫正正义具有独立性的分析将非常看重承运人因他的错误行为承担责任,而不会考虑如此归责能否防止有害行为的发生或者使船货双方整体效益得以增加。

　　在讨论两种规范评价方法的本质之后,本书研究的核心问题是应当采取哪一种方法。即究竟应该由法律经济分析还是公平原则来指导承运人责任的立法,分析的第一个方面就是要解释为什么追求公平将会降低效益,而且当公平理念引导人们选择有悖于效益或财富最大化的法律规则时,越追求公平越会使效益较少。强调公平的观点可能会带来效用的降低,这种追求公平观念必然会损害船货双方整体效益最大化或对船方利益优先保护的结论,通常不被那些采取公平观点评价海上货物运输法律政策的分析者所强调,而且常常得不到明确的承认。尽管一般性的法理性著作有时也会指出追求公平观点和关切效用之间存在一种紧张关系,但很少能揭示出航运秩序中船货双方这种对立的真实程度,换言之,船货双方之间的公平观念和船货双方之间整体效用的根本冲突并没有得到充分的理解和认识。基于公平分析方法的困境,假定船货双方整体利益在不完全过失责任下都能够比过错责任下得到更大的效用,但立法者认为采取过错责任更为公平的话,则船货双方的整体效用都会低于不完全过失责任下的效用水平。对于建议公平观念应成为独立的法律评价原则的分析者来说,在选择法律规则时过分考虑公平会给船货双方整体利益或航运业优先保护发展带来的损害就是一个非常棘手的问题,而且很难找到把公平观点作为独立评价原则的理论基础。主张公平观念应在航运秩序政策中占有独立地位的分析者们负有解释任务,为什么一个社会要为推进某种特定的公平观念而使船货双方整体效益或船货其中单方利益受损。分析的第二个方面是试图确定以牺牲效益为代价来促进公平、有没有公平的理由。通过对侵权、合同等基本问题的研究,发展了上述两个主题,首先确定相关的承运人责任基础的归责原则是如何影响承运人和货主行为的,然后再根据法律经济分析和公平原则,分析哪种法律规则最优,最终建立基于效用导向的受价值约束的承运人责任基础立法的趋向。

# 第一章  目的理性和正义支配下的
##        承运人责任基础国际立法

　　马克斯·韦伯最引人注目的是对理性行为的分析,提出了双元模型,即创造了两种理性行为模型——"目的理性"与"价值理性"。然而韦伯的行为类型本身也有缺点,该类型缺乏内在的统一。目的理性行为系以目的或后果为导向的选择规则,是同基于主观效用的动机相结合的行为。韦伯认为,绝对的目的理性行为必须是不仅在手段和目的之间、目的和附带后果之间,而且在各种可能的目的之间,根据主观需要冲动,进行评估和权衡,然后选出最佳行为,即在基于经验性需求和利益中推导出主观效用值。符合目的理性行为的理想境界是以"边际效用原则"为"评价标准"。与此相反,在价值理性行为中,韦伯将实现理念价值的行为动机和受规范约束的选择规则结合在一起,即纯粹的价值理性行为,不考虑可预见的后果,价值理性行为是行为者按照对自身提出的"信条"或"要求"采取行为。价值理性者不谋求"行为的后果"而只关心行为的"固有价值"。价值理性行为从根本上不以预期为导向。"在目的理性行为的理想类型中,不难看出经济人模型的影子,因为经济人只注重具体情形下的行为后果,并且主观效用最大化是他行为的唯一动机。在价值理性行为模型中,不难发现康德的道德哲学的影子。康德认为,个人只有在行为中无条件地遵循伦理

的规范信条,其行为才具有道德价值。在康德看来,道德价值并非
'评价行为'的标准,道德价值是通过对包含这些标准的'道德法
则'的绝对尊重才能得以实现"。①

　　功利主义理论与正义理论是海上货物运输承运人责任基础规
则制定中两种相互对抗与可供选择的理论。把目的理性与价值理
性或效果论与正义论,进行比较可以提出一条有效的途径,这两种
"理性模型"对承运人责任基础立法理论建构同等不可或缺。功
利主义者认为,正义的作用是把利益提高到最大限度,并根据所要
达到的目的选择最有效的手段的推理来构造航运法律秩序,除非
我们的承运人责任基础规则符合这个宗旨,否则,正义根本没有作
用。功利主义与航运经济和航运政策十分相似,因为经济和政策
的效果和利益可以通过经验科学加以研究计算。而正义论认为,
正义的标准独立于功利的目的而存在,用手段和目的来构造航
运法律秩序是错误的,而且把航运秩序等同于经验科学也毫无
意义。正义论者使我们承认,行为在正义上是错误的,不是因为
这些行为的效果或结果,而是这些行为包含着严重的正义上的
偏离。

## 第一节　国际海上货物运输承运人责任
## 基础法律制度的建立与发展

　　"为什么我们要统一海商法? 法理学家 Mancini 在都灵大学
的演讲中说:大海的风暴和危险永远都不会改变,这就需要一个统

---

① [德]米歇尔·鲍曼:《道德的市场》,肖君等译,中国社会科学出版社
2003 年版,第 275 页。

一的法律制度"。① 换言之,那些与世界海上贸易有关的人需要知道,不论他们的贸易在哪里,适用的法律应该是一样的。因此,"诸如 UNCITRAL 的国际机构致力于在不同的经济领域建立跨国的规则并不奇怪。它们引起了国内立法者的注意,因为它们被认为带来了积极的商业和经济利益"。②

　　法律和社会的进化,都是依一定轨道,由野蛮进入文明,由不合理进入合理,而发展至理想境界。国际海商事法律是国际航运与贸易发展的产物,所以,不但要寻本溯源,了解其产生由来、发展经过和现在的情况,而且要鉴往知来,预测今后发展方向,作为立法、解释和适用国际海商事法律的准则。当代国际海商事法律主要是由条约组成的,造法性条约在国际海上货物运输责任体系立法过程中发挥重要作用已成事实,而国际海商事习惯的发展要缓慢得多,结果令其更难适应当代国际航运实践的快节奏。由于国际上不存在一个中央立法和司法系统,因此,国家在国际海上货物运输责任体系立法或造法性条约的制定过程中,扮演了一个既是立法者又是立法的拥护者的双重角色。

　　"海商法是行业保护的法,偏向于保护船东利益的立法意图,如果不辅以强制性的法律手段,很难保证这种偏向的实施。强制性已经成为海商法调整手段的重要特征。其实质是为了风险分摊的确定性,从而可以使双方当事人有机会决定是否进行交易,以及

① Patrick J. S. Griggs, "Obstacles to Uniformity of Maritime Law", *Journal of Maritime Law & Commerce*, April 2003, p. 19.
② William Tetley, "Uniformity of international private maritime law—the pros, cons, andalte rnatives to international conventions—how to adopt an international convention", *Tulane Maritime Law Journal*, Spring 2000, p. 18.

如何通过保险等方式分散交易风险"。① 可以讲,国际社会所建立的国际海商事制度,没有一种是完全正确或完全错误的,其旨仅在船货双方之间、旅客与承运人之间、船货与海洋环境之间,在私法自治与受到强制控制和限制之间努力寻求一种平衡。当然,我们可以而且必须提出这样一个问题,即现行国际海商事法律制度是否已经找到了适当的平衡,抑或在某些方面还有滞后,或在有些方面操之过急。探求这种适当的平衡,恰恰是立法工作的首要任务。而对于国际海商事法律制度统一的优劣势,加拿大学者台特雷作了较为全面的论述:"统一劣势:1.动摇国内公共秩序和政策;2.动摇国内正义和社会秩序根本原则;3.普通法和大陆法立法体例和法学术语不同;4.法律文化多样性的丧失。统一优势远大于劣势:1.结果确定和可预见性;2.适用法律单一性;3.公平;4.秩序;5.经济发展;6.程序效益。"②

契约自由是近代私法的基本原则,私法尤其是民商法,系从个人出发,假定站在平等地位的双方契约当事人,在交涉及订定契约时可经由自然调节以达到某一均衡点,双方当事人都能平等维护各自的合理利益。从本质上说,上述对立状态仅仅反映了一项经济学上的浅显道理,即获得紧缺资源的愿望是不可能无限制得到满足的,每一方都必须接受妥协。法律总是假定船货双方是在平等的地位上自愿达成协议,即主体之间权利与义务的设定是由具

① 郭瑜:《海商法的精神——中国的实践和理论》,北京大学出版社 2005 年版,第 196 页。
② William Tetley, "Uniformity of international private maritime law—the pros, cons, and alternatives to international conventions—how to adopt an international convention", *Tulane Maritime Law Journal*, Spring 2000, pp. 26-29.

有接近均衡的谈判力量的船货双方经过讨价还价而达成的自愿协议。实际上，在航运实践的海上货物运输关系中，承运人处于强势地位，货方相对处于弱势地位，经济实力较强的承运人在大多情形下常滥用"契约自由"来破坏契约自由制度。船货双方相互对立的利益之间的妥协，是通过双方当事人地位的强弱决定的，当货方不自由或处于不平等的地位时，一旦确定了双方的权利义务，最终的协议就可能强加在弱方货主身上。因而，平等协商地位的基本假定在许多情形已不能成立，单纯依赖私法自治及契约自由制度来调整航运经济制度下所发生的矛盾与弊端，调和船货双方的利益已渐不可能，其无法完全确保正义，也就无法避免国际社会对国际航运秩序的强制与干预。此时，双方的关系就具有某些权力型关系的因素，来使讨价还价的力量趋于平衡。因此对于海上货物承运人责任基础的法律制度来说，关键的问题是它能够在多大程度上承认船货双方力量在自由游戏中产生的结果，或者是否必须进行干预，以对这种结果进行校正。对海上货物运输合同自由的干预直接影响到私法自治，特别是规定必须适用强行性法律制度，可能直接涉及承运人责任基础内容的架构自由。然而对海上货物运输的合同自由进行如此大规模强制性干预，至少就长期而言，往往会产生一些与其所追求达成的宗旨背道而驰的副作用，即承运人通过运价将风险释放到航运市场上，结果导致托运人或者货方承受风险带来的不利益，就整体航运经济与贸易而言，这一结果也是不受欢迎的。《海牙规则》的先驱是《哈特法》，《哈特法》的目的是有限的，其主要目的是禁止承运人试图免除由于自身过失造成的货物灭失和损坏责任的条款。该法律也解决其他的一些问题诸如承运人抗辩，谨慎处理的义务，并入提单的要求等。但是《哈特法》没有试图全面调整承运人和托运人之间的关系。甚至《海牙规则》调整范围更加广泛和详细,但也只是处理几个'问题'领域。正好相反,《汉堡规则》在范围上更广泛甚至更详细,它更像一部明确承运人和托运人之间关系的小法典。这是一种理想的发展吗? 当事方应该允许市场来规定他们的协议条款还是应该法律来限制调整当事方关系的条款? 换言之,考虑世界贸易的形势及参与方,我们需要更多的规则还是更少的规则?"①

　　国家对外经济的健全发展,实有赖于国际航运与贸易的密切配合。如何使货物完整无损地送达货主,圆满完成海上货物运输任务,为其中重要的一环。然而由于海上运输期间较长,风险复杂莫测,无论科技如何进步,货物的毁损、减失或迟延交付事实上皆不可能全然避免,承运人如不能及时给予赔偿,将给贸易商带来严重的困扰与损失。目前国际海上货物运输承运人责任基础规则是双重的,两种制度并行发展反映了航运业的多种目的或欲求的存在。其调整海上货物运输承运人责任的国际公约共有三个:②一是《1924 年统一提单若干法律规则的国际公约》(简称《海牙规

---

①　Robert Force, " A comparison of the Hague, Hague-visby, and Hamburg Rules: much adout", *Tulane Law Review*, June 1996, p. 152.

②　《鹿特丹规则》的正式名称为《联合国全程或部分海上国际货物运输合同公约》,于 2008 年 12 月在第 63 届联合国大会上审议并通过。该规则的目的在于统一国际海运立法,并让参与国际海运过程的各方权责更加明确。《鹿特丹规则》在 20 个国家最终签署一年后才会正式生效。(据 2009 年 9 月 23 日鹿特丹港务局网站报道,包括荷兰、挪威、美国、加纳和尼日利亚在内的 15 个国家 23 日在荷兰港口城市鹿特丹签署了《鹿特丹规则》,朝着新联合国海运公约最终生效迈出了关键一步) 如果该规则获得主要航运国家的认可并生效,将带来有关国际货物运输的国际立法的调整,对于国际贸易发展来说将是一个极大的促进。《鹿特丹规则》在加重承运人的责任的同时,重新构建了承运人的责任基础,原则上实行完全过失责任制,且由承运人负责举证,证明自己没有管货过失,举证不能

则》),1931 年生效,现有 87 个缔约国;二是《1968 年修改统一提
单若干法律规则的国际公约议定书》(简称《维斯比规则》),1977
年生效,现有 23 个缔约国;三是《1978 年联合国海上货物运输合
同公约》(简称《汉堡规则》),1992 年 11 月 1 日生效,有 28 个缔约
国。三个公约中,《海牙规则》和《维斯比规则》在国际航运界至今
影响很大,因为它的缔约国包括了大多数航运国家。①

　　海上货物承运人责任基础的发展,可将之区分为三个阶段,即
严格责任、不完全过失责任(或称相对过失责任)与推定过失责
任。"有关海上货物运输的主要海事法律责任由来已久。传统
上,商人与船东之间的关系是共同冒险,共同承担风险和危险。由
于大自然变幻无穷,几乎未经过培训的船长、船员,敌人的攻击,交
通不畅以及不足的助航设备,在海上运输过程中遇到的很多风险
威胁着承运人和托运人双方的利益。通常,船东被要求提供适航
的船舶以及合格的船员,但是船东和货主将共同遭受海上风险或

---

　　将承担赔偿责任;但在规定的免责范围内,则由索赔方负责举证,证明承
　　运人有过失,举证不能,便推定承运人无过失,可援引免责条款,免除赔
　　偿责任。关于承运人的适航义务,索赔方完成初步举证后,承运人承担
　　已尽"谨慎处理"使船舶适航,或者货物灭失或损害与不适航不存在因果
　　关系的举证证。这一责任基础,在一定程度上平衡了上述条款对承运
　　人责任的加重,缓解了《汉堡规则》苛刻的"推定过失"责任制,并且增加
　　了公约的可操作性(第十七条)。对于"迟延交付",也仅仅规定"有约
　　定"才有迟延交付,没有约定就没有迟延交付(第二十一条),相对《汉堡
　　规则》,对承运人有所缓解。
① 以我国而言,主要为 1993 年 7 月 1 日起颁布实行《海商法》,海商法在处
　　理关于货物运输的规定同有关国际公约的关系问题上,确定的原则是遵
　　循国际海运界普遍承认的准则,以《海牙规则》和《维斯比规则》为基础,
　　适当吸收《汉堡规则》反映国际统一海事立法发展趋势的内容,合理兼顾
　　承运人和托运人双方的利益,作出既符合国际惯例又有中国特色的规
　　定。

危险而造成的任何损失。因此,风险应由双方或多或少地平均承担被认为是较为合理的"。① "公元六世纪,罗马建立以后,罗马法律将海上承运人本质上视为所承运货物的保险人。他们认为,海上承运人的义务就是保持良好信誉,保证所承运货物的安全,防止欺诈和抢劫。这就是罗马法律规定承运人应该承担货物灭失或损坏的一切责任的理由,因为他们认为承运人最能够采取预防措施来防止损害的发生。另一方面,托运人也许不知道他的货物是如何被损坏的,也是不会知道"。②

中世纪时英国号称"日不落国",其商船队在全球航运界亦占有重要的地位。英国普通法规定,海上承运人对所承运的货物,应负谨慎处理的义务,亦应保持绝对适航。其认为承运人完全掌握货物运输的过程,托运人对于承运人接受货物后,将其置放于船上的状况难以了解,更无法就承运人控管中货物损坏的事情,证明系可归因于承运人的过失。因此,承运人对所承运的货物,除天灾、战争、货物瑕疵或共同海损牺牲外,均需负严格责任。19世纪初,契约自由(Freedom of Contract)原则盛行,普通法就承运人所采取的严格责任被契约自由原则打破。"为避免被作为类似货物损害保险人的角色,以及减少或消除他们在运输过程中的责任,19世纪末承运人开始使用提单中的辨明无罪条款"。③ 承运人在提单中加入种种免责条款,借以免除或限制其本身的责任。随着免责条款的增加,甚至加入免除承运人对货物管理和船舶适航的义务

---

① Samuel Robert Mandelbaum, "Creating Uniform Worldwide Liability Standards for Sea Carriage of Goods Under the Hague, COGSA, Visby and Hamburg Conventions", *Transnational Lawyer*, Spring 2002, p. 29.
② Ibid., p. 29.
③ Ibid., p. 31.

的条款,使承运人成为只收取运费而不付任何责任。

19 世纪末期,当国际社会对于法律的统一没有进展时,几个国家制定了调整提单中免责条款的立法。对于法律现状的普遍不满,包括较短的限制期限和强行的免责条款,导致了《哈特法》的产生。该法案是"冲突的承运人利益方和托运人利益方之间的折中"。19 世纪末,美国航运业并不发达,其对外海上运输相当程度上须依赖外国船队,为保护本国货主利益,于 1893 年制定《哈特法》(*An Act Relating to Navigation of Vessels*, *Bill of Lading*, *and to Certain Obligation*, *Duties*, *and Rights in Convention With the Carriage of Property*)。"为找到更好的解决办法,美国国会 1893 年通过了《哈特法》。在货主和承运人之间达成了利益的折中。承运人放弃了通过合同条款免除在开航当时没有提供适航船舶责任的自由,或者作为公共承运人对于没有适当管理货物而引用法定的航海过失以及其他海上风险免责的自由"。① 《哈特法》认可了一些普通法赋予承运人的义务,将减少特定义务的海运提单视为非法。作为违反公共政策,法案视任何寻求减轻承运人在"适当的装卸、积载、保管、照料以及适当的交付"货物方面的疏忽责任,以及任何减少船东谨慎处理使船舶适航的义务条款的提单视为无效。尽管如此,如果承运人谨慎处理提供了在各方面适航的船舶,船东就可以对"航行和管船过失"造成的货物灭失或损害免除责任,即船东对于船长或船员在航行或管船上的疏忽或过失行为不承担责任。船东不再对海上风险,不可抗力,公敌行为,货物潜在缺陷,法律程序扣押,托运人的行为或疏忽,救助或企图救助海上人命或财

---

① David Michael Collins, "Admiralty—international uniformity and the carriage of goods by sea", *Tulane Law Review*, October 1985, p. 5.

产承担责任。尽管《哈特法》是海上运输法律发展的重要一步,它最终还是令人失望。该法案不能有效地解决托运人面对的提单中名目繁多免责条款的问题,也没有建立任何有效的法律规则,没有说明严格的索赔通知条款或者极短的诉讼时效条款的有效性。该法案要求承运人负谨慎义务使船舶适航,并妥善谨慎处理货物。"承运人对船舶不适航要承担责任,但是哈特法案是'谨慎处理'标准,而不是先前绝对适航义务"。① 然其另规定,承运人对船长、船员或其他受雇人在航行和管理船舶上的过失,所致的货物毁损与减失免除责任。因此,可以说,"19 世纪承运人滥用谈判优势地位,《海牙规则》和《维斯比规则》目标是保护货主免受承运人广泛的免除责任的侵害"。② 从而确立了承运人的责任的不完全过失责任或称相对过失责任。

20 世纪 60 年代崛起的发展中国家,对《海牙规则》所规定的海上货物承运人的责任体系给予强烈指责,指出《海牙规则》是在保护先进国家的利益,严重妨碍原料、农产品或石油等输出国家的利益。代表货主利益的第三世界国家的国际地位的提高等诸多因素的作用,使作为合同一方当事人的货方(即托运人)由国际海事立法初期的完全被动的地位向现今的主动地位转变。1968 年在印度首都新德里召开的联合国贸易和发展会议上,发展中国家强烈主张,提单、租船契约、船舶所有人责任限制及海上保险等有关公约、习惯,系为保护先进国家利益的妥协性产物,严重妨碍货主

---

① *Carriage of Goods by Sea*(*Billing of Lading* ),CFCG—Service Issue No. 6—2 October 1995 ,p. 294.

② John F. Wilson, *Carriage of Goods by Sea* ( fourth edition ), Harlow, Pearson Education 2001 ,p. 176.

国家的经济发展,应就不足以反映发展中国家利益所制定的公约,予以检讨,否则将扼杀发展中国家的生机。经与会人员讨论后做成决议,应着手修正有关公约,以应需要。于是1969年贸易发展委员会(简称贸发会)设立了国际海运立法部,将有关提单的法制列为优先检讨议题。依照贸发会所指示"现行《海牙规则》上不明确词句应予删除,货主与承运人危险负担应公平再予分配"原则作彻底检讨,做成了拟取代《海牙规则》的公约草案,完成了"1978年联合国海上货物运输合同公约",简称《汉堡规则》(The Hamburg Rules,1978)。《汉堡规则》对承运人责任基础作了重大变革,承运人责任采过失责任主义(推定过失责任体制),且仅作正面积极规定,对免责事由不再一一列举;承运人不得再主张航行上或船舶管理上的过失免责,且船舶适航能力,亦不再限于发航前及发航时,迟延交付和货物毁损灭失等量齐观,承运人责任之重,几乎可与严格责任时代相比,给航运界以极大震撼。"《汉堡规则》代表了货主国的觉醒,货主国的觉醒代表了海运市场新秩序的调整及建立,这是势所必然的趋势"。① 比较由发展中国家所促成《汉堡规则》(事实上《汉堡规则》仅为大多数第三世界的国家所批准),与由航运发达国家于1924年所制定的《海牙规则》,两者基点完全不同、互不协调,采取了两种不同责任制度规制承运人,《汉堡规则》最主要的变化是取消了航海过失抗辩和提高船东责任限额。因此,它引起船东和保险人的反对。

　　《汉堡规则》乃继《海牙规则》后,海商法史上的一大改革与进步,应属最具公正代表性的公约,其效力亦成为海商法研究的重

---

① 王肖卿:《载货证券》,(中国台湾)五南图书出版公司1999年版,第134页。

点,对于未来海上货物运输,产生了极为深远的影响。依《汉堡规则》的最后规定:凡《海牙规则》的缔约国一旦批准、承认本规则,必须为废止《海牙规则》在该国效力的通知,若不为通知,于法律观点而言,亦具有默示废止《海牙规则》的效力。亦即《汉堡规则》旨在取代《海牙规则》,以规范国际海上货物运输,且两者只可择其一。而各国基于保护本国的利益,以及航运发展政策,势将在国际海上货物运输公约的适用上发生争议,甚而造成采行《海牙规则》及《汉堡规则》的国家对立。各国公约应如何协调适用,就成为当前世界各国所应共同努力的目标。然而直至今日,非但多数《海牙规则》国家仍不轻言放弃 1924 年《海牙规则》与其议定书的适用,而采观望的态度,即使发展中国家,即所谓货主国,亦多有待政策因素的考虑,难作决定。航运发达国家所关切的是改变国际海上货物承运人责任基础以后,承运人责任加重,是否将影响世界航运业发展水平或制约其发展,以致有的国家担心这种保护货主主义措施将造成国际运输法更大的分裂,最终伤害商人的利益与国际贸易发展。

国际海上货物运输承运人责任基础立法是受正义、目的理性与法的安定性三个方面所控制,它们可能处于尖锐的矛盾之中。应该将决定权赋予这个原则还是那个原则,在不同的时代会有不同的倾向。《海牙规则》内容的大部分是由合目的性原则所控制。而在《汉堡规则》中,出于法律平等的原因,不是由合目的性而是由正义来支配,以正义为基础。海上货物运输承运人责任基础变化可以引用法国学者的论述加以佐证:"法并不是绝对的、不可动摇的规则的集合体,相反,它是相对的、偶然的、随着时间变化的规则的集中。事实上,虽然一种状况、一种活动在如此长的时期里被视为是合法的,但并不表明它们永远是合法的。当出现一项新的法律以其危害性和反社会性为理由来禁止它们时,那些从旧的法律中获益的人不能对这种变化有任何的抱怨,因为新的法律只是在相关国家里对客观而自发产生的变化进行确认罢了。"①

《海牙规则》与《汉堡规则》两者立法体例显著不同(此为《汉堡规则》制定过程争论焦点之一)。《海牙规则》第三、四条具体规定承运人义务,列举了承运人免责事由,尤其是免责事由多达十七项,用庞杂规定,构成承运人责任体系轮廓。《海牙规则》是采用普通法系体例起草的,其缺陷是涵盖不足;而《汉堡规则》是采用大陆法系体例起草的,对于免责事项仅作概括式抽象规定,其缺陷是模糊不清。抽象化程度愈高,则其适用范围愈宽,可以赋予大量极度不同的现象相同名称,并作为相同形式进行规整,然其内容就越空洞即陈述意义内涵愈少,常不能表达出根本意义脉络,因此抽象化常导致荒谬的结论。而类型化、具体化法律原则形式,常被称为"不科学的"与"片面性的",不能满足逻辑基本要求。《汉堡规则》抽象概括式,给普通法国家的诉讼增加难度,从而阻止了《汉堡规则》的适用范围。应该讲,许多国家过分封闭在大陆法系或普通法系思维方式中,阻碍了其接受其他法律系统体例和法律解释是客观事实。也正因如此,国际海上货物运输法律若试图满足大陆法系和普通法系两者立法体例是十分困难的。因为国际社会还没有为单一法律体做好准备,它不可能放弃社会目的和行为方式多样性。

任何形式的国际统一法律必须承认多种法律制度在本质和体例上的不同,并放弃强加或排斥一种法律制度或法律传统的统一

① [法]莱昂·狄骥:《宪法学教程》,王文利、庄刚琴、马利红、张恒等译,辽海出版社1999年版,第252页。

做法,否则注定失败。所以,一部好的国际海上货物运输责任法律应达到普通法系和大陆法系两者最大程度的融合,并充分考虑国际海商法强烈受到普通法影响,以及近80年来以《海牙规则》列举式为基础所形成的司法实践经验的现实。这似乎也是联合国《运输法公约》采《海牙规则》列举式免责事项立法模式的原因。

## 第二节　目的理性支配下的航运秩序及其立法

尽管《海牙规则》有许多不确定的、有争议的甚至已经过时等问题,然其制度本身的稳定性使航运实践的进程经历一个漫长的时期,并且《海牙规则》在船货双方利益之间的分配明显偏袒船方,这与经历70年之后的《汉堡规则》明显偏袒货方利益的权利再分配发生直接冲突。进而言之,国际社会中已经确立的明显倾向于船方的航运秩序规则将直接影响到日后变革的可能性。假设,在《海牙规则》创设之初,公约的倾向是朝着有利于货主利益的,则情形可能就截然不同了。因此,初设意义上的《海牙规则》所确立的承运人责任基础制度影响了自此以后责任制度变化的惯性以及权利的变化,并影响了一定的国际社会与航运界的价值观。"《海牙规则》和《维斯比规则》以精确的方式确定了船东的责任基础,包括一系列的重要抗辩,建立了全方位的承运人责任。长时间的历史产生了大量的法律判例,以有助于解释规则的适用。《海牙规则》和《维斯比规则》提供了较高层面的一致性和可预见性,规则的含义对货主、船东、代理人和其他海运参与者是非常清楚的"。①

---

① *Synopsis of responses to the consultation paper*, CMI YEARBOOK1999(Issue of Transport Law), p. 451.

### 一、《海牙规则》所确立承运人责任基础

"19 世纪后期,在合同自由原则的支配下,英国法庭支持提单上协议载入一些免除承运人对货物损坏责任的条款。然在美国,法院坚持提单中的免除条款无效,限制普通海商法所准许的抗辩理由。如此,在主要海运国家之间,普通海商法已不再提供统一的风险分配形式。继而,混乱的法律形式发生了。"①在 19 世纪后期,一些国际组织如国际法律协会,试图重新主张通过制定示范提单即班轮公会格式,实现国际海上货物运输法律的统一。起初,班轮公会提单起到一些影响,也许从这时起,"due diligence"(适当的勤勉)被使用。然而班轮格式提单没有被普遍接受,没有为海事界带来统一。"当国际社会在 19 世纪末对于法律的统一几乎没有取得什么效果时,几个国家制定了调整提单中免责条款的法律。短暂的责任期间以及强制性的免责条款在 19 世纪后期引发了一场运动,并最终导致了 1893 年《哈特法》的通过。"②哈特法案在承运人与货主之间达成一种妥协,规定如果承运人能够证明其已在船舶开航之前或开航当时履行了谨慎处理使船舶适航的义务,承运人就享有某些抗辩,其中最为显著的是航海过失免责的抗辩。《哈特法》将一些古老的普通法义务加给了承运人,使得在提单中减少这些特定义务的行为变得不合法。

美国制定哈特法案后,各国纷纷仿效制定相关的法律,对航运业产生了重大影响。这些法律大致以哈特法案为参考,对提单加

---

① Chester D. Hooper, "Carriage of Goods and Charter Parties", *Tulane Law Review*, May-June 1999, p. 3.

② Samuel Robert Mandelbaum, "Creating Uniform Worldwide Liability Standards for Sea Carriage of Goods Under the Hague, COGSA, Visby and Hamburg Conventions", *Transnational Lawyer*, Spring 2002, p. 41.

以规范。"1921 年 9 月,国际法律联合会和海事法律委员会在海牙举行会议。船东要求谨慎考虑《海牙规则》所导致的后果,尽管他们继续坚持'合同自由',他们仍将接受《海牙规则》。"①《海牙规则》是在 19 世纪 20 年代,以哈特法案为基础而发展起来的,并在 20 世纪 60 年代进行了修正,形成《海牙—维斯比规则》。"《海牙规则》的制订系货主国与轮船国妥协的结晶。美国为货主国的代表,英国则为轮船国的主力。"②《海牙规则》确立的最大效果是统一了提单,规制了承托双方的权利与责任,以及承运人不完全过失责任基础,即航海过失免责。此规则被大多数西欧国家、日本、中国香港、新加坡、澳大利亚和加拿大所接受(这些国家或地区大约占美国贸易量的 70% )。《海牙规则》制定后,有的国家将其采用为国内法的一部分,有的以其为基础制定国内法。

随着科学技术的发展,造船与航海技术逐渐提高,集装箱等新式运输方式出现,发展中国家经济实力逐渐增强,《海牙规则》中航海过失免责规定受到强烈抨击,国际海事委员会随即于 1959 年召集会议修改《海牙规则》。但以英国为主的航运发达国家,认为《海牙规则》的修订,应顾及现实情况,而不应急于更改,否则将造成船货双方难以接受的局面,且相关规则的修订,将冲击长久形成的国际航运习惯与制度,并将造成混乱。因而,其主张折中各方意见,对《海牙规则》中不合理或不明确的条款,作部分的补充与修正,以缓和发展中国家的不满。因此,于 1968 年通过《海牙—维斯

---

① Richard Ziade, *Benedict on Admiralty* ( cumulative supplement ) , volume 2A Carriage of Good by Sea, New York, March 1997, Matthew Bender, p. 15.

② 杨仁寿:《海上货损索赔》,(中国台湾)发行人杨仁寿 1992 年版,第 17 页。

比规则》(*Hague-Visby Rules*)。该规则虽然在承运人责任限制、提单证据效力、承运人的受雇人或代理人的法律地位、诉讼时效等有争议的方面进行了修改,但并未触及承运人的责任这一核心问题,仍旧维持承运人航海过失免责规定。而且商业过失、管船过失在《海牙规则》和《海牙—维斯比规则》中是单独规定的,没有就承运人对于这些过失免责或者承担责任的相互影响而产生的问题进行说明。

《海牙规则》第三条关于承运人的义务,规定了确保适航性的注意义务和对货物的注意义务(对其违反称为商业过失)。通常,引起过失的行为的目的或性质可以清楚区分商业过失和管船过失。"无论怎样,这些标准也许会有几种解释。当行为的目的是为了船舶航行或者为了船舶安全,则过失应被视为管船过失。然而,在这种情况下,当行为的目的仅仅是为了船舶的安全,但这种行为也许会同时给货物带来损害时,承运人依然应当采取合理措施保护货物。否则,疏忽就不是在管船上而是在没有保护货物安全上。这样,承运人就应该承担责任。换言之,一个与航海或者管船有关的行为如果没有考虑到货物的安全就是管货过失。承运人检查船舶时也应当定时检查货舱以确保货物没有丢失或损坏。否则即为管货疏忽。"[1]另外,《海牙规则》第四条详细规定了货物的

---

① Eun Sup Lee, "A Carrier's Liability for Commercial Default and Default in Navigation or Management of the Vessel", *Transportation Law Journal*, Spring 2000, p. 151. 管理船舶的过失与货物管理的过失(或有称其为商业上之过失),常难以清楚区分,通常以行为对象和目的作为区分标准,或有主张应以是否影响货物安全,及是否可以主张法定免责加以区分。如某一行为针对于货物,其目的是货物管理,为属于货物管理的行为;反之,则属于管理船舶的行为。然于某些情况下,要区分管理船舶与货物管理的过失仍有困难,多数事例中,是难以判断的,认定标准也宽松不一。

灭失或损坏承运人可免责的情况,特别是具体列举了有关承运人免责事由达十七个项目,这一冗长的免责事项的列举,成为《海牙规则》的特征。在《海牙规则》免责事项中,包括所谓的船舶驾驶上和船舶管理上的过失免责,以及火灾免责等两种过失免责。《海牙规则》及《海牙—维斯比规则》第四条第二款规定:"因下列事由所生或所致的灭失或毁损,承运人或船舶所有人均不负责任,其中第一、二项为:(一)船长、海员、引水员,或承运人的受雇人于航行上或船舶管理上的行为、疏忽或过失;(二)失火,但系由承运人本人的故意或过失所致者,不在此限。"①通常,"债务人不需要自己实施履行行为,其可以使用辅助人,并且在实行劳动分工的经济中,大多也都是这样做的。债务人应当对辅助人的错误行为负责任,但以该错误行为与辅助人在履约方面所承担的职责具有直接关联为限。"②"如果雇员在被雇佣的期间和范围内侵权,可能会由老板承担责任。因此,仅仅是一种关系也可以使人们承担侵权责任。"③换言之,债务人应对辅助人的"过错"负"与自己过错同一的责任"。因为,辅助人对于债权人也不可能有什么过错,原因是过错以违反义务为条件。应当将辅助人的行为认定为债务人自己的行为,在行为因过失而将成为其自己的行为时,债务人负责

---

① 如果船上工作人员在驾驶或管理船舶中的疏忽,是由于他们不能胜任本职工作导致,则承运人应对由他们造成的损失负有赔偿责任,因为没有为船舶配备胜任的工作人员,就意味着船舶是不适航的。([美]理查德·谢佛、贝弗利·厄尔、菲利伯多·阿格斯蒂:《国际商法》,邹建华主译,人民邮电出版社 2003 年版,第 177 页)

② [德]迪特尔·梅迪库斯:《德国债法总论》,杜景林译,法律出版社 2004年版,第 254 页。

③ Thomas C. Galligan Jr., "Contortions along the boundary between contracts and torts", *Tulane Law Review*, December 1994, p. 20.

任。"本款免责事由,破坏了雇佣人应就其履行人的行为负责的法律基本原则,系美国哈特法案所创设,对于承运人颇为有利。"①本款立法理由,系因当时海上运输风险巨大而难以控制,且造船与航海技术尚未发达,船长和其他航海技术人员都是领有国家航海技术证书而从事航海的人,实际上承运人乃至船舶所有人并不处于监督在海上的船长等航海活动的地位,即船舶所有人无法对船长、船员为有效的控管。若承运人于船舶发航前,对于船舶的安全航行能力与配置相当海员,已为必要的注意及措施,尽到了船舶适航能力担保义务,如属航行中驾驶和管理船舶有过失,对货物有损失,非承运人所能控制,故予以免责。"根据 COGSA 规定,如果货物的损失是由于承运人缺乏谨慎处理提供适航船舶所造成的,货主可向承运人索赔。但是,如果货物的损失是由于承运人驾驶船舶和管理船舶的过失所致,货主就得自行承担损失;因此,承运人或其代理人的某一特定疏忽行为究竟属于哪一种过失行为,这是某些案件的争议所在。"②《海牙规则》及《海牙—维斯比规则》规定,在承运人主张航海过失免责时,需证明该货物的消失或损坏系由航海过失所致,但其并不包含承运人自身的过失。如属于承运人自身的过失,则承运人不能免责。③　关于两种过失免责以外的免责事由(海上风险和战争风险等),如果承运人能证明货物的灭失、损

①　梁宇贤:《海商法精义》,(中国台湾)发行人梁宇贤 1996 年版,第 131 页。
②　Grant Gilmore Charles L. Black. Jr. , *The Law of Admiralty*( second edition) , New York ,The Foundation Press ,Inc. ,pp. 159–160.
③　《海牙规则》规定:因船长、船员或承运人的雇佣人,因航行或管理船舶的行为而有过失者,承运人或船舶所有人不负赔偿责任。而所谓承运人的雇佣人员,不以船上为限,陆上雇佣人员亦包括在内。承运人为法人时,董事会、董事长、经理人等有管理权限之人,均应认为其系承运人,其过失无本款免责适应。

坏,是由该事由引起的,就完成了举证责任,除非收货人能证明承运人或其雇用人等有过失,否则承运人可免除其责任。这样,《海牙规则》所课以承运人的举证责任,因其不彻底而遭到强烈批判。

## 二、《海牙规则》所蕴涵的目的理性

以目的理性的功利法则为核心的《海牙规则》,代表了近代航运经济与国际贸易发展中效率优先或效用最大化至上的取向,其目的就是要平衡互相冲突的船货双方之间利益,保护承运人的利益。在国际海商事的法律秩序中,指导立法的基本原则中船方是主要的,对航运业的保护为首要目标,是以效益最大化为目的理性;货方是从属的,货方有义务分担船方的成本。这种偏向虽然得到一定的遏制,但基本结构并没有改变。为实现国际海上货物运输承运人责任法律制度的目的理性,几乎所有的民法原则,都不同程度地受到削减。航海过失免责更是与民法的过失责任原则,与“债务人的代理人或使用人,关于债之履行有故意或过失时,债务人应与自己的故意或过失负同一责任”①、“主人为雇员的侵权行为负责”的原则乃是一项根本的正义原则相背离的,货主的权利得不到保障。这种取向一方面有力推动了航运经济的发展和国际贸易增长,另一方面又带来了一系列的弊端,诸如公平的缺失。“航海过失免责条款存在,对于造船和航海技术的提高和船舶抵抗海上风险能力增加而言,有失公平且损害了货方的利益,货主负担了绝大多数承运人风险。”②

---

① 王泽鉴:《损害赔偿法的体系、请求权基础、归责原则及发展趋势》,载《月旦法学》2005 年第 119 期,第 134 页。

② Leslie Tomasello Weitz, “International Maritime Law: The Nautical Fault Debate(the Hamburg Rules, the U. S. COGSA 95, the STCW 95, and the ISM Code)”, *The Maritime Lawyer*, Summer, 1998, p. 15.

在国际海上损害赔偿,则由资本实力较强的货主负担,理由无非是认为其资力较优,弥补损害较易。因此,为促进航运业以及国际贸易的发展,遵求目的理性,遂制定航海过失免责的条款。

目的支配的航运秩序是与开放航运与贸易大发展社会不相融合的,因为开放的航运与贸易迅速发展的社会,并不是由具有共同且已知的具体目的的众体构成的。"那种试图把这种目的支配的秩序强加给那种逐渐发展起来的秩序或者那种'规则支配的秩序'的努力,显然会使开放社会堕落成小群体构成的部落社会。"①"所以任何实现'分配正义'或'社会正义'而做出的努力,也必定会导致'目的支配秩序'对'规则支配秩序'的取代,进而导致开放社会向部落社会的倒退。"②"目的可以证明手段为正当"的目的论即是对所有正义规范的一种否定。过错责任原则作出妥协的根本原因在于那个时期人类航海技术、通讯技术方面的局限使承运人在抵御海上风险时表现出极大的冒险性。承运人独自无力承担

---

① ［英］弗里德里希·冯·哈耶克:《哈耶克论文集》,邓正来译,首都经济贸易大学出版社 2001 年版,第 31 页。

② ［英］弗里德里希·冯·哈耶克:《哈耶克论文集》,邓正来译,首都经济贸易大学出版社 2001 年版,第 32 页。比利时法学家叶·达班的正义理论讨论了三种不同形式的正义:矫正主义(commutative justice)、分配正义(distributive justice)和法律正义(legal justice)。矫正正义指的是适当地调整个人与个人之间的关系,特别是按照那些旨在合同和民事侵权案件中给予适当的损害赔偿金、恢复被盗或遗失的财产、归还不当得利等法律救济方法来进行的调整。分配正义确定集体成员应从集体中得到什么;它从立法上对权利、荣誉和报酬等方面进行分配。而法律正义所关注的则是集体成员应该给予集体什么。它的目的是"为公共利益而颁布法令",即确定社会成员对整个社会的义务和责任,例如税收、服兵役、参与公务、服从法律和合法命令。(［美］E.博登海默:《法理学》,邓正来译,中国政法大学出版社 1999 年版,第 180 页)

海上巨大的风险,因此,设立了许多合理分担海上风险的制度,诸如航海过失免责、海事责任限制、共同海损分摊等。承运人利用从此种免责特权中,即从以目的理性所建立的航运秩序中,获得可观的利益来发展航海事业,改进航海技术,提高船舶抵御海上风险的能力,最大程度地使船舶适航,船舶适航程度的提高反过来对货方也产生了益处。因此,各国立法和国际公约纷纷确认这种不完全过错责任,以此,带来了国际航运业快速发展,国际货物贸易繁荣昌盛。不完全过错责任实际上为船货双方利益平衡寻找了一个法律支点,而其存在的根基也就在于合理分担风险的公平机制和追求社会效益最大化的目的理性。

从社会即时性角度分析,为了实现 20 世纪初期保护航运业发展的即时性目标,以及针对当时航运技术发展水平,而无视那些真正的社会进化的产物如正义的做法是具有一定的客观现实基础的。然而承运人不仅仅是追求效用目的,而且还要遵循正义规则,正义是事实性的航运秩序的基础。因而也就导致了在 20 世纪 70 年代制定《汉堡规则》,试图从正义的形式中,演变出国际海上货物运输承运人责任基础的全部内容,即对海上货物承运人实行完全过失归责原则,并且推导出它们的有效性。《海牙规则》所确立和关心的只是损失和补偿,一种目的理性,而不是对承运人的正义价值的判断。因此,其必然导致损失应当落在有承担能力的货主身上,而不论货主在主观上对损失的发生是否负有过错。从控制论的角度,这是一种消极的控制方法,忽视了自我控制在社会控制系统中的重要地位和作用。法律责任规范只有与人的意志相联系时才能有最佳的控制参数和控制效果,而《海牙规则》所确立的方法,根本不考虑承运人自我控制系统的协调,实行强行的损失分配,实际上反映的是一种对承运人特殊保护目的。而且《海牙规则》把控制的目的简化为单一的损失补偿,实际上只顾事后补救,而不管事前的预防。这无疑等于承认,现行国际海上货物承运人责任基础法律不能控制承运人的行为和海洋货物运输中的各种事故的原因,而只能要求货主承受和消化由于承运人的行为和原因造成的结果。然而国际海商事法律制度一旦脱离社会正义,放弃法律的教育功能和预防功能而单纯强调事后补救,便失去了现实的价值基础,成为一种完全靠强力迫使货主承担损失风险的工具。因此,《海牙规则》所确立的承运人责任基础机制无法抑制承运人不法行为的发生,而只能尾随不法行为的发生,竭力消除并强令货主承担由于承运人的过失而留下的后果。"不允许某人将其行为导致的损失转嫁给他人"以及"每个人都应该收拾自己造成的不当局面"是对公平和正义的一种表达。要求货主承担承运人所造成的不当局面或者将承运人造成的损失转嫁给货主都是不公平的,这种强制性条款,只能推定这些条款使处于优势地位的承运人的效用得到最大化,但还不能因此推定船货双方的总体效益是最大化的。

## 第三节　正义支配的航运秩序及其立法

当现存的不平等安排因情势的变化或科学的认识和人类认识的发展而被认为不再必要、不再正当或不再可以接受的时候,正义感通常就会强烈地表现出来。为正义而斗争,在许多情况下都是为了消除法律或习惯所赞同的不平等的安排而展开的,因为这种不平等的安排既没有事实上的基础,也缺乏理性。一个健全的海商事法律制度,需要公平的损失分配制度。《汉堡规则》所确定的过错责任原则的基本精神,是对有关航行实践行为进行的社会性的价值评价,即根据道德规则,对承运人的主观意志状态作出判断,以确定其致害行为是否"应受谴责",并以此决定其责任有无以及责任轻重。过错责任原则本质上是一种理性的自由法则,因为不法行为及损害结果是可以通过人们的主观努力而尽力避免的。承运人责任基础规则应当设法调动承运人防止和避免损害结果发生的自觉能动性。过错责任标准仍然常常被说成是正义历经数世纪进步而获得胜利的化身,在这种说法中包含大量真理。对过错责任是运用道德规范进行价值评价的过程,其结果不仅是对责任归属及损失分配的公正决定,而且是对善良风俗和公共秩序的有力维护,且是昭示道德理念的手段。既支持因他人不当行为而受到不公正侵害的个人具有道德上的权利,同时加害人负有道德义务并赔偿因其不当行为而对受害者造成的损失;不尊重他人的合法权益不仅违反了法律的规定,而且也是缺乏道德的体现,人们应当承受他们违反道德的代价。

## 一、《汉堡规则》产生的时代背景与内容

《海牙规则》是 20 世纪 20 年代国际政治经济的产物,基本反映出当时国际海运领域中存在的不平等关系即发达国家对落后国家殖民地进行垄断、掠夺、剥削的关系。它的实质是更多地保护承运人的利益。其所确立的承运人责任基础规则的主要职能被视为是合理地调整经济风险,而不是表达所提倡的正义理念。在经济上则主要是对作为货主国家的第三世界的变相剥削。"航海过失抗辩是一个时代错误。它给海上承运人提供了一种任何其他运输公约都没有的保护。"①"开发中国家强烈指责向来统一公约所采

---

① Leslie Tomasello Weitz, "International Maritime Law: The Nautical Fault Debate(the Hamburg Rules, the U. S. COGSA 95, the STCW 95, and the ISM Code)", *The Maritime Lawyer*, Summer 1998, p. 11.

海上货物运输承运人责任体系,纯系保护航运发达国家利益之妥协产物,严重妨害了货主国经济发展而主张予以修正"。① 据联合国统计,按照航海过失免责条款,船舶海上事故绝大部分可以免责,即将责任事故产生的经济上的损失转嫁给了第三世界,而使以运费为重要收入的海运国家受益。这就说明了为什么绝大多数第三世界国家在废除航海过失免责问题上要据理力争,而航运发达国家,虽然可以在废除管理过失免责上作出让步,而对航行过失免责则抱住不放,成为双方斗争的焦点。第二次世界大战后,形势发生了巨大的变化,新兴力量的第三世界国家为了掌握自己的命运进行了顽强的斗争,在海上运输领域,第三世界提出公平分担风险、保障货主合法权利,而正是由于承运人的有限责任造成了货物保险的高额费用,并妨碍货物进入世界市场。"《海牙规则》被众多发展中国家认为是殖民主义时代的产物,是海运发达国家企图通过国际立法垄断国际航运业的证明,并把大部分责任加在发展中国家。"②"在急于发展航运的时代,货方的发言权很小,但当运力不再稀缺之时,货主的忍耐也就到了尽头。"③为了反对传统海

---

① 柯宝秀:《海上件杂货运送损害赔偿问题研究》,林咏荣主编:《商事法论文选集》(下),(中国台湾)五南出版社 1984 年版,第 937 页。

② 杨良宜:《提单》,大连海运学院出版社 1994 年版,第 93 页。《汉堡规则》在主要航运中心造成了纷乱,例如伦敦、纽约、鹿特丹、安特卫普、东京。一个主要的原因是由于规则给予了货物索赔人 5 种诉讼和仲裁的管辖权选择,不再约束他只能在承运人选择的地方诉讼和仲裁,而不论该地方是否与航程有关联。对于那些担心主要航运中心会失去作为海事诉讼与仲裁国际审判地的重要性,以及法规所带来的重要经济利益的人们来说,《汉堡规则》是令人厌恶的。

③ 郭瑜:《海商法的精神——中国的实践和理论》,北京大学出版社 2005 年版,第 196 页。

运大国的垄断、控制,争取结束不平等的状况,发展中国家进行了一系列的活动,修订《海牙规则》删除其中不合理或不明确的条款,制定新的国际海上运输公约,成为广大发展中国家建立新的国际经济新秩序在海运领域的强烈主张与要求。"1978 年,为回应修改《海牙—维斯比规则》的需求,UNCITRAL 在汉堡召开了一次会议。在会上发布《汉堡规则》时,UNCITRAL 处理了所有货主和承运人、传统海运国家与发展中的世界国家之间的'经济冲突'问题。"①《汉堡规则》1978 年通过,1992 年实施,批准或认可的国家主要是货物进出口国家而不是拥有大量商船队的国家。这也反映了《汉堡规则》更加偏向于货主的利益而不是承运人的利益。

当代国际贸易发展迅速,数量极大,种类繁多,运输过程要求严格,这对海上运输业从量到质不断提出新的要求。与此同时,由于科学技术的发展,海上运输业日趋现代化,船舶性能不断提高(大型、自动、高速),多种新型运输方式相继出现与发展,航行和管理技术不断提高,装卸工艺技术设备日臻完善,使航运业技术水平发生了巨大的变化。可以说,当代海上运输生产力发展是推动《汉堡规则》产生的一个主要因素。很明显,在 20 世纪 20 年代所制定确立的承运人与托运人之间权利与义务的规则已经不能适应不断变化的海上运输事业的实际情势,迫切需要在托运人与承运人之间重新分配风险责任。然而,也应该看到,在新规则制定过程中,由于第三世界国家集结,在政治力量对比上,明显地占有数量优势,使得各个重要提案的审议和规则的最后表决都是基本上朝

---

① Samuel Robert Mandelbaum, "Creating Uniform Worldwide Liability Standards for Sea Carriage of Goods Under the Hague, COGSA, Visby and Hamburg Conventions", *Transnational Lawyer*, Spring 2002, p. 41.

着符合他们意图的方向发展。第三世界国家虽然数量众多,但仍处于落后地位,与发达的航运大国比较起来,在世界经济中所占的规模总量较小,因此,即使《汉堡规则》实施了,它所引起的船货双方之间利害关系的变化以及各方面经济上的效果,都要通过今后的实践才能检验。

　　《汉堡规则》在许多地方较大地改进了《海牙—维斯比规则》。"公约规定了一个更为一致的承运人推定过失责任基础。适用于提单项下迟延交付、活动物和甲板货物的运输责任,提高了责任限制的数额"。① 《汉堡规则》中承运人承担较重的责任,是对《海牙规则》及其议定书中保护承运人原则的彻底改变。其中,最根本的改变是废除了"在开航当时,谨慎适当处理使船舶适航"和"航海过失免责"的概念,并以"在整个航次期间都要保证适航性"和"基于假定过失或疏忽的原则——推定过失责任原则"为取代。对于承运人责任基础体系,具体可概括为:(1)对海上货物运输,不采取所谓严格责任(不论承运人方面有无过失,只对发货人方面的过失、货物固有的缺点、天灾等不可抗力承认免责),而维持过失责任的基本原则。(2)修改和废除船舶航行上的过失和船舶管理上的过失免责,以强化过失责任原则,并采推定过失原则。(3)对于免责事由不采列举式,而采抽象概括的规定。

　　关于船舶管理上过失这一概念,曾被认为是对船舶或其一部分缺乏直接的注意,但实际上和违反对于货物应给予注意的责任(所谓商务过失)之间的界限极不明确,这是一向被承认的事实。现今科技进步,已经提高了造船、船员的航行与管理技术、科学技

---

① Robert Bradgate and Fidelma White, "Into the 21st century, 1992 the law society", *Transnational Lawyer* vol 89, p. 20.

术在航海上的应用,减少海上风险的发生,而且通讯科技的发达,航舶所有人与船舶已可保持密切联系,并可对船长与海员的行为进行有效监督与管理;同时又有船东互保协会保险发展,得以分散船舶所有人的责任风险。对船舶航行过失免责是制定《海牙规则》当时基于海上运输的特殊情况而定的,对承运人的受雇人的过失、疏忽的结果免除承运人的责任,作为一般原则的例外而设定的理由,现已不复存在。就受雇人的过失、疏忽而言,免除承运人责任,违反了合同法的一般概念,这是时代性错误的规定(发展中国家及法国、美国、挪威等意见)。"尽管为航运和国际贸易服务了很多年,海牙规则/COGSA 制度现在已完全过时。它是为 20 世纪 20 年代末存在的海上运输而制定的,不适合进入 21 世纪海运与贸易形式。《海牙规则》的最初起草者,不可能预见到电子数据革命、先进卫星通讯技术、集装箱化时代、消除和降低贸易中大部分关税、世界出现 WTO 时代全球经济和国际货物海上运输的迅速发展。"①"航海过失抗辩应该被修改,因为它的历史原理已经从本质上消除了。船东缺乏对其出海船舶、船长及船员的控制已经成为一个愈来愈不重要的问题,由于卫星电信及其他先进技术能够使船东通过经常地口头、可视及雷达通讯来连续不断地监控其船舶作业"。②《海牙规则》已与航运实践、技术的发展不相适应,废除此项免责是海运发展不得已的趋势。"美国已经不再采用过时的风险分配体制。托运人和承运人利益方为了这个目的必须准

① Samuel Robert Mandelbaum,"Creating Uniform Worldwide Liability Standards for Sea Carriage of Goods Under the Hague, COGSA, Visby and Hamburg Conventions", *Transnational Lawyer*, Spring 2002, p. 41.
② Ibid. , p. 45.

备作出折中方案。随着海洋运输的大幅增长,旧体制将带来货物索赔和诉讼的增加是很明显的,这种体制已不能有效、公平地解决这些争议。由于承运人和托运人利益方强烈的抵触情绪,美国国会是否会永远有动力推进《海牙规则》或《海牙—维斯比规则》制度值得商榷。尽管如此,所有航运利益方都同意 COGSA 已经过时,制定一个新的法律制度是最基本的事情"。① 航海过失免责的废除,打破沿用已久承运人在成本、保险承保范围与费率订定、共同海损、船舶碰撞以及船舶侵权责任等方面的风险分担机制。

《汉堡规则》起草工作组(UNCITRAL)目标是消除《海牙规则》中模糊和不确定的条款,建立一个公平的承运人与货主利益之间的风险和责任分配体制②。《汉堡规则》以关于统一国际航空运输若干规则的《华沙公约—海牙议定书》为范例,制定了承运人责任的一般规则。就举证责任而言,在收货人方面首先证明以下两点:(1)货物的灭失、损坏是承运人掌管货物期间发生的;(2)因灭失、损坏而发生的金钱损失数额。如能举出此种证明,那么以后的举证责任,就完全应由承运人负担了。即承运人应完全负担对灭失、损坏发生的原因,以及他本人、他的受雇人等都没有过失、疏忽的举证责任。这样,在《汉堡规则》下承运人的责任,可以说是彻底的"承运人负举证责任的过失责任制"。举证责任转移使货主或托运人因不能证明承运人存在过失行为而招致败诉情形会大

① Samuel Robert Mandelbaum, "Creating Uniform Worldwide Liability Standards for Sea Carriage of Goods Under the Hague, COGSA, Visby and Hamburg Conventions", *Transnational Lawyer*, Spring 2002, p. 45.

② *International Shipping Legislation-United Nations Conventions on the Carriage of Goods by Sea*, 1978, (*Hamburg*) *note by Secretariat*, Yearbook of United Nations Commission on International Trade Law, 1988, Vol. XIX.

幅度地减少。然究竟在何种程度上认可这种证明责任转移的妥当性，是欠缺理论与实践支持的。《汉堡规则》采推定过失责任制度，承运人为了推翻这一推定就必须对可能造成损失状态的所有发生原因的事实的不存在，或者某种消灭原因之事实存在进行主张与举证。因此，可以说过失推定将承运人置于一种非常残酷的境地。因为，在许多情形下货损事故发生，难以区分是由于不可抗力抑或人为过失因素造成的。其本质是采取对易于证明事实的证明来替代对难以证明事实的证明方式，避免诉讼中所可能出现的真伪不明，使承运人承担不利益。因此，消除航海过失免责是必要的，但是主张这种改变应与举证责任再检讨联系起来。《汉堡规则》推定过失责任制下举证责任应被一个更弹性的双方分摊责任的规则所取代。《汉堡规则》制定过程中，针对发展中国家坚持过失推定，海运发达国家曾提案"承运人就货物减失、毁损或迟延，能证明非其本人或其受雇人员或代理人过失或懈怠所致者，不负责任"。"根据《汉堡规则》，承运人必须证明损失的原因，为了证明承运人已经采取一切合理的措施，承运人必须举证出事故或灭失是怎样造成的。"①因此，似应在《海牙规则》与《汉堡规则》采推定过失举证责任原则之间确定一个折中方案，即采取举证责任倒置方案，要求掌握或有条件取得灭失或损坏发生证据的承运人来证明本身对灭失或损坏的发生没有过错，此方案可以称为是公平和合乎逻辑的妥协。若加以无法掌握证据的货主承担举证责任，而已掌握证据之人，据以观望，并不是法律所追求的正义，也将使

---

① William Tetley：《海上货物索赔》，张永坚、胡正良、傅廷中等译，大连海运学院出版社 1993 年版，第 290 页。

完全过失责任形同虚设。① 对于《汉堡规则》未来前景美国学者论述道:"关于汉堡规则将带来一段不确定和混乱时期的争论,就如同拒绝计算机软件的升级,因为可能要花费一定时间来认知新规则且从更新之中获取最大效益。"②

## 二、《汉堡规则》所确立的承运人完全过失责任原则

过失责任通过使承运人对他们不合理施加的而且本来能够在事前意识到的危险承担责任从而限制了承运人的自由。它通过确保货主不会遭受不合理的危险施加从而保护了货主的安全利益。当海上货物运输法律制度确立承运人不完全过失责任,准许承运人对货主施加航海过失风险时,那么它就增加了承运人的自由,却使货主的财产安全陷于危险中。财产安全至少是和自由同样迫切的利益,增加货主财产的安全就会损害承运人的自由。受益行为总是伴随着产生危险,当风险以一种可接受的成本追求一种有价值的目的,就应当忍受风险。一方面,承运人施加危险的自由是有价值的,因为它能够为船货双方带来物质利益并使人类的生活更有意义;另一方面,大量的人为因素的航海过失意外事故造成的货物损失对正常的国际贸易秩序造成重大威胁。风险的施加使承运人的自由和货主的财产安全发生了冲突。《海牙规则》所确立的承运人的不完全过失责任,即货主承受承运人所施加的航海过失

① 美国1999年COGSA改革方案,取消航海过失免责,实行完全过失责任制,然举证责任在索赔方,须由索赔方证明承运人违反义务,或存在过失或疏忽。事实上索赔人是无法完成此举证责任,一定程度上继续维持了不完全过失责任。
② Robert Force,"A comparison of the Hague, Hague-visby, and Hamburg Rules: much adout?" *Tulane Law Review*, June 1996, p. 154.

风险的正当性不仅是基于对促进与保护航运发展目标的共同确认,而且是基于利益的相互性,即船货双方这一利益与风险共同体的效益最大化。货主从承受航海过失风险中获利,即承受承运人航海过失免责造成的危险符合货主的长远利益。因此,一定程度上,施加风险合理性的基本标准是承受某一特定风险并遭受不利的人们的长远利益。承运人责任基础的强制立法就要制定协调这些冲突的条款,其任务是找出并设定公平条款。在国际航运实践活动中,一味地强调货物安全,只会导致停滞,最终导致衰败。立法者在试图解决自由与安全问题时,常会发生冲突,一项旨在保护一般安全的法律,必定会削弱自由;一个旨在实现正义的法律制度,会试图在自由、平等与安全方面创设一种切实可行的综合体与和谐体。有关合理调整上述三个方面关系的方法,在各个国家是不相同的,在承运人责任历史发展的各个阶段也是不相同的,而且在不同的国际政治、社会和航运经济条件下也不尽相同。

《汉堡规则》制定的最主要目的是在货物毁损灭失的责任分配方面,谋求国际贸易利益,特别是发展中国家的利益,在所有利害关系间实现新的均衡,维持货主与承运人间公平分配风险,使承运人与货主取得公平合理的协调,对传统海上货物运输承运人责任产生了重大影响。《海牙规则》明显偏离正义价值而基于目的理性偏袒承运人,给予了承运人更多的保护;而《汉堡规则》基于正义价值确立的公平过失责任的承运人责任体系,而缺乏经济上合理性的论证。其条文规定:"除非承运人证明他本人,其受雇人或代理人,为避免该事故的发生及其后果已采取了一切所能合理要求的措施,否则承运人应对因货物灭失或损坏或迟延交付所造成的损失负赔偿责任,如果引起该项灭失、损坏或迟延交付的事故,如同第四条所述,是在承运人掌管期间发生的。"可见,其责任体系基础是推定过失责任。海上货物运输可能由于某种原因而导致货物遭受损害,而这种事情或原因既非承运人自己所能控制,也不属于自然事件,而且也不可能将它归咎于某个特定人的行为过失。人们一直认为,在这种情况下,适当的办法是采取类推的方法,将它作为自然事件处理,不论损害来自自然事件还是来自运输过程,都是出于偶然,况且又无法证明任何人有疏忽行为,因此,货主也就得不到赔偿。依据《汉堡规则》,此类货物损失当承运人无法证明为海上自然事故或为避免该事故的发生及其后果已采取了一切所能合理要求的措施时,承运人就须承担货物损害赔偿责任。因此,虽然正义的法律精神是《汉堡规则》的根基,然在某种程度上基于目的理性偏袒与保护货主,给予托运人以更多的保护,更有利于索赔人。对《汉堡规则》而言,"过失责任"已转化为承运人的"准严格责任"。其在性质上必定属于结果论的范畴。因此,《汉堡规则》在某种程度上不是从航运实践出发,其脱离了客观现实,因而不可能对国际海商事法律制度的效力根据作出令人信服的解释。

　　《汉堡规则》制定过程中,彻底支持的国家,认为对海上货物承运人责任基础制定是以正义为评价,而与该规则对航运与贸易经济效果无关。当而且仅当责任规则合乎相应的正义即完全责任的矫正正义时,该责任基础就是正确的。当而且仅当违反正义时,该立法就是错误的。而且,支持《汉堡规则》的发展中国家进一步强调,承运人责任基础规则产生经济效果是没有什么意义的。抛除这种极端观点,可以看到,除航海过失免责条款外,《汉堡规则》中的多数问题是以妥协的方式达成的。因此,其条文是否可行,对《海牙规则》所作的修正是否利大于弊,为国际航运界所关注。"《汉堡规则》造成了争议,特别是是否提供了一个比《海牙规则》

及《维斯比规则》更好的法律和商业解决方案。"①国际海商法受到普通法强烈影响。"《汉堡规则》将 17 种抗辩压缩至 3 种,不再免除承运人航海过失疏忽。而承运人认为《海牙—维斯比规则》的规定是适当的,承运人认为将多重抗辩归类成三种抗辩在立法程序上是一个倒退,《汉堡规则》创造了含糊和矛盾的抗辩。对承运人构成较重的责任。"②虽然,《汉堡规则》更好地修改了《海牙—维斯比规则》,但《汉堡规则》通过主要是受 Soviet East Bloc 驱动并控制主要投票权。BLOC 相信承运人适用推定过失责任制度对托运人和新兴国家更为公平,并没有完全代表国际贸易和航运总体需求。一部好的国际海事私法须达到普通法和大陆法两者满意。③因此,基于法律价值判断的《汉堡规则》是否符合目的理性,海运先进国家一直主张此项论据,也是《汉堡规则》制定中最为重要的课题之一。而发展中国家及一部分货主国家,对前述要求进行以目的理性为出发点的经济论点,认为缺乏一定数据支持,难于赞同。对此

①　*Carriage of Goods by Sea*(*Billing of Lading*),CFCG—Service Issue No. 6—2 October 1995,p. 296.

②　Samuel Robert Mandelbaum,"Creating Uniform Worldwide Liability Standards for Sea Carriage of Goods Under the Hague, COGSA, Visby and Hamburg Conventions",*Transnational Lawyer*,Spring 2002,p. 152.

③　UNIDROIT 的 1994 年国际商法合同原则就是一个例证,另一个是 1980 年维也纳销售公约,意在"寻求维持大陆法和普通法之间微妙的平衡"。相反,1999 年船舶扣押公约只考虑了船舶的法定所有权,没有考虑任何的"受益"所有权。由于普通法思想在国内海商立法的重要性,使得英国和其他共同体国家更难以接受这个公约。Pierre Legrand 在他的书中警告了目前这种欧洲"法律统一"运动的危险。他指出了大陆法和普通法之间的差异反映了文化和认识论之间深层次的、根本的差异。大陆法思想是结构严谨和系统化的。普通法思想拒绝系统化,以注重实效的灵活性,而不是逻辑的连贯性而自豪。

International Union of Marine Insurance(IUMI)一贯坚持:目前的海牙维斯比体系已被世界各国广泛接受,或并入国内法律或被定为提单的首要条款,而 UNCITRAL 制定并被通过的《汉堡规则》是失败的,通过《汉堡规则》的国家所拥有的船队能力不足世界总量的 1%、贸易量大约占世界总量的 5%。如果经济方面被忽视,那么就会发现这个新的法律责任制度的必要支持无法得到保证。① 在所有的讨论中,在承运人和责任保险人(IGclub)与货主和货物保险人之间风险再分配的平衡是核心问题,风险从货主转移到承运人将导致承运人责任保险费用的提高,然而并未相应降低货物保险的费用。而持反对立场者认为,航海过失免责废除以后,势必加重承运人的责任,这就必然增加保赔协会的保险费,而货物保险费的降低,抵消不了保赔协会保险费的增加,而增加了的保险费又必然以增加运费的形式,转嫁到托运人身上,并最终转嫁到消费者身上。

《汉堡规则》支持国家坚持认为,废除航海过失免责,可增加船东的责任心,同时船东自己组织起来的保赔协会也会督促他们改进营业,引进新技术减少事故,对于航运事业的发展可以起到积极作用。航行过失这类免责条款的存在,增加了货物保险利益,影响了发展中国家的利益。从现代运输公约的发展趋势观察,20 世纪 20 年代华沙民航协定曾经有过类似的航行过失免责的规定,但在 1955 年修改时已经废除;20 世纪 50 年代制定或修改的国际铁路运输公约、国际公路运输公约都没有这种规定,从各种运输责任契约责任义务力求平衡一致,航海过失免责也是应该取消的。"《汉堡规则》对于承运人责任体系,采更严格、更积极的'过失责任主

---

① *Synopsis of responses to the consultation paper*, CMI YEARBOOK ( Issue of Transport Law ), p.391.

义'。其形式乃取源于国际间各空运、铁路与汽车运输公约有关规定的用语与措辞。前半段为严格责任条款,后半段规定则为责任免除。与其它国际航空、内陆运输公约相一致。此对于促进国际多式联运实有助益"。① 在联合国国际贸易法委员会内,对船舶航行过失免责作了以下批判:即与现代的船舶技术革新相对照,时至今日,此种免责已经没有再存在的理由。"调整国际海运货物责任的法律并没有跟上发展的步伐。人们似乎相信承运人对于货物没有责任,如果船舶离港时是适航船舶,即使船长或船员应对疏忽负责。这些法律接受这样一个前提,一旦在海上,承运人就无法控制其船舶、船长和船员。即使这一点在本世纪前 30 年是正确的,在今天也已不再正确,电信的发达允许海运班轮公司对其船舶和船员具有与卡车和铁路公司相同的控制。"②"《汉堡规则》增加了承运人责任,适度平衡了托运人与承运人权义不平衡的现象。"③总之,"《汉堡规则》被视为针对 1924《海牙规则》的反应,《汉堡规则》的出台是为解决最为紧要的问题,希望能够解决发达国家不公平的感觉。"④

### 三、《汉堡规则》"准严格责任"的构建

1800 年以前,海上货物运输责任体系中过失不是一种独立的

---

① 王笙:《汉堡规则与海上货物运送研究》,林咏荣主编:《商事法论文选集》(下),(中国台湾)五南出版社 1984 年版,第 1068 页。

② Samuel Robert Mandelbaum, "Creating Uniform Worldwide Liability Standards for Sea Carriage of Goods Under the Hague, COGSA, Visby and Hamburg Conventions", *Transnational Lawyer*, Spring 2002, p. 227.

③ 程家瑞主编:《中国经贸法比较研究论文集》,(中国台湾)东吴大学法学院 1998 年版,第 177 页。

④ Robert M. Jarvis and Michael S. Straubel, "Litigation with a foreign flavor: a comparison of the Warsaw convention and the Hamburg Rules", *Journal of Air Law and Commerce*, May-June 1994, p. 1.

侵权行为,根据普通法,一个人要对自己的行为负责,从这种观点出发,英国海上货物运输法仍然以严格责任为特征,它不对航运实践行为中的不同过错程度加以区分,只要承运人造成了货物损失,承运人就要毫无例外地承担责任,不管其过失程度如何。换言之,普通法坚持承运人的完全责任原则,对于货物的损坏,除非承运人能够证明毁坏和灭失是由于天灾、公敌、托运人的过失和货物的内在缺陷造成的。因此,在18世纪普通海商法下,承运人只有有限数量的除外情形,承担货物损害的大部分责任。只是到了19世纪,由于强调社会对个人自由行动和自由决定的要求,海上货物承运人的过错责任归责才得到确立与发展,责任成了过失的必然结果,而不再不加区别地归因于所有造成货物损害的行为。通过取消承运人无限的责任风险与不合理的经济负担相应地扶植海运业的发展,以及航运资本的增长。19世纪中叶以来,由于科学技术高度发展,原油以及化工产品相继被应用于造福人类,海上货物运输货物种类也不断扩大,但因实际运输过程中,经常发生思虑所不能及,或能力所无法控制的海上货物运输危险,并造成严重海洋污染事故,若再固守传统过失责任主义,将危及人类的海洋利益与环境利益。于是基于国际社会公共利益需要,建立海上承运人危险货物运输归责的无过失责任,以弥补过失责任主义的缺失。"在美国法律形成时期的人看来,法律的目标是实际的,而不是抽象的正义,法律是培养人的进取精神,释放出人的能量的工具,它的职责在于,为有效地发掘社会的各种资源提供所需要的法律手段"。①

---

① ［美］伯纳德·施瓦茨:《美国法律史》,王军等译,中国政法大学出版社1990年版,第99页。

　　自 19 世纪后半叶以来,海上货物运输归责原理的发展,大致可分为以下两大倾向。其一是过失责任主义扩大,另一则为危险归责原理即严格责任的建立。客观过失责任主义扩大现象之一,经常表现为"过失推定",如《汉堡规则》所确立的承运人责任体系,并使过失归责原理,得以吸收"严格责任"而降低"严格责任"的适用。在人类海上货物运输活动极为频繁而又运量巨大的商贸时代,意志自由哲学,即强调个人心理欠缺的主观过失——主观过失归责原则,显然不足以适应现代国际贸易与经济发展需要。因此,"客观过失责任理论乃当代归责理论发展的共同趋向。"①传统上,过失责任因依附意志自由,故被视为主观归责。由于归责的意义,系从法律上判断,确定行为者负担法律效果,其基础乃从行为人主观的意思或能力上求其根据。因此,归责根据为人类内在自由意志或心理状态欠缺理论,具有合理说服行为人使其负担赔偿责任根据,在道德上或伦理上,获致高度的妥当性,过失责任主义,在人类文化发达史上,具有高度评价。现代侵权行为归责原理的变动,可简单称其为由"过失责任主义朝向无过失责任主义"发展,而此一发展历程,实与法律社会化的社会本位的法律思潮息息相关,似可直接称其为"归责原理社会化"。"归责原理社会化的法律现象,可从两个方面加以说明:一是过失责任本身的社会化,亦即过失概念的重新诠释与调整;二是无过失责任主义的发展。两者相互激荡,相应发展,合而构成现代归责原理的动态过程及成果。"②"法律正在做的是,以社会责任的概念取代个人过失的思想。过失责任本身也由于过失责任的客观化而发生变化。这意味

① 邱聪智:《民法研究》,中国人民大学出版社 2002 年版,第 80 页。
② 邱聪智:《民法研究》,中国人民大学出版社 2002 年版,第 141 页

着从日益扩大的侵权行为法领域中消除道德因素。"①

国际海上货物运输法律制度的目的在于国际航运实践中应为与不应为,其精义系"当为",而非单纯的航运现实的存在,其主要作用在于设定航运秩序的标准。海上货物运输法律制度的内在体系,系建立在得将货物损失归由承运人负责法律价值判断之上。《汉堡规则》系以过失责任为基本理念,但由于推定过失的规定,使承运人的过失责任趋于严格化。《海牙规则》规定承运人免责的过失标准,乃为"已尽相当注意之义务"而已,承运人若无过失即得免责。例如海上危险免责事项,承运人对海上的危险或意外事故所致的毁损、灭失不负责任。"而依《汉堡规则》'所有可能合理方法'仍无法避免损害发生者,方可谓系'海上危险所致'。因此,承运人之疏忽如对货物损害有促成之效,则免责规定并不适用。"②

过失是行为人实施了某种行为,它是对被告实施行为的定性,而不是针对它的目的,是其实施了一个有理智、谨慎的人所不会实施的行为。③ 基于正义的承运人的过失责任应该属于非结果论的

---

① ［美］伯纳德·施瓦茨:《美国法律史》,王军等译,中国政法大学出版社1990年版,第218页。

② 王笙:《汉堡规则与海上货物运送研究》,林咏荣主编:《商事法论文选集》(下),(中国台湾)五南出版社1984年版,第1071页。天灾所引起的货物损失必须有两个本质特征:首先,它的发生独立于人的行动,人必须是纯粹的被动;第二,事件的发生是船东通过能够合理预见使用各种手段而不能避免、预防的。(Raoul Colinvaux, *Carver's Carriage by Sea* Volume 1 (Twelfth Edition), London, Stevens &sons, 1971, p. 9.)

③ 一般的说法都认为过失是一种客观的行为标准。(［美］格瑞尔德·J.波斯特马:《哲学与侵权行为法》,陈敏等译,北京大学出版社2005年版,第165页)采取对利益的主观评估标准会提高因采取客观标准所达到的风险水平,如果侵权行为法规则完全依赖于个性化的人,那么,它很容易被

范畴,不是来自对结果而是对行为的明确禁止。控制责任根据是可避免性理论,只有当行为人的行为与损害具有因果关系、具有预见该损害的能力并有机会在预见的基础上采取措施去避免该损失的发生时,行为人才须对损害结果承担结果责任,其包含一种控制的观念。换言之,只有当行为人必须在行为的当时具备预见该损失结果的能力且有机会和能力去避免该结果时,他才应当因其行为而受到谴责和惩罚,因此,可预见性和可避免性的标准限制了关于某行为是侵害行为以及行为人具有错误的主观意识状态这个基本判断。换言之,过失行为责任理论是指行为责任涉及由于行为人实施了某个应受谴责的行为而对其应受谴责性进行批判,它同时要求非法行为以及错误的意识状态。即它以行为人不仅能够避免可预见的损害结果而且实际上通过自己的行为导致了这个损害结果为要件。因此又可以称为责备理论。而《汉堡规则》所确立的责任基础不同于过失行为责任,它远远超出了过失行为责任的范畴,偏离了正义责任,其核心是基于可避免性观点,是指某个人行为的结果应该在他控制之内,即行为人有能力采取措施避免该结果的发生,其不是在一般意义上产生的道德上的赔偿责任,而是通过在法律上将行为人与某个特定的损害结果联系起来并使之成为赔偿责任的基础。更恰当地说,可以理解为使负有责任的行为人成为潜在损失承担者的一种归责机制。因为对正义原则的违反是一种不能从结果上来加以评价的明确禁止的行为,即依赖于许

---

利己主义行为所操纵,使得一部分降低风险的责任有可能从加害人转移给受害人。它促使风险行为人不去获取信息或降低风险,因为,这种能力上的缺乏通常可以使行为人免于承担那些有良好信息渠道以及有能力降低风险的人应该承担的预防义务。

多应当从其后果来证明其合理性的风险,在正义上是难以接受的。《汉堡规则》完全依客观归责原理阐释海上货物运输承运人责任,将使固有的制裁、预防功能消失殆尽。由此,可见传统承运人主观归责理论,固不足全盘援用,但客观归责原理,同样不足以取代过失责任主义。因此,客观归责对于过失责任主义,性质上仅具有补充作用,而无取代作用。即为适应现代航运与国际贸易需要或海洋环境污染危险共同分担思想,并于航运活动造成货物损害或海洋污染,较难以证明承运人有主观过失时,创设客观或危险归责等原理,以补充过失责任的不足。而法律实证主义以利益或安全论,取代过失责任主义,则丧失道义上乃至伦理上的意义。客观归责性脱离终极绝对价值,难以说明当为性基础,其出发点是利益。客观归责理论,不再依附传统主观归责理论构成,不再依附"心理欠缺"概念,实属法律实证主义,隔绝法律与伦理、道德因素的联系。其功能的积极层面,无非为社会大众的利益与需要,即肯定利益的最大满足,为法律正义原则。在某种程度上,客观归责原则损害了承运人的自由以致它的破坏性后果与过失责任对货主造成的损害后果相同。我国学者魏家驹曾论述道:"关于《汉堡规则》加重承运人的责任,是好是坏应有一个标准。一是货主和承运人间关于风险的分担是否公平合理;二是风险的分担是否有利于航运事业的发展。而不是说《海牙规则》有利于承运人,而现在,凡是加重承运人责任的就都是对的"。①

法律实证主义,否认终极价值存在和意志自由存在,致使人性尊严及人格自由发展受到限制,毁败法律规范的伦理基础,也使

---

① 魏家驹:《对 1978 年海上货物运输公约(汉堡规则)的初步探讨》,《海商法论文选集》,西南政法学院编辑 1981 年版,第 164 页。

"当为"失去了基础,不足以说明归责的真谛。因此,肯定意志自由即过失责任在海上货物运输责任体系的法律规范上的作用,使其成为归责原理基础,实有必要。因为,过分强调承运人的完全过失责任,加重承运人责任,可能阻碍航运发展目标或船货双方整体效益最大化的实现,或国际贸易与经济的发展。"如果《汉堡规则》的目的是在全球范围内开放市场和贸易,则有必要开发制度和商业手段来支持它。为了这样做,有必要发展统一的责任制度来适用于所有的运输方式"。① 现代航运实践中的危险货物运输事故频繁发生,其间确有许多传统的主观归责原理,不能加以合理说明,而且必须配合法律实证主义,否则根本无法发挥海上货物运输法律制度填补损害的社会功能。就此而言,海上货物运输归责原理的多元化、分化及并立,实有必要。所以,面对承运人自由负担与货主的货物安全矛盾与确立优先地位等问题,克服之道,亦仅能援法律实证主义补其不足,以求其彼此间的调和,不能放弃主观过失责任在海上货物责任中的地位。

## 第四节　联合国《运输法公约》中目的理性与价值判断优先选择

"关于法律的'目的'上所存在的两种不同的观念,在法律哲学历史上可谓极为凸显。从康德对正当行为规则'无目的'性的强调,到边沁和耶林等功利主义者视目的为法律核心特征的观点,

---

① Leslie Tomasello Weitz, "International Maritime Law: The Nautical Fault Debate (the Hamburg Rules, the U. S. COGSA 95, the STCW 95, and the ISM Code)", *The Maritime Lawyer*, Summer 1998, p. 15.

即'目的'指特定行动所具有的具体且可预见的结果,目的这个概念所具有的含混性始终都是导致人们观点分歧和冲突的根源"。①法的安定性不是法必须实现的唯一价值,也不是决定性的价值。除了法的安定性之外,还涉及两项价值:合目的性与正义。然而,一旦过去的目的理性与现在的价值判断过分的不一致,那么遵循目的理性与正义之间就会发生冲突。当承运人责任基础规则与正义之间的差距,到了不能容忍的地步,这种海上货物运输法律制度也就失去了其有效性。"各种取消海商法特殊责任制度的观点都有一个相同的理论基础,追求船、货之间更公平。但对公平在海商法中的内涵缺乏分析;只看到了对受害方的不公平,但没有论证这种不公平是否已经超出了海商法保护船东的必要限度。所有的批评意见几乎都有一个通病:只是指出现行制度的烦琐、复杂、不公平等弊端,却没有研究这些制度为航运业带来的好处是否已经不需要了,或者弊端是否已经超过了好处。"②

　　CMI 统一海上运输责任法律开始于 1907 年,1924 年的《海牙规则》加入国包括大多数世界海运国家。有些国家虽然没有批准,但是将《海牙规则》的主要条款并入国内法。对《海牙规则》的修订即《维斯比规则》于 1977 年生效,国际海运责任的法律统一程度开始下降。《汉堡规则》生效以后,不统一局面进一步加剧。

---

① [英]弗里德里希·冯·哈耶克:《法律、立法与自由》(第一卷),邓正来等译,中国大百科全书出版社 2000 年版,第 177 页。法律乃是为了实现特定目的的一种组织工具,这种解释对于一种法律即公法来说是极有道理的。然而它却完全不适用于内部规则或法律人的法律。(同注,第 178页。)
② 郭瑜:《海商法的精神——中国的实践和理论》,北京大学出版社 2005 年版,第 178 页。

目前 28 个国家批准《汉堡规则》,其中 13 个是《海牙规则》批准国家。有些国家虽然没有批准《汉堡规则》,然在其国内法中吸收了《汉堡规则》的某些条款。"《汉堡规则》受到发展中国家特别是非洲和南美洲大陆的欢迎。然而,遭到承运人和保险人的反对,英国没有加入该公约,美国虽然签署该公约但并未加入该公约。结果三种独立生效制度调整海上货物运输"。① "1988 年 CMI 会议决定修订《海牙—维斯比规则》,制定一个解决承运人和责任保险人与货主和货物保险人利益冲突的平衡体制,并为此目的进行了草案的研究制定。"②目前,"国际航运界普遍要求建立一个新责任体制,反映现代商业实践和需要,以代替《海牙规则》、《海牙—维斯比规则》和《汉堡规则》。"③

### 一、联合国《运输法公约》出台背景与内容

20 世纪 70 年代中期,美国承运人和托运人的地位发生了戏剧性的转换。部分出于对《汉堡规则》的关注,船东和 MLA 改变了对《海牙—维斯比规则》的看法,将其视为对国际海事法的积极贡献。另一方面,托运人放弃了先前对《海牙—维斯比规则》的强烈支持,并迅速向《汉堡规则》伸开臂膀。尽管双方完全置换了位置,但争论依然很激烈。目前,船东和货物保险人支持《维斯比规则》,不赞成《汉堡规则》,而托运人支持《汉堡规则》而不是《维斯

---

① Robert Bradgate and Fidelma White, " In to the 21st century ", *The law society*, vol 89, 1992, p. 20.

② *Uniformity of the law of the carriage of goods by sea* —Report on the work of the International Sub-committee, CMI NEWS LETTER, No. 2–1999.

③ *Diary of future CMI and other maritime events*, CMI NEWS LETTER No. 4, 1999.

比规则》。"更改时机,并不是一个主要贸易和航运大国单独采取行动的适当时间,此只能导致已经混乱的国际航运制度更加混乱,并将阻碍航运业发展。"①"缺乏统一性将会对《海牙规则》调整的商业航运系统带来实际成本。只有一个统一的国际法典才能提供确定性和可预见性,便于交易的所有当事方作出合理有效的决定。"②"海上贸易具有国际性,由此推出的合理的结果是,由一个各国统一的法律体制来调整是最理想的。长久以来人们一直公认一个稳定统一的法律体制的存在促进了航运商业行为。国家的出现破坏了依赖于惯例取得的统一,因为国家法律的实施保护的是国家利益而不是国际海运社会的利益。在世界航运业,各国调整商业关系的法律越来越令人不满,因为由于殖民帝国的衰落,主权国家呈指数增加,这些发展变化对统一带来的威胁促使 CMI 和其他组织致力于实质上统一世界海事法律。"③由此,为统一国际海上货物运输法律制度,促进国际航运与贸易的发展,国际海事委员会于 1999 年成立运输法委员会,负责起草新的货物运输法草案,随后公布该法草案(Draft instrument on the carriage of goods [wholly or partly] [by sea]),并于 2001 年 12 月提交联合国贸易法委员会秘书处,2003 年 10 月维也纳会议通过一读草案条文,后经多次修改,最终于 2008 年 12 月 11 日的联合国第 67 次全体会议上通过

① Leslie W. Taylor, "Proposed Changes to the Carriage of Goods by Sea Act: How Will They Affect the United States Maritime Industry at the Global Level?" *International Trade Law Journal*, Winter 1999, p. 42.

② Michael F. Sturley, "Uniformity in the Law Governing the Carriage of Goods by Sea", *Journal of Maritime Law & Commerce*, October 1995.

③ David Michael Collins, "Admiralty—international uniformity and the carriage of goods by sea", *Tulane Law Review*, October 1985, p. 4.

了该公约,并且于 2009 年在荷兰鹿特丹举行了签字仪式。

《运输法》一读草案第十四条就承运人责任提出三种方案。方案一:为《汉堡规则》(5.1 条)再加上海牙—维斯比免责,但除去航海过失及火灾免责,适航义务和货物管理义务均成为首要义务,由承运人举证,其为《海牙规则》与《汉堡规则》的混合物,既保留《海牙规则》免责事项的规定,又吸收了《汉堡规则》关于承运人责任基础的规定,并统筹考虑了免责事项与承运人义务之间的关系。其主要变化是在第十四条第二款中,增加规定承运人主张免责事项时,应首先证明其完成第四章所规定的义务,而第四章主要规定承运人的货物管理义务(第十一条)和适航义务(第十三条)。方案二:《海牙—维斯比规则》除去航海过失及火灾免责,适航义务为首要义务,由承运人举证,但火灾免责是否优先于货物管理,尚不明确(第二二条第 C 款)。此方案是在《海牙规则》模式上的改良,未引入《汉堡规则》就承运人责任基础的原则性条款。在举证责任方面,该方案强调了承运人在主张免责事项时,需要首先对适航义务进行举证,但无须对完成货物管理义务进行举证。方案三:《汉堡规则》(5.1 条)加上《海牙—维斯比》免责条款扣除航海过失及火灾免责,第一、二款是责任基础的原则,过失责任由承运人举证,在免责范围内实行推定无过失,由托运人举证,举证不能,则推定承运人无过失。适航义务由索赔人举证,承运人举证已尽谨慎处理。这样的举证方式具可行性,因为承运人举证适航性,范围太广,索赔人针对造成货损的具体不适航问题举证,承运人如能证明已尽谨慎处理即可免责。此方案是《海牙规则》与《汉堡规则》的混合物。这个方案也强调关于适航义务的举证责任,规定承运人在主张免责事项时,无须首先证明其已经完成了适航义务,只是在货方证明货物的消失、毁损或迟延交付是由船舶不适航造成的,承运人才有义务证明其已经完成了谨慎处理的义务。① 草案第十三条规定适航性义务,若将适航义务扩张至整个航程中,将航海过失免责除去是可取的;但若将适航义务依然维持在开航前与开航当时,而航程中的船舶不适航往往是由于船员驾驶船舶与管理船舶造成的,则除去航海过失免责,将造成义务条款与责任基础条款矛盾。因此,在本条中去掉航海过失免责,必然要求前面的适航义务扩展至整个航程中。然而在承运人主张免责事项时,如何设定适航义务的举证责任,关系到船货双方利益的平衡,是一个需要仔细斟酌的问题。

航海过失免责的沿革,是由各个历史时期的经济发展水平和航海贸易状况所决定的,集中反映了承运人对其所承运的货物应承担的责任的归责原则或者责任基础的变化。国际海事委员会在制定和讨论新的货物运输法草案过程中,对是否取消"航海过失免责",各国代表团的意见也不统一,航运比较发达的国家主张保留航海过失免责,而贸易比较发达国家则主张取消航海过失免责。CMI 在 2001 年年鉴《运输法的问题》论述到:承运人的责任基础,提出了几个可供选择的方案,显示不同的政策选择,其目的是为了达成和谐和可接受的统一责任体系②。该公约应符合国际航运市

---

① 为维持船货双方利益的平衡,减轻由于将适航义务扩展到整个运送期间给承运人带来的沉重负担,有学者建议对于承运人适航义务的举证责任应采二分法:(1)承运人在主张免责事项时,应当首先证明开航前与开航当时其已经谨慎处理使船舶适航,或者证明违反适航义务与货物的消失、毁损或迟延交付没有因果关系。(2)是否由于航程中发生的船舶不适航造成了货物的消失、毁损或迟延交付的举证责任应由货方承担,若货方证明是由于船舶不适航造成的,是否谨慎处理的举证责任再转移给承运人。而关于货物管理义务的举证责任,依然应维持《海牙规则》的模式,由货方负责举证。

② *Issue of Transport Law*, CMI YEARBOOK1999, p. 380.

场的实际情况和货物运输法律的发展趋势,在技术上应当吸收
《海牙—维斯比规则》和《汉堡规则》的合理规定,形成一项新的相
对统一的承运人责任法律制度。在目的理性与价值判断的关系
上,应当细化考虑以下诸多方面的因素:(一)国际海上货物运输
法律是调整世界范围内的船货双方权利义务内容的法律,因此,应
建立在公平分配承托双方的风险、权利和义务的基础之上,即价值
判断优先于目的理性。只有这样,才能得到国际社会的普遍支持。
(二)统一机制的建立必须充分考虑与以往相比不断发展的造船
技术和航海进步的航运现实。这些进步使承运人抵御海上风险的
能力大大加强。海上运输承运人责任的分担离不开船东保险市场
的发展。因此,要充分考虑是否超过目前船东责任保险市场的能
力。否则,承运人责任基础的重大变化引起与此有关的其他领域
的变化或对其产生重大影响,从而不利于国际贸易和航运市场的
发展和稳定,即目的理性对价值判断形成制约。

## 二、联合国《运输法公约》制定过程中两种理念碰撞

海上货物运输中,归责原则之争在船方和货方之间已经进行
许多年。《海牙规则》所确立的不完全过失责任已经成为运输法
中的异类。从其他国际运输法规范来看,现行的公路运输公约和
铁路运输公约对承运人基本都是实行严格责任,国际航空货物运
输采用完全过失责任。随着造船技术、通信技术和管理技术的不
断前进,船舶的现代化使船舶的营运费用降低、货运质量提高,同
时船舶所面临的风险也不断减少。作为海上运输工具,船舶的发
展变化必将直接影响到有关国际海上货物运输的立法。原先建立
在旧有技术水平的责任分配制度已经不适应新的条件,变革的呼
声日益高涨。正是船舶技术的飞速发展成为促进国际海上货物

运输立法不断变化的最直接动力之一，影响到立法中船货双方的责任分配问题，如责任分摊比例、责任限制的数额、船东的免责等等。为适应这一发展趋势，国际海上货物运输立法必须就新技术带来的运输革命作出预见性的规定，至少是同步的规定以保护和推进其发展。"ISM 法典是第二次世界大战结束以来国际海事法最重要的发展之一，因为它制定了船舶的船边和岸边管理的综合性法则。实际上，法典制定了关于适航的新的国际标准，极有可能影响国际海上货物运输法，海上保险以及船东责任限制。远远不超过一个当事方协议自愿采纳的'规范法'或一套规则，法典包含了调整船舶管理所有方面的强迫性制度，很大程度上通过港口国控制检验，对不遵守进行严厉惩罚（扣留船舶）来实施。"①

对于目前国际海上货物运输法律不统一的状态，不论是发达国家还是发展中国家，不论是代表船东利益的国家还是代表货主利益的国家，都有统一海上货物运输法的愿望。但对统一的模式，却存在不同的观点，各个利益集团对于 CMI 制定的《运输法》草案大纲提出了各自意见。航运发达国家及一些代表托运人利益的国际组织主张《海牙—维斯比规则》，如英国、荷兰、波罗的海国际航运分会和国际船东保险协会集团。这种观点认为，《海牙—维斯比规则》仍然是与当今海上运输风险相适应的制度，而且，当前国际经济不景气，船东没有能力支付巨额保费，而国际船东保赔保险市场也没有能力承保增加的责任。此外，在过去半个多世纪的航

---

① William Tetley,"Uniformity of international private maritime law—the pros, cons, and alternatives to international conventions—how to adopt an international convention",*Tulane Maritime Law Journal*, Spring 2000,p. 89.

运实践中,国际社会对建立在《海牙—维斯比规则》基础上的海上货物运输法律已经形成较为统一的解释,而且船货双方为统一的实现付出了巨大的诉讼费用。如果实施新的航运规则,统一性将彻底消灭,为实现新的统一将重新付出巨大的诉讼费用。The International Group of P&I Club(IG)提出,国际运输领域缺少统一的法律,特别是在海上运输,《海牙规则》、《海牙—维斯比规则》、《汉堡规则》在世界不同国家生效,缺乏统一的责任体制,降低了国际商业和法律的确定性,而这对于承运人、货主和保险人是非常重要的。《海牙规则》比《汉堡规则》赋予承运人更加广泛的免责,反映了风险分配的不同。在严格责任体制下,货物的保险费用要比过失责任体制下减少,而承运人要承担更重的损失赔偿责任,不可避免要通过增加运费的方式转嫁责任。"承运人责任体制的选择,不可能根据风险总成本费用的节省决定。更可能的是在船货双方及各自保险人之间进行风险责任的分配。"①因此,不论是采用《海牙规则》、《海牙—维斯比规则》建立的不完全过失责任体制,或是采用严格责任体制,海运风险的总体费用不可能实质降低。选择一种体制或是另一种体制产生的结果仅是风险或是相关的费用在承运人和货主之间,更多的可能是在保险人之间的再分配②。Batlic and International Marine Conference(BIMCO)全面支持运输

---

① *Synopsis of responses to the consultation paper*, CMI YEARBOOK1999(Issue of Transport Law), p. 390.

② 研究发现在欧洲大多数托运人(75%—80%)购买货物保险,货物保险费用仅占货值的很小一部分(通常低于1%),反映了比较低的货损事故率,而大多数承运人约占海运船舶总量的90%—92%进行了保赔保险。(*Synopsis of responses to the consultation paper*, CMI YEARBOOK1999, Issue of Transport Law, p. 454.)

法中承运人责任体制采推定过失,且与《汉堡规则》相一致。① 对于废除承运人航海过失免责,BIMCO 提出必须认识到在公海上航行环境与陆地的不同,以使船长很难作出决定,决定不仅要考虑船舶和船员的安全,而且还有货主方的商业利益,而这两者是相冲突的。②

发达国家中代表货主利益的国家和大多数发展中非航运发达国家主张《汉堡规则》。其代表主要有美国、加拿大、法国和澳大利亚。这些国家认为,随着造船技术和航运技术的进步,船舶抵御海上风险的能力大大增强,而《海牙—维斯比规则》明显偏袒船东,应当实施增加承运人责任的《汉堡规则》,主张应在《汉堡规则》基础上实现新的国际海上货物运输法律的统一。"《海牙规则》和《海牙—维斯比规则》规制了各方分配风险的框架。然而,由于北美自由贸易协定(NAFTA),目前已经被修订适用这一协议。这些新的变化考虑了技术进步、通货膨胀,反映了多式联运、门—门现代国际运输的特性,国际公路、铁路和航空运输适用完全过失责任"。③ 自从 1924 年《海牙规则》实施以来,世界发生了很大的变化。木船让位给高度自动化的钢船,无线电报被卫星通讯所代替,散货装运让位给集装箱。孤立的国家经济融入激烈竞争的全球商业。但是,调整国际海上货物责任的法律没有跟上发展的步伐。他们固守着一旦适航的船舶离港,承运人便不再对货物承担责任的理念,即使船长或船员有疏忽。这些法律接受这样的

① *Synopsis of responses to the consultation paper*, CMI YEARBOOK1999 (Issue of Transport Law), p. 449.

② Ibid., p. 450.

③ Leslie W. Taylor, "Proposed Changes to the Carriage of Goods by Sea Act: How Will They Affect the United States Maritime Industry at the Global Level?" *International Trade Law Journal*, Winter 1999, p. 32.

前提,一旦在海上承运人就无法控制其船长或船员。这在前三个世纪是确实的,在今天当然不正确。电信的发展使得海上承运人可以像公路和铁路公司一样控制其船员。因此应该修改"航海过失"抗辩,因为其历史合理性已经不存在,而且与现代侵权责任概念不一致。

而折中的观点认为一方面《海牙—维斯比规则》不太符合当今国际航运发展的现状,需要使其现代化。另一方面认为实行《汉堡规则》的责任机制在目前阶段又很不成熟。加拿大海商法专家泰特雷曾论述道:《汉堡规则》是一个合理规则,但同时又是一个未来规则,现在实施《汉堡规则》条件还不成熟,完全实施《汉堡规则》需要一个过程,该方案在目前并不可行。① 因此主张应在《海牙—维斯比规则》和《汉堡规则》中间寻找新的国际海上货物运输法律的统一。主要表现为船货双方的基本权利和义务以《海牙—维斯比规则》为基础,同时吸收《汉堡规则》中合理、成熟的内容,以弥补《海牙—维斯比规则》由于时代发展而显得陈旧、不合理的内容。这一观点在目前得到大多数国家的支持。CMI《运输法》草案参加讨论国对统一海上货物运输法律制度意见一览表:②

---

① "我国《海商法》之所以没有采用《汉堡规则》的'完全过失责任制',是基于我国的航运实际,20世纪80年代初,当重新起草《海商法》时,我国的航运力量还没有跻身于航运大国的行列,《汉堡规则》刚刚通过不久,何时能生效尚不明朗。该则虽然是个'合理的规则',但又是'未来的规则',而《汉堡规则》缺乏可操作性,是它迟迟不能生效的最大障碍。我国作为发展中国家,在我们的贸易伙伴尚未参加《汉堡规则》之前,我国不宜率先参加,但是这并不妨碍吸收《汉堡规则》部分较为先进的条款"。(司玉琢:《海商法专论》,中国人民大学出版社2007年版,第132页)

② *Uniformity of the law of the carriage of good by sea*, report on the work of the international sub-committee, CMI NEWS LETTER, No. 2–1999, p. 7.

| 一致同意的条款 | 绝大多数同意的条款 | 没有达成一致意见的条款 |
|---|---|---|
| 1.定义<br>2.适用范围<br>3.责任期间<br>4.承运人的识别<br>5.承运人的责任<br>（1）需要有规定承运人责任的条款<br>（2）承运人的雇佣人、代理人的过失引起的火灾责任<br>（3）举证责任的分担和免责事项<br>6.绕航<br>7.甲板货<br>8.运输单证<br>9.运输单证的记载内容及其证据效力<br>10.托运人的义务和责任<br>11.货物发生灭失或损坏时的索赔通知<br>12.管辖权 | 1.联合运输或全程运输<br>2.责任限制<br>3.责任限制权利的丧失（大多数同意）<br>4.合同条款的效力和统一规则的强制性<br>5.保函<br>6.仲裁<br>7.承运人的受雇人、代理人的管船过失责任 | 1.承运人的责任承运人的受雇人、代理人的航海过失责任<br>2.履约人的责任、<br>3.货物的迟延交付<br>4.危险货物运输<br>5.时效 |

在新加坡 CMI《运输法》草案讨论会议上，相当多数国家支持废除航海过失免责抗辩。由于造船技术、船舶通讯技术、气象预测技术和管理技术水平的进步，船舶吨级、船速不断提高，船舶所面临风险相对减少，而且船舶运力增长使航运市场供求关系发生质的变化，为航运市场向货方市场转变提供了基础。此乃促进国际海上货物运输立法不断变化的最直接动力，也将直接影响到船货双方风险责任分配；原先建立在20世纪初旧有技术水平上的船货利益责任分配制度，难以适应需求，国际海上货物运输责任基础没有保持同步。国际航运不能在一个过时风险分配制度中继续下去，货物索赔和诉讼增长也决定在一个过时制度中不可能有效、公平地解决这些争端。

丹麦在对 CMI《运输法》草案意见中指出:"我们同意举证责任倒置过错制度。我们不相信基于承运人严格责任的责任制度能够在海上货物运输中发挥任何作用。我们认为,CMI 不应该起草偏离举证责任倒置的过错责任原则的任何规定,除非证明上述原则是不清楚的。"①德国在对 CMI《运输法》草案意见中指出:"我们支持责任制度应基于推定过失原则。采取的是顺应其他现代化公约的客观方法(道路运输——CMR,内陆水道运输——CMNI)以及门—门运输的需要。"②瑞士在对 CMI《运输法》草案意见中指出:"大纲文件遵循了新加坡会议的精神,航海过失不再作为免责事项。'航海过失'免责导致了无数的定义和划分问题,并且同其他不受限制的雇员及代理人的行为和疏忽的责任概念相冲突。"③"美国 MLA 同意基于'推定过失'的责任制度,如果货方原告能够证明引起货物灭失、损害或迟延交付的事件发生在被告承运人的责任期间内,则推定被告承运人对该事件负有责任,原告不需证明被告的'过失'。尽管如此,要强调'推定过失'制度只是产生一种推定,并且必须是可以辩解的。MLA 支持'推定过失'制度的前提是制定承运人辩解责任的有关规定。"④"英国 BMLA 同意基于推定过失的责任制度,也就是说,如果灭失或损害发生在承运人负有责任的期间内,承运人应当承担责任,除非他能够证明灭失或损害并非由于其本人或雇用人员或代理人的任何过失造成的。"⑤

---

① *Synopsis of responses to the consultation paper*, CMI YEARBOOK1999(Issue of Transport Law), p. 437.

② Ibid., p. 438.

③ Ibid., p. 439.

④ Ibid., p. 440.

⑤ Ibid., p. 441.

承运人完全过失责任是运输业的发展趋势,是建立公平的国际经济新秩序的需求。因此,国际海上货物运输立法责任基础应就新技术带来的运输革命作出预见性规定,或者至少是同步规定以保护和推进其发展。资料显示,海上货损事故发生人为因素依然占到 60%—70%,且由于船型增大和单位货值增加,海上事故所致损失额呈大幅度上升趋势,究其原因,虽然航海硬件技术水平大幅度提高,然而人员技能与谨慎程度没有相应程度地提高,承运人疏于对船员培训与监管,航海过失抗辩实际上保护了最差的实施者①。托运人及货物所有人必须承担将货物交由承运人运输照管的风险,而且他们几乎不能做任何事情来降低或消除这种风险。作为这种不可避免风险的结果,托运人及货物所有人要面临不必要的高额成本。在国际海上货物运输中,任何事故发生都意味着社会成本付出,法律意义不仅在于弥补损失,更重要意义在于避免损失发生,使事故发生率保持在社会可接受的范围内。国际海上货物运输法律应当促使承运人采取有效预防措施避免事故发生,最大限度地减少社会成本。而且管船与管货责任区分一直是审判实践中的棘手问题。船方往往依托其证据优势,将管货责任转嫁到管船责任,货物安全性大为降低,而这不是现代贸易发展所愿意见到的。托运人或货主明确地承担通过费率而由承运人转嫁的成本,比其不完全过失责任机制所导致含混缺陷而由货主承担损失,将产生更为公平而透明的效应,更有利于促进贸易发展。因此,航海过失抗辩应该取消,灭失或损坏的风险应该由更有能力防止或

---

① 承运人对由于船长、船员、引航员或承运人的雇员在航行或管理船舶过程中的行为、疏忽或过失引起的货物灭失或损坏不承担责任,承运人实际上可以从证明其雇员的疏忽中转嫁其本人责任而受益。

避免风险发生的一方承担,所有当事方都有责任适当地、安全地履行本职工作。《SCTW》公约和《ISM》规则已经加大对承运人监管力度,已经从公法角度对承运人欲援引航海过失免责提高了标准,与完全过失责任形成良性互动作用,从而促使承运人与货主之间以经济效率的方式分配风险,以保护作为国际贸易货币工具的提单(或其他运输单证)的信誉。① "除了《汉堡规则》对海上货物保险和船东责任保险的影响以外,从托运人角度来看《汉堡规则》总的经济效益,已经被接受调查的当事人所公认。即从承运人处获得的赔偿的最大数额将增加。当船东的疏忽是货物损失和迟延交货的近因时,损失追偿是允许的,承运人和其代理对货物的更多的照管义务是可以预期的。这种观点与诸如美国这样的航运发达国家中货物利益人论点非常相似。"②

任何关于承运人过失责任分析,都应该考虑保留或取消航海过失抗辩在不同的货物责任制度中产生何种实践上的不同,以确定谁实际上承担这些费用以及优势所在。《汉堡规则》产生了从货主向承运人责任的转移,或更实际地讲,是从货物保险人向船舶所有人保赔协会转移。这种转移的经济效能,是货物保险费的减少和并不相称的 P&I 保费增加,以及相应结果所转嫁的运费增

---

① 《汉堡规则》没有受到船东和保险人欢迎。这个规则被批评为经济利益竞争之间即承运人利益和货主利益"政治妥协"。批评《汉堡规则》者害怕适用偏袒货方的规则,将鼓励赔偿诉讼,导致承运人责任增加。而且指出,《汉堡规则》定有较高的责任限制,承运人赔偿总额将更高。这些责任增加将导致更高保险成本和不可避免的更高运费。海运业面临压力、保险业将面对麻烦时代。

② Eun Sup Lee, "The Changing Liability System of Sea Carriages and Maritime Insurance: Focusing on the Enforcement of The Hamburg Rules", *Transnational Lawyer*, Spring 2002, p. 20.

加。船东责任保险补充和加强了民事责任补偿功能,提高了承运人承担民事责任的能力,在一定程度上减轻甚至消除了因承担责任而给承运人带来经济上的不利后果。因此,责任保险不仅使承运人赔偿责任社会化了,即从由单个承运人承担责任转移给规模庞大的航运团体甚至整个航运业,而且往往以增加运费形式转嫁给托运人或货主。可以说,如果一个承运人赔偿责任是由 P&I 承担,那么,由不完全过失责任到完全过失责任行为结果对他来说,便仅仅意味着增加一些 P&I 保费支出,从而削弱民事责任制度对承运人不法行为人遏制和预防功能。加重承运人及其海运业务参与人责任是一种社会化趋势,其根本目的是保护货物利益;而责任加重意味着责任人支出成本增加,当能够把增加责任成本全部转移到货方时,就不应遭到反对。然而承运人责任成本增加的转化,前提条件是国际航运市场运力不足或短缺,若航运能力处于过剩状态,那么,这种转化实现程度就较小,就需要内化为企业成本,将导致承运人责任在一定程度上加重。

ICS 和 P&I clubs 等坚持保留航海过失免责,一部分国家认为应该在"一揽子责任"中废除航海过失免责。International Chamber of Shipping(ICS)坚持认为《运输法》应该与《海牙规则》、《维斯比规则》相一致。完全过失责任具有长远利益,然而不完全过失责任的现实存在,也形成一些非常有利于托运人的便捷的有效率行为方式,轻易改变也需要付出成本与时间。如果承运人对损失负更多的责任,那么在理论上货物保险人通过代位求偿将从承运人处获得更多的偿付,货物承保人可降低净支出,货物保险费用将相应降低;相反,承运人责任保险人(P&I)将收取更高保费。然而,有两个问题必须回答:第一,在多大程度上减少和增加;第二,多长时间内减少和增加保费将发生效力。尽管《汉堡规则》明显地把

货物损失的风险转移给承运人,但是,即使承运人对货物损失全面
负责,大多数托运人仍然偏好购买货物保险。因为商业社会最佳
利益赔偿解决系统主要是依靠货物保险。一旦运输中保险范围内
发生损失,货物保险人将按惯例调查和评估,及时补偿托运人,它
是一个相对较快的程序。《海牙规则》对托运人分配了较大的风
险,实质促进第一方保险赔偿体制。相反,《汉堡规则》创造了一
种新的对承运人的第三方权利和救济体制,即由第一方保险赔偿
转移到第三方追偿程序。此程序使货主由利益或信誉紧密结合的
货主——保险公司合同关系,转向存在利益漠视或对立货主——
船东保赔协会非合同关系①。因此,完全过失责任将在相当长一
段时期内实质造成和浪费双重保险支出。完全过失责任的理想和
现实商业实践的差距需要持续一段时间才能消除,而条件是货主
相信承运人责任保险能够提供及时和足额补偿。而且,"航海过
失抗辩的取消也不能减少由于船舶碰撞而产生的损失。因为它的
取消对船长或船员的行为不能产生任何特别的影响,他们已经在
急于避免承担碰撞责任,因为这会影响他们的航海记录,并可能导
致承担刑事责任。总之,航海过失抗辩的取消既不能减少也不能
免除货物保险的需要。"②从 ISC 的最后报告可以看出,在废除还
是保留过失免责这一点上,各国代表是有不同意见的,下表是关于

---

① 货物保险,不同于船东的保护和赔偿保险,是一种财产保险形式,平常不
考虑责任只根据损失证据而及时赔偿。这些特征对货主有极大价值,其
不可能完全放弃这种优势向第三人求偿。特别是这种向第三人的请求
将依靠新的、不清楚和争议规则下的证据责任,通过一种新的网络代理
向国外保赔保险人责任求偿。

② Leslie Tomasello Weitz, "International Maritime Law: The Nautical Fault
Debate(the Hamburg Rules, the U. S. COGSA 95, the STCW 95, and the ISM
Code)", *The Maritime Lawyer*, Summer 1998, p. 13.

航海过失免责和管船过失免责保留、废除之争的情况一览表:①

| | 航海过失免责 | | 管船过失免责 | |
|---|---|---|---|---|
| | 保留 | 废除 | 保留 | 废除 |
| 巴黎会议（巴黎Ⅰ，104） | 绝大多数意见 | 部分代表意见 | 没有达成一致意见 | |
| 巴黎会议（巴黎Ⅱ，152） | 强势主导性意见 | …… | 弱势主导性意见 | …… |
| ISC—Ⅰ (Yearbook 1995，234) (CMI 国际分委员会 1995 年年度报告,234) | 澳大利亚和新西兰、中国、丹麦、爱尔兰、日本、韩国、荷兰、挪威、波兰、葡萄牙、英国……11 | 加拿大、芬兰、西班牙、美国、委内瑞拉……5 | 中国、丹麦、韩国、荷兰、巴拿马、葡萄牙、瑞士、英国……8 | 澳大利亚和新西兰、加拿大、芬兰、爱尔兰、日本、挪威、波兰、西班牙、美国、委内瑞拉……10 |
| ISC—Ⅱ (Yearbook 1996，370) | 澳大利亚和新西兰、中国、丹麦、爱尔兰、日本、韩国、荷兰、巴拿马、挪威、英国……10 | 比利时、法国、西班牙、英国……4 | 中国、丹麦、日本、韩国、荷兰、巴拿马、英国……7 | 澳大利亚和新西兰、比利时、法国、爱尔兰、西班牙、美国……6 |
| ISC–Ⅲ 1996,394 | 10 | 4 | 8 | 7 |
| ISC–Ⅳ | …… | …… | …… | …… |
| ISC–Ⅴ | 没有达成一致意见 | 没有达成一致意见 | | |

① *Uniformity of the law of the carriage of good by sea*,report on the work of the international sub-committee,CMI NEWS LETTER,No. 2–1999,p. 8.

联合国《运输法》草案制定过程中海上货物承运人责任基础以过错责任为基本原则,已支配大多数国家,它的基础中不仅含有经济因素,而且也有一定的道德依据。以利益的天然同一性为前提的功利主义,着重从经济关系理论的分析来研究人类的行为。当前被广泛接受的一种规则功效主义主张,在将船货双方都当做是平等有尊严主体加以尊重的前提下,应该去做或遵循对于国际航运经济与贸易中会带来最好后果的规则所要求的事。这种主张一方面以源自于康德哲学的道德自主性为前提,要求将承托双方当做平等主体加以尊重;另一方面又引进"最好后果"此一功效主义标准。CMI 在对《汉堡规则》制定的意见中建议:修改的目标应对有关的各方都有利,避免对经济产生负面影响。CMI 同意缩小《海牙规则》中航海过失免责范围,废除管船过失,仅维持纯粹航海过失即驾驶船舶过失免责。废除管理船舶过失抗辩可以极大地促进索赔解决和避免诉讼①。"废除航海过失免责将是风险责任分配的一个巨大变化,迟延交付责任更是加剧了这一变化。这一变化将导致承运人保赔(P&I)费率的上升,而货主的货物保险费难以相应减少,货物保险人从承运人获取的偿付不会超过对货主赔付总额的 10%—20%。因此,废除航海过失抗辩将造成一个较高的保险费用,损害船货双方。"②CMI 总结到:考虑到管理船舶过失解释上的困难和导致更多诉讼,且废除不会对经济产生严重影响,因此,建议废除管理船舶过失抗辩;而对驾驶船舶过失废除,由于承运人责

---

① *Comments by Governments and International organizations on the draft Conventions on the Carriage of Good by Sea*, Yearbook of United Nations Commission on International Trade Law,1976,Volume VII,p. 249.

② Ibid. ,p. 250.

任增加将导致更高的运输费率而货物的保险费用没有相应的减少,进而导致更高的运输成本,所以,建议保留航海过失免责①。

　　航运业实质是国际性商业活动,需要一个多边而不是一个单边基础。作为海上承运人完全过失责任制度,现实和理论基础是已经具备实施条件,然而由于利益攸关,特别是承运人、保险人作为特殊行业,易于组成各种团体协会,处于强势地位,产生法律寻租干扰立法决策;而分散于社会各个不同角落的货主,由于航运仅是其国际贸易中的一个环节,利益关注程度与承运人截然不同,较难组成专门团体,与承运人进行费时持久的立法抗争。因此,如果存在处于刚性地位或是具有特殊利益需要保护的压力集团,立法就不可能取得统一,而各国立法机构在得不到业界一致同意的情况下不愿采取行动是长期以来公认的现实。所以,现今不是一个主要贸易和航运大国单独采取行动的适当时机,此举只能导致已经混乱的国际航运制度更加混乱与不稳定,拓宽各个国家之间不同,并将阻碍航运业发展。似乎较为明智的做法是等待国际社会统一行动,如 CMI《运输法》。②"航海过失抗辩的支持者认为适当

---

① *Comments by Governments and International organizations on the draft Conventions on the Carriage of Good by Sea*, Yearbook of United Nations Commission on International Trade Law, 1976, Volume VII, p. 249.

② 《汉堡规则》被抨击为政治程序产物,无视实践和商业关系,目前 UNCITRAL《运输法》特别迎合商业实践需要。商业实践影响最终达成新的国际公约。《海牙—维斯比规则》被大多数西欧国家、日本、中国香港、新加坡、澳大利亚和加拿大所接受,这些国家(地区)大约占美国贸易量的70%,而《汉堡规则》仅为大多数第三世界的国家所批准。这些国家与美国的海运贸易量仅占其总量的2%。挪威、瑞典、芬兰和丹麦是采用《汉堡规则》的主要国家。美国国会曾确立一项原则,《汉堡规则》适用国与美国贸易量超过《海牙规则》接受国贸易量,美国国会就批准《汉堡规则》。

的风险分配是必要的以避免承运人承担过高的风险。没有这样的风险分配,如果出现很糟的事件,比如碰撞,承运人将承担船舶、船员以及货物的损失。而且航海过失抗辩的取消以及汉堡规则的适用将意味着这个在法庭和仲裁机构已经发展了70多年的术语将被抛弃。特别是,汉堡规则的一般原则毫无疑问地将在不同国家的法庭导致广泛的分歧。如果这种假设是正确的,那么这样一个规则将阻止走向统一"①。必须承认,CMI在过去一个多世纪的努力是徒劳的。多数海运国家关于海上运输的实体法已经被布鲁塞尔公约及其修正案统一起来。但是还有许多重大矛盾存在。而且随着正在适用《海牙规则》或者《海牙—维斯比规则》的国家对联合国公约的接受,这些矛盾将占有更大的比例。必须强调,对于这些阻止统一进程的问题的认识在作出决定的过程中必须是重点考虑的。因此所有的努力都应该增加政策制定者对于现有的国际进程的认识。"政策的制定者仅仅意识到他们声称要减轻的法规给运输业带来的部分负担。他们没有意识到现代法律缺乏统一所带来的无保证的负担。缺乏统一危害了不同运输方式的承运人之间的协议,扭曲了不同的可利用的运输选择的信息,复杂了行政管理和法院程序。"②

　　CMI立法应该在以下方面避免过去的错误。第一,立法的建议应该经常与影响航运业与贸易发展问题的其他形式的现有法规

---

① Leslie Tomasello Weitz, International Maritime Law: The Nautical Fault Debate(the Hamburg Rules, the U. S. COGSA 95, the STCW 95, and the ISM Code), *The Maritime Lawyer*, Summe 1998, p. 12.

② Jurgen Basedow, "Common Carriers—Continuity and Disintegration in United States Transportation Law Part II", *Transportation Law Journal University of Denver*, 1984, p. 19.

相比较。如果现有法规之一与建议具有相同的目的,后者应该根据现有法规重新起草。立法者应该了解一种特定样式的提单是否可以延伸至其他形式。一些缩小干预的法规包含了普遍认可的原则,并能够很容易地为其他形式的法律所接受,或者有助于防止进一步无保证的不一致,保持一种依然坚持的统一性。第二,应该对现有承运人责任基础规则进行积极的重新统一,这是保证建立一个整合的运输系统的先决条件。除对未来法律可能转变的普通概念定义外,应该起草标准的运输法案,为未来法律的统一打下基础。第三,对 20 世纪国际海上货物运输立法进行纵向比较,可发现承运人逐渐被赋予更多的责任,"随着时间的流逝,人类和科学征服了海洋,而承运人也被给予或接受了越来越多的责任",这也是未来国际货物运输领域立法的一个趋势。① 上述第二方面也是保证建立一个整合的运输法律体系的先决条件。

---

① [加拿大]威廉·台特雷:《国际海商法》,法律出版社 2005 年版,第 94页。

# 第二章 国际海上货物承运人责任基础立法中的目的论与经验论

　　"自亚里士多德以来,目的行为一直是哲学行为理论关注的焦点。目的行为是通过在一定情况下使用有效的手段和恰当的方法,实现行为者一定的目的。如果把其他至少一位具有同样目的行为倾向的行为者对决定的期待列入对自己行为效果的计算范围,那么,目的行为的模式也就发展成为策略行为模式。这种行为模式通常被认为具有功利主义色彩,行为者选择和计算的手段和目的,其着眼点在于功效或对功效的期待最大化"。① 如此,目的理性行为者的目光都紧盯着自己的效果,只是在符合其自我中心论的利益原则下才会相互协作。海上货物运输法律制度中的目的合理性范围内的进步,即实现促进与保护航运发展、船货双方整体效益最大化、最大多数国家效用最大化、船货双方之间利益经济平衡等目的,有利于纯粹的目的理性行为,而有损于价值理性行为。正义的价值取向在合理化过程中对目的理性构成障碍,它遏制了一切自然的冲动与物质欲求,因为实现目的理性经济法则必然导致船货双方不平等初始权利的分配,违背正义原则。从目的合乎

---

① ［德］尤尔根·哈贝马斯:《交往行为理论》,曹卫东译,上海人民出版社2004年版,第83页。

理性的立场出发,价值总是非理性的,而且它越是把行为以之为取向的价值上升为绝对的价值,它就越是非理性的,因为对它来说,越是无条件地紧紧考虑行为的固有价值(绝对的善、绝对的义务),它就越不顾行为的后果。

在海上承运人责任基础立法的过程中,可以将其分成意义非常明确的两种体系结构:第一种是内在手段—目的体系。这一体系是功利主义理论的永久正确的精华,所阐述的是技术成分与经济成分,是以承托双方利益的天然一致性为出发点的功利主义。第二种是终极价值体系。这一体系是一个整体,强调对人的自身关怀,以自愿、公平等原则最大限度确认人们的权利,并予以充分有效的法律救济,不同于功利主义视野下法律的随意性目的,如海商法追求船货双方利益最大化或者保护航运业的发展。在某种形式上,终极价值体系一直是唯心主义传统所固有的,而且是唯心主义里面永久正确的精华;其所阐述的是正义价值,是以承托双方权利平等为其出发点的。目的合理性是分析意义上的理性行动所涉及的一般概念,是阐述手段同目的的关系,含有可以用科学概括的方法加以验证的手段—目的关系的合理性行动类型。即可以表述为:基于促进与保护航运经济的发展或船货双方利益共同体效益最大化或船货双方利益经济上平衡的目的,而对承运人责任基础是采不完全过失责任或推定过失责任制度抑或严格责任制度,这一实现目的的手段,进行经济效益分析论证。换言之,在手段(推定过失责任或不完全过失责任抑或严格责任)与目的(促进与保护航运经济的发展或船货双方利益共同体效益最大化或船货双方利益经济上平衡)之间,进行经验的、数据的、经济的科学量化分析与验证。这种手段—目的关系是以"实际"形式的在科学上可以验证的理论为指导,且进行优化选择的,而手段—目的链条的最后一个经验环节与终极目的之间的联系也是非逻辑性。"经验是脱不了经济理性的,在经济学中,效率这个参考坐标是由人的行为中所归纳出来的,因此,在性质上是自然的,往往也是实证性的。"①

## 第一节　国际海上货物承运人责任基础立法中的目的论

一个行为,只有当它根据其所认为的意向,以设法满足对有用效益的欲望为取向时,才应该叫做"以经济为取向";而"合理的经济行为"应该叫做目的合乎理性,即有计划地行使以经济为取向的支配权力。既然国际海上货物运输承运人责任基础立法中所追求的目的是特定的、随意性的目的,即不与终极正义价值体系相联系,那么,国际海上货物运输关系的复杂性就使承运人的责任基础在很大程度上集中到四类目的——保护与促进航运发展、最大多数国家最大效用、船货双方利益共同体的效益最大化和船货双方利益经济上的平衡。目的是关于一种结果的设想,这一设想成了某一行动的原因。严格以目的论的方式发生的行动,都是指明了适合于达到目标的"手段"的经验规则的运用。因此,孤立地考察航运实践行为的特殊准则,即获利的本能,是经济原则问题。每一个时期海上货物承运人责任体系的立法选择,如实行严格责任或完全过失责任抑或不完全过失责任,都必然产生在目的与手段、所欲的目标与无可避免的副后果之间协调平衡的问题。但是,是否

---

① 熊秉元:《法律的经济分析:方法论上的几点考虑》,中国台湾"国立大学"《法学论丛》第 29 卷第 1 期,第 225 页。

应该进行这样的协调以及应该得出何种实际的结论,不完全是
依凭经验科学即对手段—目的的航运与贸易的经济效能分析所
能回答的问题。为了达到既定的承运人责任基础规则中的目的
X(保护与促进航运发展、船货双方利益共同体的效益最大化和
船货双方利益经济上的平衡),措施 $Y^1$(不完全过失责任)、$Y^2$
(完全过失责任)、$Y^3$(严格责任)都是实现目的的手段,这些措
施的使用以及目标 X 的实现要求容受通过经验科学计算的经济
后果或副后果 $Z^1$、$Z^2$ 和 $Z^3$。目的理性行为是在通过对经济后果
或副后果进行数据大小比较以后,仅在经济手段 $Y^1$、$Y^2$ 和 $Y^3$ 之
间进行选择。因此,目的理性是客观技术的正确性,是财富与效
益的选择或平衡。如果目的已经达成一致,问题就仅仅是找出
实现目的的最佳手段,这样价值问题就成了一个事实问题。相
反,如果是一个价值问题,即一个决定人们的初始权利应当是什
么的问题,那么,就不再是如何发现最有效率的手段,来实现一
个一致同意的目的,不再是使某种权利分配的价值得以最大化的
问题。

　1950—1995 年,世界贸易额从 607 亿美元增至 6 万多亿美
元,增长 100 多倍,而 2004 年世界贸易额达到 11.296 万亿美元。
世界货物贸易量的 70% 以上是通过海上运输完成的。国际航运
业已成为国际贸易最为重要的基础。国际海商事法律制度与航运
经济的关系是显而易见的,各国制定的海商法被认为是促进本国
经济发展的重要工具。对此美国学者论述道:"国家商船队不仅
增强组建他们的国家的声望,还常常被视为保卫国家安全及以合
理条款进入国际市场的基本要素。在支持国家船队上广泛的政府
干预,被认为是远洋运输业最突出的特征。美国 1984 航运法的一
个基本目标是保护和鼓励一个能够满足国家安全需要的经济有效

的美国国家班轮船队的发展。"①我国《海商法》第一条即规定：
"为了调整海上运输关系、船舶关系，维护当事人各方的合法权
益，促进海上运输和经济贸易的发展，制定本法。""就航运业的保
护和鼓励投资，要求货主、受害人分担航运风险，向风险分担社会
化转移。所有不能为民法所涵盖的海商法特殊制度，最终都可归
结为对船方的特别保护。如果没有保护船舶的任务，海商法可能
就和民法完全一样了。"②《汉堡规则》制定过程中，UNCTAD 认为
应致力于消除《海牙规则》及《海牙—维斯比规则》中的一些不确
定和模糊之处。这样做的目的在于：(1) 在货主和承运人之间合
理地分担风险；(2) 将科技及航运实务的变化考虑在内③。在国际
海商事法律制度制定过程中，充满各国国家利益冲突，制定国际公
约展示了各国如何更大程度地利用海洋增加自己的海上安全和经
济利益，缺乏统一有效的国际法律制度，最终将制约航运经济的发
展。"一个必须考虑的重要因素是美国船队的生存问题，自 1984
年以来美国船旗承运人遭到了大幅的减少。很遗憾的是这种趋势
在继续。GATT 及 NAFTA 在 1994—1995 年间的实施预计给美国
国际海上运输量带来了巨大的增加。这些多边贸易约定基本上消
除了大部分的关税以及许多国际贸易限制。随着 GATT 及
NAFTA 的通过，港口以及海上运输在美国经济发展中所起到的重

---

① Samuel Robert Mandelbaum, "Creating Uniform Worldwide Liability Standards
for Sea Carriage of Goods Under the Hague, COGSA, Visby and Hamburg
Conventions", *Transnational Lawyer*, Spring 2002, p. 218.

② 郭瑜:《海商法的精神——中国的实践和理论》，北京大学出版社 2005 年
版，第 196 页。

③ Patrick J. S. Griggs:《从国际层面看海商法的统一》，张相兰译，《中国海事
审判年刊》2000 年，第 175 页。

要作用只能是不断增加。"①

法律的目的在于实践公平正义,国际海上货物运输法律制度也不例外,但海商法律不单为了实践公平正义,很多时候"海商法对'发展航运'目的的追求胜于'公平正义'原则的维护"。② 对此加拿大学者台特雷曾论述道:"美国 1936COGSA(《1936 海上货物运输法》)的完全修改似乎是由于美国 MLA 明显感到,必须把美国航运业所有不同的利益组织联合起来的谈判引起的。谈判似乎产生了这个陆上和海上货物运输法。"③海商法对"发展航运"目的的追求体现在以下两方面:一是重视船方的利益。因而很多海商法独有的制度设计上偏袒承运人,而不单是为了实现承托双方的公平正义。为鼓励船舶所有人投资航海事业,海商法特别重视船方的利益。如(1)船舶所有人责任限制以本次航行的船舶价值、运费及其附属运费为限。(2)货物的性质及价值未声明并注明于提单者,承运人或船舶所有人就每一件仅负法定责任限制。(3)承运人或船舶所有人对于承运人的受雇人,于航行或管理船舶的行为有过失所致的毁损灭失不负责任。二是强调航海安全,很多制度设计从有利于航海安全的角度出发,而忽略了公平正义原则的要求。强调财物安全及航海环境安全,有助于发展航运。(1)共同海损不以船长的行为为要件,使共同海损易于成立,有助于全体财产的安全。(2)对于海洋环境有效果的

① Samuel Robert Mandelbaum,"Creating Uniform Worldwide Liability Standards for Sea Carriage of Goods Under the Hague, COGSA, Visby and Hamburg Conventions",*Transnational Lawyer*,Spring 2002,p. 220.

② 张新平:《海商法》,中国政法大学出版社 2002 年版,第 24 页。

③ William Tetley,"The Proposed New United States Senate COGSA:The Disintegration of Uniform International Carriage of Goods by Sea Law", *Journal of Maritime Law & Commerce*,October 1999,p. 89.

施救人,得向船舶所有人请求与实际支出费用同额或一倍的报酬,以资鼓励救助,保护环境的安全。由此可以说,"海商法是围绕船东利益设计的,是船东本位主义的法,是船东的法而不是货主的法。在海商法眼中,船方和货方从一开始就不是应该平等对待的两个主体。"①"法律的合理性是个相对的概念。在现阶段,衡量海商法合理性的最重要的标准就是看它是否有利于促进我国航运市场经济的发育和成长。具体地说,就是看它是否有利于积极地、公平地调动并调整航运市场中最活跃的因素——船方和货方及其有关的各方。这些关系方表现为承运人与托运人或收货人、保险人与被保险人、抵押人与抵押权人、救助人与被救助人等平等主体之间的权利义务关系。"②

## 一、目的理性本质及其所追求的终极目标

"德国的法理学,偏重伦理,至于英国的法理学,则根据于功利主义,其提倡者为边沁。边沁以增进'最大多数最大幸福'为法律目的,尤注重立法。"③耶林变更英国式个人的利己主义的形式,使其倾向于社会的实利主义,以社会目的的社会利益为标准,建设一种适用、解释法律和从事立法的"利益法学"。而其所谓的"法律有目的,而其目的为利益"的论述,属于法律的内容偏重目的论,而非法律本质论,未能脱离理性哲学的范畴。"耶林的功绩,在于改良边沁功利主义的利己的个人的缺点,而使其变

①  郭瑜:《海商法的精神——中国的实践和理论》,北京大学出版社 2005 年版,第 178 页。
②  司玉琢:《海商法专论》,中国人民大学出版社 2007 年版,第 9 页。
③  [日]德积重远:《法理学大纲》,李鹤鸣译,中国政法大学出版社 2005 年版,第 61 页。

为社会的、道义的。"①一个多世纪以来，功利主义一直是占主导地位的伦理理论，而且是最有影响的正义理论之一。功利主义评价的要求可分为三个不同组成部分。第一个是"后果主义"，指的是对于行动、规则等所作的一切选择都必须根据其后果，即它们产生的结果来评价。聚焦于后果的状态，否定了某些规范性理论原则，这些原则属于无论其结果如何，其本身往往看做正确的那种倾向，"后果主义"不承认除了后果以外的任何其他东西能最终起作用。功利主义的第二个组成部分是"福利主义"，它把对事物状态的评价限制在每种状态各自的效用上，不直接关注诸如权利、责任等实现或违反。把福利主义和后果主义结合起来，就可以得到以下要求：每一项选择必须按照它自身产生的效用来衡量。因此，任何一项行动都要按照其产生的后果状态来评判（因为后果主义），而后果的状态要按照其效用来评判（因为福利主义）。第三个组成部分是"总量排序"，这要求把不同人的效用直接加总得到总量，而不注意这个总量在个人之间的分配，就是说，要使效用总量最大化而不计效用分配的不平等程度。这三个组成部分合起来就产生了功利主义公式，每一个选择按它所产生的效用的总量来评判。

　　功利主义是一场风行于19世纪英国的哲学运动。杰里米·边沁和约翰·斯图尔特·穆勒对功利主义学说达致了一种充分系统的认识。边沁的理论是从这样一个功利出发的，即自然把人类置于两个主宰——苦与乐的统治下。只有这两个主宰才能向我们指出应当做什么和不应当做什么。边沁将功利主义定义为"功利原理是指这样的原理：它按照看来势必增大或减少利益有关的幸

---

① ［日］德积重远：《法理学大纲》，李鹤鸣译，中国政法大学出版社2005年版，第64页。

福倾向,亦即促进或妨碍此种幸福的倾向,来赞成或非难任何一项行动"。① "边沁指出了通向在规范意义上运用经济学思考的道路,这一点对法律经济学运动非常重要。"② "边沁认为政府在决定何种行为应被看作'违法行为'时,只应当运用功利原则。"③最大多数人的最大幸福规定为政府唯一正确和正当目的的原理。康德认为一个行为的道德性依据的是拥有正确的动机而不是行为的结果,而边沁却采取了对立的立场,认为道德性直接依赖于结果,快乐而不是动机使行动带上了道德的性质。功利主义把实用看做是一项原则,并把它当做社会公平的基础。在边沁的心目中,平等并不是一种条件的平等,而是一种机会的平等,从而将正义完全置于功利的命令之下,即法律所关心的,永远是使最大多数的人获得最大的快乐这种实用性观念,道德行为就是为最大多数人产生最大的善的行为。一个人对于一项符合功利原理的行动,总是可以说它是应当做的,应当、对或错以及其他同类用语都作如此解释时,就是有意义的,否则就没有意义。

按照这种功利主义观点,海上货物运输航运秩序中非正义表现为,与有可能达到的水平相比,效用总量的损失;也即选择的承运人责任基础规则,使船货双方整体效益或最大多数国家的效用综合起来看,其程度显著低于应该达到的水平。其基本公式是如果一个人选择了备选物 X 而放弃备选物 Y,那么在此时,此人从 X

---

① [英]边沁:《道德与立法原理导论》,时殷弘译,商务印书馆 2000 年版,第 58 页。
② [美]理查德·A. 波斯纳:《法律理论的前沿》,武欣、凌斌译,中国政法大学出版社 2003 年版,第 62 页。
③ [美]撒穆尔·伊诺克·斯通普夫、詹姆斯·菲泽:《西方哲学史》,丁三东等译,中华书局 2005 年版,第 500 页。

得到的效用多于从 Y 得到的效用。效用的数值调整以及正义要求必须服从这一规则要求。在 19 世纪，当人类抵御海上风险能力极为薄弱的时候，海运业是极其脆弱而又严重制约贸易发展产业，基于实用原则和保护与促进航运业发展目的，或可称为功利主义原则，作为承运人责任制度改革而偏袒承运人的《海牙规则》的责任体系，是有价值的，对国际航运与贸易产生了极大的影响。当时，世界各国海商法立法的宗旨基本一致，即规范航运市场秩序，促进航运业的发展，从而有利于国民经济的整体发展；国家商船队不仅是国家的信誉，而且是实质性保护国家安全和无阻碍进入国际贸易市场的合理条件。大多国家政府干预和支持国家商船队是海运工业的一个显著特征。各国鼓励和挖掘发展航运业资源优势，因此，大幅增加承运人责任不可能是鼓励船队发展的动力。承运人责任基础确定须考虑船队对国家的重要利益，寻求风险分配更合理的途径与方法，以在船货双方之间、国家效益最大化与世界整体效益最大化之间谋求平衡。直到 1961 年，英国国会颁布了《航海法案》，依然宣布"航海业乃是谋求本国福利与安全最重要的手段，为此增加本国航运和鼓励航运"。加拿大学者台特雷对承运人责任基础立法改变论述道："改变海上货物运输法，将影响美国海运业在世界上的水平？承运人责任加重，制约发展，然承揽的货运量可以增加。他们关心这种保护货主主义措施将导致其他国家采取反措施，将造成国际运输法更大的分裂，最终伤害商人的利益与国际贸易。"①上述立法目的与学者论述例，表明了海上货物运输责任体系

---

① Leslie W. Taylor, "Proposed Changes to the Carriage of Goods by Sea Act: How Will They Affect the United States Maritime Industry at the Global Level?" *International Trade Law Journal*, Winter 1999, p. 32.

立法中目的理性所占的重要地位。而承运人责任基础立法有多个
目的(保护与促进航运发展、船货双方利益共同体的效益最大化、最
大多数国家最大利益或船货双方利益经济上的平衡)这个事实意味
着,在确定目的的前提下,立法中便面临着如何选择"最适于"某个
特定目的的手段问题。手段或措施(完全过失责任、不完全过失责
任、严格责任)与目的的关系,也就是逻辑的具体经济成分的问题。

　　海上货物运输承运人责任的法律经济分析具有因果方面的目
的成分的意义,特别是手段—目的的图式成了对航运行动实践因
果解释的核心框架。而内在手段—目的链条上的目的,必然是实
在效用的目的,客观的目的,是"经验的目的"。客观的、实在的、效
用的目的存在于一个所谓经验实在的外部世界,这个外部世界不是
精神产物的世界,也不能在哲学意义上归结为一种价值观念的东
西。如果目的是超验经验的形而上学的,即追求正义的承运人责任
体系的法律秩序本质,那么,就不可能存在完全符合逻辑的经验标
准。因此,根据功利主义法律观,海上承运人责任基础立法立足于
效用的科学计算,成本—收益分析的基础之上,用以实现诸多确定
的保护航运发展与效益最大化的目标,从而拒绝了以各种价值论作
为立法的基础,而且应当成为道德和法律责任的指导。其立法方式
是首先测算承运人不完全过失责任与过失责任,即废除航海过失免
责对航运经济发展、对承托双方所带来的实质经济影响与后果或危
害。正如学者所论述:"海上货物运输实质是私法而不是公法,涉及
在平等的双方之间分配风险,其目的是提供一个有效率和经济的风
险分配方案,以求最低的运输成本。"①因此,是否取消航海过失免

---

① *Synopsis of responses to the consultation paper* , CMI YEARBOOK(Issue of
　　Transport Law), p. 450.

责,实质上是船方和货方的风险分担和利益平衡问题,继而转化为货物保险人和保赔协会之间的风险分担和利益平衡的问题。

虽然对以目的理性作为承运人责任基础立法出发点的长处存有许多争论,但确实存在一些洞见。(1)按其经济结果来评价各种航运秩序安排的重要性。(2)评价各种航运秩序安排时,需要关切所涉及的船货双方、国际社会各个国家以及与航运实践有关的各方当事人的效益。效益显然是具有吸引力的,即使我们不同意采用以效用为中心的测度评价方法。换言之,以目的理性为出发点承运人责任基础立法包含消极的和积极的成分。在消极方面,它拒绝假定终极法律价值意图,并且放弃任何揭示航运秩序的"本质"的企图。在积极方面,它试图通过观察获取航运实践与贸易、各有关航运实践参与方当事人之间的经济量化关系,而对航运事实加以研究。这种法律实证主义或称法律经济分析的一个结论就是,从航运事实引出航运经济与贸易的内在经济法则或规律,该经济法则或规律可以被用在承运人责任基础立法领域中,并发挥一定的作用,这就是目的理性最诱人之处。"任何法律保障都是直接为经济利益服务的,即使不尽如此,经济利益也是影响法律创设的极其重要的原因。"①"发展中的法律正以满足人类的需要作为自己的口号,抽象的不受限制的个人至上作为价值尺度,已为人类最大限度地控制自然所代替,以满足社会需要。法律的任务被视作为协调彼此冲突的人类要求或期望,以便以最少的矛盾和最小的浪费去获取文明的价值。"②

---

① [德]马克斯·韦伯:《论经济与社会中的法律》,中国大百科全书出版社1998 年版,第 3 页。

② [美]伯纳德·施瓦茨:《美国法律史》,王军等译,中国政法大学出版社1990 年版,第 330 页。

## 二、目的理性支配下的承运人责任基础立法的特征

### (一)功利主义原则——最大多数国家的最大效益

英国功利主义学派在探寻一种实践性质的立法原理,所关注的领域是立法科学,是以行为的目的和效果衡量行为价值的学说;其原则和标准完全可以被用来摧毁那种抽象个人主义的正义观念。此学说被称为"目的论"或"效果论"。目的理性是由德国著名哲学家黑格尔提出的,它是一种个人追求个人利益的理性考虑,以行为目的为准则的理性模式,是对个人行为和动机的一种抽象化的研究概念。总的来说是个人在社会生活中谋求利益最大化的行为准则,以追求最大利益为目的。"功利主义是一种目的论理论,而正义即公平却不是。那么根据定义,后者就是义务论理论,这种理论既不把'善'描述为独立于权利的,也不把权利解释为产生最大的'善'。应该注意,义务论被界定为非目的论理论,其实它并不是脱离效果来对惯例和行为的正确性进行描述的理论,所有值得重视的伦理学说,在判断行为的正确性时都把效果纳入了考虑的范围。"①虽然功利主义有许多类型,然而这些理论共同认为,行为和实践的正确与错误只取决于这些行为和实践对受其影响的全体当事人的普遍福利所产生的结果,即所谓行为的道德上的正确与错误,是指该行为所产生的总体的善或恶而言,而不是指行为自身。功利主义是一种有生命力的、可供选择的理论。然而穆勒和边沁也认识到,要以数量计算来决定应该也是不现实的,"他们并不希望运用这种形式上的计算,而是主张我们必须主要地依靠知识、习惯和过去的经验。只能求助于合乎情理的预测和

---

① [美]约翰·罗尔斯:《正义论》,何怀宏等译,中国社会科学出版社 1988年版,第 29 页。

选择,而不能要求精确的预测或像计算机那样的计算。"①

承运人责任基础立法中目的理性根源于两个相关的原理:(1)当一个承运人的航运实践行为在整个世界范围内导向最大可能最大经济后果时,那么,这个行为或实践就是正确的;(2)义务和权利的概念从属于最大利益或为最大利益所决定。依照功利主义哲学理论,可以作两种理解与解释:(一)可以把船方或货方看做是两个独立体,认为航运法律秩序的根源和目的是对效用的追求。这种目的可以是承运人效用的最大化和货主效用的最大化的努力,在目的确定之后,那么,承运人责任基础体系就是目的追求的产物,从而确定了承运人行为准则,使承运人和货主能以最少的代价获得最大限度的效用。实际上,欲达到这种状态,就是帕累托改进(Pareto improvement)。即"如果至少有一个人从变动中获益,并且没有任何人受损,则事件的该状态就比其他状态为一个帕累托改进"。从本质上说,没有人可以任何理由反对帕累托改进。然而帕累托改进是不容易获得的。因为,船货双方既是一对利益共同体,又存在利益的对立与紧张。(二)以国际社会中所有国家作为一个共同体,承运人责任基础立法的宗旨就是获得最大多数国家的最大利益,这一原则实际上的共同体是个虚构体,由那些被认为可以构成其成员的国家利益组成。共同体的利益是若干成员国家的利益总和。即所追求就是多数国家的同意与支持,这恰恰符合了国际海上货物运输责任体系立法即公约制定的现状。《汉堡规则》制定,依会议程序规则,条文须经投票国 2/3 以上赞成,方可通过。就航海过失免责的问题而言,航运发达先进国家及与

---

① [美]汤姆·L. 比彻姆:《哲学的伦理学》,雷克勤等译,中国社会科学出版社 1990 年版,第 123 页。

之同步调国家,不过十七八个而已,依照规定须由参加国 1/3 以上国家投反对票,方能压制成功,然因发展中国家横梗期间,航运发达国家即使希望该案不获通过,也难以成功。又"除'整蓝交易'三个条文以外,其他有关条项,其修正案通过与否,全由投票决定。在发展中国家占优势的情况下,若修正案于承运人有利,则立即遭否决,反之,修正案若于货主有利,即或于理论上有相当疑问,亦有被采纳之趋势,其左右大局之势力,于此,可见一斑。"①由此,国际海上货物运输法律制度中的正义就是给最大多数国家带来最大利益的基础体系,即正义是由最大多数国家的效益相加所决定的,而不在乎少数国家的利益损失。保护少数国家利益,在功利论上并无立论的基础,当对多数国家效益有所必要时,就可牺牲少数国家。最大多数国家的最大效益经常是以牺牲少数国家而得来的。因此,以目的理性为内容的国际海上货物承运人责任基础公约的制定是遵循功利主义原则的,功利原则也对此作了极为恰当的解释。而功利原则无法对船方和货方作为单个个体数量上获取效益最大化进行解释,因为功利主义原则的适用至少要求有三个以上独立个体。

非形而上学的功利主义理论尝试着在人类的实际需要和行为方式中对道德判断进行说明,其不仅解释了法律制度的规则和制度,而且为改善其制度提供了最有效的伦理指导。例如,从功利主义的角度,对承运人实行不完全过失责任可能是经济效益合理的;然而这是一个关于经济效益的问题,而不是一个关于正义的问题,与效益最大化目标一致的资源初始分配也许会极不平等,效益最大化不仅为一种权利和救济的理论提供了一个基础,而且为法律

---

① 杨任寿:《汉堡规则》,发行人杨任寿 1990 年版,第 7 页。

概念本身提供了一个基础。从经济学或效益最大化的视角来看，法律的基本功能就是改变激励因素，在财富最大化为目标的法律实证主义分析中，权利体系本身是从财富最大化原则中推导出来的。功利主义承运人责任基础立法思想一直是集中注意于航运经济方面的，这是由于航运市场关系机制似乎把船货双方的动机简化到了一个共同点上，都遵循着单一的行为方向，即促进自己的经济利益。可以认为，所有航运经济活动的动机，都是力争把效用扩大到最大限度。这就最终意味着，对航运经济关系中秩序成分只能作为手段来探讨。因此，功利主义意义上的效用，便成为衡量航运实践合理行动成功与否的一般尺度，即衡量是否成功地掌握了为满足各种随意性目的所需要的手段的一般尺度。"实用主义者持有一种利益价值论，凡是满足一种利益便是善。然而，利益与价值是冲突的，由此产生了价值标准问题和进行评价的需要。"①

（二）法律经济分析理论——船货双方整体效用的最大化

法律的经济分析20世纪70年代始于美国，其后发展到整个西方世界，人们开始在市场经济的框架下对法律进行经济分析，并形成了一个新的学科方向。经济分析法学，以市场经济及其效率为出发点，并提出了这样一个问题，我们应当如何设计法律来保障市场的功能。② 法律经济分析学采用经济学的方法，用经济学的术

---

① ［美］乔治·H.米德：《心灵、自我与社会》，上海世纪出版社2005年版，第19页。
② 从经济出发点来说，法律的最高准则是，尽可能使市场交易过程容易进行，促进市场交换的任务，从而促进社会福利。法律应当拆除交易过程中的障碍。即应当将交易过程中的交易成本减小到最低限度。当然，我们不能将这个准则绝对化，并从单方面实现它。这样做的后果在法律上也是没有意义的。

语作为分析特定社会所实行的法律的理论工具,其通过对海上货物运输承运人责任规则进行成本和效益分析,使我们可以就海上货物运输法律实施的经济结果得出结论。"法律经济学者尽管没有明示却暗示:他们的计算结果是科学的,他们看起来是客观的,没有明显的主观性失误。其将权利和义务化解到数学公式之中。他们认为,一个有效率的结果将实现财富的最大化,而财富的最大化将产生最后的可行的社会安排。"①对此波斯纳论述道:"法律规则及一般政治制度应当根据它们是否促进了'财富最大化'的标准予以评价,即法律规则或制度安排是否有助于增加社会总财富。"②在《汉

---

① ［美］罗宾·保罗·麦乐怡:《法与经济学》,孙潮译,浙江人民出版社1999年版,第51页。

② 理查德·波斯纳(Richard Posner)提出将财富最大化作为正义的标准。波斯纳认为,它提供了判断行为和法律制度是否公正的标准,正义要求实现财富总量的最大化,因此法律规则应当激励公民们去做最大限度地增加财富总量的任何事情。像功利主义一样,财富最大化也是一种综合性的正义理论。财富的损益如何在交易当事人之间进行分配无关宏旨,只要财富总量得到最大限度的增长,经济价值是唯一的价值,并且不得用任何道德标准加以评价。法律规则应当将损失分配给更能廉价地预防损失或将损失予以投保的当事人。这一规则以当事人本来可能会采取的分配损失的方式来模拟市场,并给予人们一个从事有效率的行为激励,换言之,就是使避免损失的总成本最小化。波斯纳建议,法律规则应当为打算违约的当事人提供一个做有效率之事的激励(最大限度地增加财富总量的任何措施),如果履约比违约更有效率,那么法律规则应当规定一个履约的激励;如果违约更有效率(即如果违约方从违约中获得的利益超过受害人的损失),那么法律规则应当规定一个违约的激励。作为一种正义的理论,波斯纳的财富最大化理论容易受到一些建立在道德理由之上的反对意见的责难。财富最大化理论忽视道德价值。人们难以想象出任何理由来解释,为什么立法者只应当关注财富总量的最大化而忽视其他的道德因素。然而,这正是财富最大化理论所要求的。财富最大化理论因其过分狭隘的正义视角而变得更糟。它只关注将来促进经济效率,而忽视了所有其他的道德因素,包括道德赏罚问题。

堡规则》制定会议审议航海过失免责时,希腊提出,海上运输乃系承运人与货主共同参与的"共同危险团体",极力主张航海过失免责应予存续。除此之外,支持免责续存的国家,尚有日本、阿根廷、秘鲁以及韩国等国,其理由主要着眼于运输成本及当事人之间的公平。BIMCO 认为取消航海过失免责应与迟延交付等方面的问题相联系,必须认识到海上航行的远距离与复杂的气候,无论如何应考虑取消航海过失免责所带来的结果。[1] "重复保险最终将使货物所有人难以负担,并将影响国际贸易的活力以及国际资源的有效分配。因此,承运人和托运人之间的责任分配应该尽量减少重复保险。我们应该基于这种观点来评价承运人和托运人之间的责任分配。"[2]上述国家与组织的目的理性经济效益论与船货双方利益共同体观点,在某种程度上影响着承运人责任基础立法,效益最大化的选择是受偏好的备选方案,如此,就把效益最大化或最低运输与保险成本的经济欲求同国际海上货物运输航运秩序中的正义观点联系起来,一个使效益达到最大化的国际航运秩序便是一个正义的航运秩序。这样,效益最大化客观经济规律就成为一个正义的原则与伦理的原则。

"法律为人类共同生活的准则,而人类生活,则以经济为源泉,法律与经济的关系可知也。经济学在研究人类的欲望。"[3]"作为效率性基准,即应该设计一种制度,人依对某一财物支付几许来

---

① *Synopsis of responses to the consultation paper*, CMI YEARBOOK ( Issue of Transport Law ) , p. 449.

② Eun Sup Lee, "The Changing Liability System of Sea Carrages and Maritime Insurance: Focusing on the Enforcement of The Hamburg Rules", *Transnational Lawyer*, Spring 2002 , p. 2.

③ 欧阳豁:《法学通论》,中国方正出版社 2004 年版,第 51 页。

测量该人给予财物的价值,财物应当归属于予其最高评价的人,这被称为财富最大化,与福利经济学采用的效率性一致。"①现代法律经济学派认为,在商事领域应当追求效率,因为效率是唯一可以实现的目标。依此理论,在当代海商事法律理论中,效率是一个主导性理论模式,应当设立有效率的承运人责任基础规则。船货双方整体效用最大化的效率性原理在海上货物承运人责任基础立法中具有充分的价值。航运发达国家与国际航运组织在《汉堡规则》和联合国《运输法公约》制定过程中,强烈要求对在废除航海过失问题进行对航运业、货主或其他保险、碰撞、共同海损等法律制度将产生的影响进行经济论证,根本目的是以经济影响论与效益论,以船货双方在这一制度存废的经济效益比较中,决定航海过失免责的存废。《汉堡规则》制定过程中,航运发达国家提出,如果废除船舶航行过失,由此而引起的船舶碰撞、触礁、沉没等的风险便转嫁给承运人负担,如此,运费则由于承运人的责任保险的保险费的上升而上升,并超过货主货物保险的保险费的减低程度,结果提高了全部运输成本,对货主没有益处。责任保险保险标的是承运人在运输过程中的侵权行为造成第三方财产灭失或损坏的责任,而货物保险承保的是货主由于货物灭失或损坏造成的经济损失。但是,他们构成了一个重叠的保险体制,因为他们承保相同的货物。"不论何时,一旦讨论修改承运人责任制度的有关建议,海上货物运输法(《汉堡规则》)的双重保险问题就会被提出。"②按

---

①　[日]内田贵:《契约的再生》,胡宝海译,梁慧星主编《现代世界法学名著集》,中国法制出版社 2000 年版,第 207 页。

②　Eun Sup Lee,"The Changing Liability System of Sea Carrages and Maritime Insurance: Focusing on the Enforcement of The Hamburg Rules",*Transnational Lawyer*,Spring 2002,p. 1.

英国估计,废除船舶航行过失免责,运费将上升1%—2%,货物保险的保险费可降低5%—10%。并必然使现行的共同海损制度、船舶碰撞以及救助措施受到重大的影响,因而能否取得圆满实行,需要全面分析。International Chamber of Shipping 在 1976 年对《汉堡规则》制定所提出的评议中,论述道:"一、承运人责任的实质是从货物保险人转移到承运人责任保险人,承运人承担更多责任将增加承运人责任险的保险费,最终导致运费率上升。研究表明,责任的转移所导致的货主货物保险费用并不能达到预期的相应下降。废除火灾和航海过失抗辩,特别包括迟延交付责任以及改变举证责任,将给承运人带来近乎严格责任制。所有研究表面,此是不经济和不合需要的。二、《汉堡规则》将引起更大范围诉讼和更高昂的诉讼费用。如果能够获得可观的经济利益,《汉堡规则》就可以获得合理正当的证明。《汉堡规则》的实施是非常困难的,其将妨碍提供更有效运输服务。"①"基本上,责任保险成本似乎不占用总运费的任何实质性部分。根据美国交通部的报告,美国航运公司责任保险的净成本相当于总运费的 0.15%,总成本相当于总运费的 2.05%(包括索赔支出和保险费)。另一份报告称,船公司总的营运成本估计为平均运费的 8%—25%,或 3%—5%。因此,责任保险成本增加 6%—8% 反映在运费上只有 0.2% 或 0.4%。如果总运费中保险成本比例假设为 10%,增加到 15%,则对总运费的影响是 1.5%。也有人认为承运人是否会通过提高运费率来消化增加的船东保赔协会保险成本取决于具体的承运人竞争形

---

① *Comments by Governments and International organizations on the draft Conventions on the Carriage of Good by Sea*, Yearbook of United Nations Commission on International Trade Law 1976, Volume VII, p. 243.

势,即尽管不能归纳,仍有很多案例说明承运人没有提高运费来消化增加的保险费。在这种情况下,总体上讲,负担由货物保险人向船东保赔协会转移本身对于世界航运业的影响极小。"①

英国经济学家尼考尔·凯罗德和约翰·阿·希克斯曾提出利益衡量标准,即不需要关注资源的重新分配是否会导致某些人状况的恶化,而只关注社会整体效用是不是增加到最大值。如果从社会资源再分配中获利的人获得的利益足够补偿哪些从重亏损的人的利益,那么社会资源的再分配则是有效益的,虽然并没有要求产生实际的补偿。对于财富的不同分配,存在许多可能的帕累托最优的资源配置。船货双方整体效益最大化在大多情况下是与帕累托最优(Pareto optimum)原则相吻合的,即"如果较之于其本身,已没有任何其他成为帕累托改进的情形,或者换言之,如果对之进行任何可能的变动,都至少使得一人受损,那么,这种情形即称为帕累托最优"。然在一个航运自由市场经济的体制下,如果船货双方这一利益共同体的整体效益最大化的结果使承运人的利润大幅度下调,尤其是该原则使承运人在经济上被完全抛到了底线,那么,在应用该最大化的原则时必须要有所斟酌,以确定效益最大化的结果是否具有不能被承运人接受的分配性含义。"商法的核心部分特别适合于效率原则的应用。而当我们离商法的核心越远,我们在选择将效率作为裁判的基础前,就应当更加小心。经济效率与商法之间具有匹配关系,而经济效率对于其他领域来说却是问题重重的舞台。"②

---

① Eun Sup Lee, "The Changing Liability System of Sea Carrages and Maritime Insurance: Focusing on the Enforcement of The Hamburg Rules", *Transnational Lawyer*, Spring 2002, p. 20.

② [美]乔迪·S. 克劳斯、史蒂文·D. 沃特:《公司法和商法的法理基础》,金海军译,北京大学出版社 2005 年版,第 106 页。

　　波斯纳将本为非规范的法律经济分析,发展为激进的规范理论,产生了显示其效率性所具有的伦理价值的必要。船货双方整体效用最大化是缺乏作为正义价值魅力的概念,将明显导致对船方或货方权利的倾斜,而对正义漫不经心。实证的法律经济分析是不含有价值判断的科学,波斯纳将实证的法律经济分析提升到法律规范层面,即效率性或财富最大化是伦理道德价值,主张把效率性作为价值的排他源泉,作为财富最大化的效率性就是价值,即是法律的价值。如此,就把航运市场经济模型提升到航运市场外的航运法律秩序的法的世界中去。

　　"参与人理性(rational)意味着他们总是偏好于更高收益的结果而不是更低收益的结果。"①关于法律经济分析的思考方法的过失判断标准,美国著名的法官汉德,为过失提出如下公式:若发生损失的几率为P,损失金额为L,并用B表示预防成本,则在B<PL(即预防成本小于损失金额乘以损失发生几率)时,加害人始有过失。"过失责任"的概念也就定义为:财富最大化的手段。此一"The Negligence Formula of Learned Hand"(汉德公式),不仅对过失的标准产生影响,也成为法律经济分析的核心概念。其基本思想体系建立在所谓经济效率,即鼓励以合理费用预防意外事故,而不鼓励在安全上过度投资,而使财富极大化,成本费用极小化。依据上述汉德公式对海上货物承运人过失责任的经济分析,具有启发性。承运人航运活动的价值及防止危险的经济因素,应作为认定过失责任的相关因素。唯海上货物运输法律制度中的过失标准,不应等同纯为经济上的方程式。因为,其一,传统上的承运人

————————

①　[美]道格拉斯·G.拜尔、罗伯特·H.格特纳、兰德尔·C.皮克:《法律的博弈分析》,严旭阳译,法律出版社1999年版,第6页。

责任基础规则植根于道德性,其所着重的是承托双方间的公平,而非在增进航运发展或船货双方效益最大化;其二,海上货物运输,造成的损害赔偿以可预见性为原则,即以货物本身价值为限,然而货物的毁损导致的收货人间接的波及损失,以及物对人精神利益无法用经济衡量的价值而无法得到赔偿。因此,海上货物运输预防事故的发生,是在承运人自由负担与货物安全之间实行过失责任求得衡平。汉德公式,仅补偿了货物的价值,而实际上庞大的社会损失得不到补偿。所以,法律经济分析上的过失概念实具有功利性质,过失的认定考虑经济因素诚有必要,然而承运人责任基础规则的理念在于维护承托双方的自由并合理地分配损害,非仅为成本效益计算,不能使善良管理人成为冷血且精于计算的经济人①。

(三)利益衡量论——船货双方经济利益平衡

20世纪初,菲利普·黑克所倡导的"利益法学"至少在私法领域内获得不凡的成就。法的最高任务是平衡利益,依其见解,法律规定主要涉及为保护特定社会上的利益,而牺牲其他利益。至少在私法领域,法律的目的只在于以赋予特定利益优先地位,而他种利益相对必须作出一定程度退让的方式,来规整个人或团体之间可能发生的,并且已经被类型化的利益冲突。威胁到被视为公平的结果的保护目的理论,如 Deutsch 所陈述:"常常发生,被期待的结果在披上保护目的的衣服后操纵着责任。"②"保护目的的理论

---

① 在法律经济学分析中,侵权行为抛弃了"意图"这个概念,而是给受害者造成的费用与侵权者不从事此行为的微小成本乃至负成本之间的巨大差别。从这种观点看,过失行为和故意不正当行为之间的差别就在于:过失侵权者未以足够的资源来避免造成伤害,而故意的不正当行为者则花费了一定的资源来造成伤害。

② 姚志明:《侵权行为法研究》,(中国台湾)元照出版社2002年版,第243页。

相对于因果关系可能限制也可能扩大责任。"①

国内学者郭瑜论述道："海商法追求的是同为商人的海事活动主体之间的公平,而这种公平以利益和成本的平衡为特征。谁有可能获得更大利益,谁就应该承担更多的风险,谁投入的成本大,就应该得到更多的保护,盈利机会是公平的。"②"在德国法上,除相当因果关系被认为是评断因果关系的标准之一外,法规保护的目的论亦为学者普遍接受。"③"赋予优先地位"本身即是一种评价的表现,对此,立法者可以有各种不同的动机。利益法学(耶林、赫克)从目的和利益的角度解释法律,其实质落入功利主义法学。利益衡量论不能培养法的判断能力,其所要回答是何种利益受到保护而使何种利益受到损失,即应该考虑何种利益要优先进行保护。因此,耶林的社会功利主义与实证主义有着一种强烈的亲和性。耶林解释道:利己的目的导致经济目的,而经济目的又必须通过法的担保来加以保障。同样道理,自然的目的首先推动经济目的,进而产生促进法发展的动力。自然目的要通过利用利己的目的才能达到。④ 自由法的最杰出的领袖赫尔曼·坎托罗维奇曾于 1910 年在一篇《法学与社会学》的文章中,一针见血地揭示了利益法学的明显不足:"正确对待'利益情况'以认识法律的目的为前提,因为不顾及法律的目的,也许能决定何种利益实际上涉

---

①　姚志明:《侵权行为法研究》,(中国台湾)元照出版社 2002 年版,第 231 页。

②　郭瑜:《海商法的精神——中国的实践和理论》,北京大学出版社 2005 年版,第 196 页。

③　同上书,第 141 页。

④　[德]格尔德·克莱因海尔、扬·施罗德主编:《九百年来德意志及欧洲法学家》,许兰译,法律出版社 2005 年版,第 229 页。

及,但其实不能决定何种利益应被优先照顾。"①"一些批评学者声称:衡平理论耗尽了对全面实体性结构进行改革的资源。这些原理缓解了社会问题的矛盾,但并没有解决这些问题。"②对此德国法学家拉伦茨教授论述道:"除了被评价的个人利益或团体利益之外,立法者无疑尚需要考虑一般的秩序观点、交易上的需求及法安定性的要求。"③

利益衡量论主张法是在不同利益的人们的相互斗争中实现其日益变化的,然其轻视法律秩序所具有的固定性,以及应该在价值方面寻求法律的体系性与统一性。探究国际海上货物运输公约的制定,其宗旨是试图保护承运人且规制承运人,使航运业在一定程度上获得持续发展所必需的经济基础。而不是通过完全平等的方式对待船货双方,不论其经济地位与优势地位,因为形式上的平等,显然不能保证经济上的合理性。在海上货物运输中,若货主的货物受到损失,如果承运人愿意支付足够的金钱来补偿损害或者重新购买一个相同的利益,那么对于货主来说,侵害就是可以被消除的;如果货主没有受到相应的补偿,这些侵害就会对货主施加经济和自由利益上的负担。对平等的需求,要求我们同样考虑到承运人的利益,承运人责任制度包含了货主的自由与安全利益,也包含了风险施加者承运人的利益,保护或促进一个集团的利益就必然会对另一个集团的利益施加负担,这两种相互对立的利益要通

---

① [德]阿图尔·考夫曼、温弗里德·哈斯默尔主编:《当代法哲学和法律理论导论》,郑涌流译,法律出版社 2002 年版,第 168 页。
② [美]罗伯特·A.希尔曼:《合同法的丰富性》,郑云瑞译,北京大学出版社 2005 年版,第 185 页。
③ [德]卡尔·拉伦茨:《法学方法论》,陈爱娥译,商务印书馆 2003 年版,第 8 页。

过承运人责任基础立法来协调。如果没有海上运输风险降低的内容，承运人责任则只包括了承运人与货主之间进行财富的转移，只包含了双方的自由利益，而其中必有一方的自由利益会被施加负担。由于这种责任形式没有对风险产生影响，因此，与预防措施的成本无关。然而国际贸易发展对海上货物安全性提出了更高的要求，货物的安全利益在船货双方经济利益平衡中占据主导地位。"海商法本属商法之一种，具有强烈的营利性，因此，如何保持双方当事人利益的平衡，为海商法研究无法忽略的问题。"①

国家商船队不仅可以提高国家的声望，也是保护国家安全，保证顺利进入国际市场最基本的条件。海上运输业的一个显著特征是政府干涉支持国家船队。美国1984运输法的基本目的是保护和鼓励悬挂美国船旗船队的发展以满足国家安全的需要。1992年美国代表Walter Jones认为美国航运业有很多政策问题，许多问题随着美国的错误政策而恶化。"大约1920年，总体政策由压制承运人的权利转向了平衡承运人和托运人的利益。这种保护性的甚至激励性的规定在20世纪30年代达到高峰，当时汽运承运人、水运承运人和空运承运人都受调整。"②

航海过失免责取消与否，为船货双方利益平衡与分担风险的焦点。海上货物运输船货双方不平等的地位，是由立法中追求利益而决定的，它不是以过错为基础确定责任，而是以利益平衡为判断标准，其核心是"商业风险分摊"。"承担损失的目的不是为了

①　林群弼：《船舶适航能力研究》，中国台北大学《法学论丛》2000年第46期，第303页。

②　Jurgen Basedow, "Common Carriers—Continuity and Disintegration in United States Transportation Law Part II", *Transportation Law Journal University of Denver*, 1984, p. 29.

损害填补,而是为了正确确定成本归属。从这个意义上讲,海商法可视为一套成本分摊体系,目的是为了找到一个对所有参与航运业都有利的解决方案。"①《汉堡规则》制定过程中"从未参加过联合国贸易法委员会审议的希腊,以海上运输中的承运人和货主之间的共同危险事业团体为理论根据,力争继续保留船舶航海过失免责。这是值得注意的"。②"无论是国际立法还是惯例的方式,国际商法每一项规则的制定都是为了协调当事人之间相互冲突的经济利益,反对经济上较强的一方滥用其讨价还价的权利,保护经济上较弱的一方。"③"尽管美国国内对维斯比修正案有强力的支持,对于《汉堡规则》也有大量的支持。目前对于两种规则的支持陷入了政治上的僵局,每一方都没有能力实施他们支持的规则。国会只是不愿意陷入争论中。结果是使美国虽处于 21 世纪,但调整海上货物运输的法律却是 20 世纪初起草的,模式是 19 世纪末期的,目的是解决 19 世纪中期问题的法律。"④而对于没有利益冲突的承运人集团内部,所制定的国际公约就较能达到一种稳定。"严格地用数字来评价一个公约是否成功是很诱人的。最成功的公约之一是 CMI 的第一个公约——《1910 船舶碰撞公约》。公约条款是 1909 年 9 月 23 日达成一致的,1913 年 3 月 1 日实施,用了不到三年的时间。共有 88 个国家批准或承认了该公约,几乎获得

---

① 郭瑜:《海商法的精神——中国的实践和理论》,北京大学出版社 2005 年版,第 196 页。

② [日]樱井玲二:《汉堡规则的成立及其条款的解释》,张既义等译,对外贸易教育出版社 1985 年版,第 122 页。

③ [英]施米托夫:《国际贸易法文选》,赵秀文译,中国大百科全书出版社 1993 年版,第 154 页。

④ Michael F. Sturley, "Uniformity in the Law Governing the Carriage of Goods by Sea", *Journal of Maritime Law & Commerce*, October 1995, p. 49.

了全球的认可,大多数海运国家都采用了它的条款。该公约的另一个成功之处在于92年过去了,没有人觉得有必要进行修改或用新公约来取代它。"①

　　一定意义上讲,研究承运人的过失责任问题就是要解决航运持续发展过程中的各种利益冲突与矛盾,就是在矛盾和焦点上画杠杠,以使航运与贸易领域中的各种社会利益关系得到最为融洽的协调,调动各方积极性和创造性。即在不断变化的矛盾运动中,使各种失衡状态达到动态平衡;协调各方利益分配和让渡分寸,厘定最佳满足界限,而不能简单地"利益均沾"或"顾此失彼",从而导致新的实质上的不公平。事实上效率原则与罗尔斯的最不利者福利最大化的策略是相当兼容的,国内海商事法律可以运用效率原则增加社会财富的数量,然后通过税收与航运政策利用这部分增加的财富,以提高最不利益者船方或货方的可得份额。而国际海上运输公约,不具有通过税收与消费政策进行调节的功能,就决定了须融合价值理性与目的理性、矫正正义与兼顾船方或货主利益的经济平衡。"目前的政治形势是,倾向于维斯比修正案的承运人和倾向于《汉堡规则》的托运人都没有足够的能力来使它们实施。多数利益方认为应该对最初的《海牙规则》进行一些修改。很显然,国会将实施主要利益方认可的任何修改,但却不愿意陷入承运人和托运人之间无休止的激烈争论中。换言之,从政治角度讲,存在一种僵局,除非竞争双方能够达成某种妥协,这种僵局不会有变化。美国MLA的一个特别委员会起草了对COGSA的修正案,希望在维斯比修正案和《汉堡规则》的支持者

---

　　① Patrick J. S. Griggs, "Obstacles to Uniformity of Maritime Law", *Journal of Maritime Law & Commerce*, April 2003, p. 19.

们之间达成一种妥协。"①海上运输承运人的责任分摊离不开承运人责任保险市场的发展。所以,对承运人实行何种责任归责原则,需要充分考虑目前承运人责任保险市场的能力。否则,责任的重大变化将引起与此相关领域的过度变化或者影响,从而不利于国际贸易和航运市场的稳定。在与完全过失责任相适应的责任保险制度的建立条件成熟之前,取消航海过失免责,将不利于国际贸易的发展和航运市场的稳定。

因此,立即废除航海过失免责规定,一是大多数国家无法接受,可能给稳定发展的国际海上货物运输法律秩序造成混乱。美国1990年COGSA草案,在承运人的责任制度上采用推定过失,且废止航海过失免责规定。但其又规定了索赔人在以船长、船员在驾驶和管理船舶中的过失为由进行索赔时,必须负更重的举证责任。足见美国此一代表货主利益的国家,对航海过失免责的废除与否,仍持相当谨慎的态度。"因此在考虑是否废除航海过失免责规定时,应考虑海上货物承运人高风险特性,并以最低成本保护海上贸易秩序。然亦应促使承运人对其基本义务加以重视,并考虑整体利益,使船货双方利益得到平衡。"②在经济、社会与法律秩序之间的互动关系上,耶林认为,一切法都受到利益与目的的约束,同样赫克认为,利益是法律命令的原因,立法是对需要调整的生活关系和利益冲突所进行规范化的、具有约束力的利益评价。然而,赫克没有足够深刻地区分真正现实中的利益竞争与法律规

---

① Robert Force, "A comparison of the hague, hague-visby, and hamburg rules: much adout?" *Tulane Law Review*, June 1996, p. 152.

② *Comments by Governments and International organizations on the draft Conventions on the Carriage of Good by Sea*, Yearbook of United Nations Commission on International Trade Law, 1976, Volume VII, p. 245.

范的利益价值判断。因为,正义绝不是在特定时期与环境条件下对利害攸关对承托双方的特定利益所作的一种平衡,正义并不关注承运人特定航运行为在事实上所造成的后果。正当行为规则——正义并不是由"利益"决定的,也不是由任何旨在实现特定结果的目的所决定,而是在一个漫长的进化过程中逐渐发展起来的。

在海上货物运输中,归责原则从无过错责任到过错责任再到无过错责任的循环发展,赔偿责任范围从无限制到有限制再到减轻限制,其中变化不仅集中反映了船货双方利益的不断冲突与平衡,也反映了海运经济活动的不断普及和稳定发展。在海上货物运输法的发展历史中,生产力的发展是最终动力,而船货力量的对比变化是基本线索。不同时代的海商事法律,体现了不同航运技术和航海实践条件下的船货力量对比关系。"海商法的发展,已经从平衡船方和货方的利益这一较为简单的任务,升级到需要平衡船方、货方、保险人、银行等各方利益之间,而金融债权人的利益被摆放到很高的地位。从本质上说,海商法既不是船东的法,也不是货主的法。它始终在两者的利益之间寻求平衡。而现在,海商法必须在更为复杂的多方利益之间寻求平衡。平衡的目的,是为了鼓励更多的人力、物力、资金投入航运业,为了鼓励人类更好地开发和利用海洋,海商法的任务,也从单纯的保护航运业发展到保护海洋环境、保证航运企业承担社会责任等多方面。"①国内海商立法的核心问题是如何平衡船货双方的利益,而在国际层面上,利益之争就从船方利益集团和货方利益集团之间的斗争,上升为主要代表船方利益的国家和主要代表货方利益的国家之间的斗争。

---

① 郭瑜:《海商法的精神——中国的实践和理论》,北京大学出版社 2005 年版,第 199 页。

在很长一段时期,由于发达国家才拥有发展航运所需要的技术和资金,发达国家成为船方利益的代言人,而发展中国家主要依靠发达国家提供国际运力,而成为货方利益的代言人,这样海运国际公约的制定就转化成发达国家和发展中国家利益平衡的问题,而发展中国家居于弱势的经济实力,势必使法律的天平向发达国家的利益倾斜。海上货物运输领域法律制度的国际统一所取得的骄人的成绩,并不能掩盖其根本缺点,即还没有形成公平有效的国际海商立法模式。国际公约的制定通常被要求具有商业上的活力和政治上的可接受性,而政治上的可接受性当然最重要的是平衡各国利益。不管是国内立法还是国际公约,海商法在追求促进航运业最大发展的同时,总是把海运活动各方的利益平衡放在考虑的中心。不管是在一国范围内还是世界范围内,商业从来都是互利的,盘剥不能繁荣市场。国内市场经济催生了公平公正的国内海商法,国际市场经济将催生公平公正的国际海商法。不平等的法会加剧经济的两极分化,滋生尖锐的矛盾,平等的法律会带来和平。"法律实证主义,至少在目前仍需马不停蹄往前迈进。如今赤裸裸地展现在我们面前的是,大多数法律规定、而且原则上是其中特别重要的诸多规定,要不是利害妥协的产物,就是利害妥协的技术手段。"①

## 第二节　国际海上货物承运人责任<br>基础立法中的经验论

　　每个具体的航运经济行为从定义上说,都包含着手段—目的

---

① ［德］韦伯:《法律社会学》,康乐、简美惠译,广西师范大学出版社 2005 年版,第 312—313 页。

逻辑实验标准的技术成分。只要行为是符合逻辑的,那么,和它联系在一起的理论就是经济的逻辑—实验理论。在法律实证主义的极端,其衡量标准是物质经验分析且与主观范畴没有任何联系。唯心主义陷入另一个极端,其把观念说成是行动理论的恒定不变的数据,这在方法论上,与物理数据恒定不变的意义是一样的。"法实证主义是反形而上学的经验论。"①"经验的、实质的方法,亦即经验事实的验证方法。经验科学殆皆依此方法维持其客观性。惟一般而言,量的观察方法恒具客观,不易引起争论,在经验科学多以此法为之。"②凯尔森认为,法律规范的特点就是通过用一种强制性命令对逆向行为进行制裁的方式来规定某种行为,法律是一种有关人的行为的强制性秩序,法律是社会组织所特有的一种具体技术。法律这一机器能够保护任何政治的、经济的或社会的体制,任何内容都可成为法律,而且任何人的行为都可以成为法律规范的内容。国家和法律是同一的,国家不过是强制规范的总和。凯尔森的理论或许是对法律实证主义理论所作的最精致的表述,因为法律实证主义的特征就是注重法律的形式和结构,而不是它的道德内容和社会内容,就是考察法律制度,而不考虑其间的法律规范是否正义。财富最大化理论作为规范性理论的否定,使法律的经济分析中心转移到实证分析上。

## 一、法律实证主义——受本能和欲望支配的目标

实证研究基本上应该归结为在一切方面对存在物作系统研究

---

① 林文雄:《法实证主义》,"国立"台湾大学法学丛书,(中国台湾)元照出版公司 2003 年版,第 243 页。

② 杨仁寿:《法学方法论》,中国政法大学出版社 1999 年版,第 34 页。

评价,并放弃探求其最早来源和终极目的。因此"真正的实证精神主要在于为了预测而观察,根据自然规律不变的普遍信条,研究现状以便推断未来"。① 功利主义是一种真正的实证主义体系,但决不是唯一可以称作实证主义的体系。除了功利主义形式的行动体系外,在实证主义范围内占有一席之地的体系,是那些在分析上能够脱离主观范畴的思想体系。只要指导行动的理论在手段—目的的关系方面从科学的角度来说是正确的。即论证内在的"手段与目的的适应性",就是行动逻辑性的标准。因此,所有不符合科学有效性标准的行动的主观方面必定能够被解释为"不科学的成分"。②

(一)法律实证主义内涵——非价值判断

19 世纪上半叶自然科学领域取得的巨大成就为实证主义奠定了基础。这方面的成就对人们产生了强大的诱惑,即把自然科学所运用的方法应用于社会科学领域。仔细观察经验事实与感觉材料是自然科学所采用的主要方法之一。因此,人们在当时期望,在社会科学中运用相同的方法也能具有极高的成就和价值。人们

---

① [法]奥古斯特·孔德:《商务印书馆》,黄建华译,商务印书馆 1996 年版,第 12 页。

② 马歇尔把需求分为三类的观点是很有启发性的。第一类是生物需求,这是激进的实证主义因素。第二类是人为的需求,只能看做同真正的随意性的功利主义范畴是相同的。以上两类都非常适合于实证主义体系。第三类是"随活动调节的需求"。此类需求与前两类需求截然分开。其显然不是随意性的,不能归结为环境和遗传因素。这类需要有完整的体系,一种自成一体的行为理想。无论是哪种法律实证主义,重要的一点是都不必然基于自然法或者接受自然法的审查。([美]T. 帕森斯:《社会行动的结构》,张明德、夏遇南、彭刚译,译林出版社 2003 年版,第 252 页)

第二章　国际海上货物承运人责任基础立法中的目的论与经验论　97

开始认为人性以及人类社会制度或许也具有一种类似的机械结构。这种世界观的出现把人类当成观察的对象。"通过感觉、测定和数学,人类心智会发现自然的秘密,包括作为自然组成部分的心智以及社会的互动规律,这些规律规定了均衡治理,规定了符合供需原则的经济行为,并规定了以不变的心理学和人类行为原则为基础的道德和法律原则。"①实证主义作为一种科学的态度,它反对先验的思辨,并力图将其自身限定在经验材料的范围之内,限制在分析"给定事实"的范围之内。它拒绝越出认知现象的范围,否认理解自然"本质"的可能性。19 世纪下半叶起,实证主义开始渗透到包括法律科学在内的社会科学的各个分支学科。法律实证主义大体上和实证主义理论一样都反对形而上学的思辨方式和寻求终极原理的做法,反对法理学家试图辨识和阐释超越现行法律制度之经验现实的法律观的任何企图。法律实证主义试图将价值考虑排除在法律科学研究之外。② 正如奥斯丁所述:法律的存在

① ［美］理查德·A.波斯纳:《法理学问题》,苏力译,中国政法大学出版社 2003 年版,第 577—578 页。法国数学家、哲学家奥古斯特·孔德 (1798—1857)可以被认为是现代实证主义的哲学奠基人。他把人类思想的进化划分为三大阶段。第一个阶段是神学阶段。在这个阶段,人们用超自然的原因和神的干预来解释所有的现象。第二个阶段是形而上学阶段,这个阶段的思想是求助于终极的原则和理念;而这种原则和理念被认为是存在于事物的表象背后的,而且被认为是构成了人类进化的真正驱动力。第三个阶段亦即最后阶段是实证的阶段。在这一阶段,人们在自然科学所使用的方法的指导下,否弃了哲学、历史学和科学中的一切假设性建构,只关注经验性的考察和事实的联系。

② 法律实证主义在分析实证主义中,表现尤为突出。分析实证主义所主要关注的是分析法律术语、探究法律命题在逻辑上的相互关系,通过运用这种方法,分析实证主义使法律科学变成了对法律制度进行剖析的学科。然法律实证主义也以社会学的形式表现出来。社会学实证主义所从事的工作是对各种影响实在法制定的社会力量进行研究和描述。它所

是一回事;其优点和缺陷是另一回事。

　　从功利主义体系中目的出发,法律实证主义因素仅仅存在这样的含义,即必须把目的看成是已知的,并且假定目的是相应于手段的。只有这样才能按照功利主义意图保持它们的分析独立性。因此,关于目的的地位问题,实证主义思想陷于"功利主义"的困境之中。国际海上货物运输法律规则立法中的法律实证主义的核心要素是这样一种理解,即现代国际海上货物运输责任体系是为了目的(保护与促进航运发展、船货双方利益共同体的效益最大化或船货双方利益经济上的平衡或最大多数的国家最大利益)而制定出来的,其基本的信条是:承运人责任体系和正义(过失责任)之间没有必然的或者是概念上的联系,被认定为有效的海上货物运输法律制度并不需要具有正义价值判断。如此,海上货物运输法律制度是一个可以通过观察来回答的事实问题,而不是什么复杂的道德解释和价值评价的过程。为了确定海上货物承运人责任基础规则的合法性,只有遵循事实来源的经济检验才是必需的。①

---

　　　　关注的并不是分析国家制定的法律规则,而是分析导致制定这些法律规则的各种社会因素。它和分析实证主义一样,完全以经验的态度看待法律,不赞同研究和寻求法律制度的终极价值。法律实证主义认为,法律是在社会发展的历史过程中由统治阶级制定的。法律仅仅是统治者所命令的东西。法律实证主义还坚持把实在法与伦理规范和社会政策严格区分开来,并倾向于认为正义就是合法律性,亦即服从国家所制定的规则。

　　①　哈特(被广泛地认为是实证主义法学的最主要代表人物)概括地提高了法律实证主义的几个可能的信条:(1)法律是人类的命令。(2)法律与道德之间,或者"法律实际上是什么"与"法律应当是什么"之间没有必然的联系;(3)对各种法律概念的分析(或者含义的研究)是值得追求,这种分析不同于对法律产生的原因或者起源的历史研究,不同于对法律或其他社会现象的关系的社会学研究,不同于用道德、社会目标、功能或者其

功利原则是检验承运人责任体系的最终标准,是公约制定的基本指导原则,其确当目的或意图乃是最大可能地增进最大多数国家的最大利益,如此,就把功利主义原则提高到控制承运人责任体系立法的权威性标准的水平。从而把所有法律价值评价标准和主观意识形态从海上货物运输法律中清除出去。所以,从法律实证主义理性的观点,承运人责任基础规则公约制定所存在的只是承托双方的利益以及因此而产生的利益冲突,最终,将效率性与正义等同视之。"法律实证主义的目的,就是要使那种用强制来为特定目的或任何特殊利益服务的做法变得与那种用强制来维续自生自发的基础做法一样合法。"①

　　传统的法律实证主义观点把法律看成是国家的意志,而当代的观点则把法律实证主义和对法律的非价值判断的方法等而视之。郎·富勒批判指出,法律实证主义所隐含的基础通常来讲是这样一种信念,即人可以有效地描述法律是什么,但却不能根据个人的倾向去谈论法律应当是什么,法律乃是为了满足或有助于满足人们的共同需要而作出的一种合作的努力。国际海上货物运输责任体系立法中的目的理性涉及确立一个目标,以及选择最适于

他标准对法律所作的批评或评价。(4)法律体系是一个"封闭的逻辑体系",正确的法律判决能够用逻辑方法从事先确定的法律规则中推导出来,而不考虑社会目标、政策、道德标准。(5)道德评判和事实陈述不同,它不能通过理性的政论、证据、证明得到确立或者辩护(伦理学的"非认识性论点"),而事实陈述可以这样。([英]韦恩·莫里森:《法理学》,李桂林、李清伟、侯建、郑云端译,武汉大学出版社2003年版,第6页)

①　[英]弗里德里希·冯·哈耶克:《法律、立法与自由》,邓正来等译,中国大百科全书出版社2000年版,第76页。对法律的经济分析是要预测经济后果,使用诸如最大化、均衡和效益之类的经济概念解释法律,解释理性的人们对法律规则的反应行为的基本范畴。

达到这一目标的手段,其实质是发现事物,即何种手段(过失责任、不完全过失责任、严格责任)是实现目标的最佳手段,用目标证明手段是合理的、理性的,然其无法证明手段的正当化。这种分析,实践理性哲学家称其为手段—目的理性,经济学家称其为成本效益分析。经过承运人责任基础不同方案的成本、利益和其他效果的法律经济分析对于立法来说是重要的,可以提高国际海商事法律制度在实现其目标上的效力,并避免形成船货双方规避规则的一些诱因。然"最后的法律决定却必须以规则导向型的一些原则(如平等自由、政府限制的成比理性、正当程序等)——而非对各种后果的效率所作的、结果导向型的一些经济估计为基础"。[1]

（二）实证法律经济分析的优势

传统法学研究立足于法律的公平、秩序、自由、安全等价值目标评判法律规范的优劣。对法律规范的经济分析而言,效益是目的,是衡量一切法律乃至所有公共政策适当与否的根本标准。法律的实证主义经济分析是以经济学常用的方法对法律进行定量分析。实证主义具有明显的技术性和具体性,它将具体的法律与经济问题数量化,使法律的经济分析更加明确,比规范分析具有更强的实用价值和可操作性。用实证分析预测可选择的法律效果是为

---

[1]　[德]E.U.彼德斯曼:《国际经济法的宪法功能与宪法问题》,何志鹏、孙璐、王彦志译,高等教育出版社 2004 年版,第 114 页。历史唯物主义即马克思关于经济基础在社会中起决定作用这一历史唯物主义的核心观点,是韦伯方法论的对立面,批评的矛头主要针对历史唯物主义的自然主义的倾向,即试图在社会科学领域建立某种普遍有效的规则,以及强使一切历史的因果解释最终归溯到某种经济因素的做法。然而韦伯也认为:从社会现象和文化事件受到经济制约和影响的角度对他们进行分析无疑是一个富有创造性的原则。权威和等级在法律中也起到一定的作用,而在科学研究中,权威和等级的作用是非常有害的。

了表明：一项法律的实证经济效果分析与传统法律规范分析是相差甚远，甚至是背道而驰的。定量分析是现代经济学的发展趋势之一，将经济学的定量分析方法应用于法律问题的分析，无疑是法学研究方法的重大变革。

法律经济分析在规范面上追求的是效率与财富最大化，其往往被视为功利主义的一种。法律经济分析的优势在于它对国际海上货物运输法律制度理论的改革性思维，揭示了国际海上货物运输承运人责任基础制度与运输风险处理航运实践之间存在重要而且密切的经济联系，引导我们对责任基础规则用经济效益来衡量，并根据效果来肯定或者批判规则的选择。法律经济分析的目的是对法律作出经济解释并对法律规则的后果作出预测，并主张用经济效率的观点取代正义的概念。以此观点，可以认为承运人责任基础是采完全过失责任抑或不完全过失责任的真正目的是效益，而这与过失责任的正义原则以及承运人造成的损害事实没有关系。因此，货主是否有权获得赔偿以及获得赔偿的数额并不取决于其货物是否受损以及受损程度，而是取决于对货主进行赔偿是否会发生"过度威慑"，即使承运人采取过度高昂的预防措施，或者取决于对货主进行完全赔偿是否会导致"威慑不足"，即承运人未能采取最佳经济的预防措施。因此，负有损害赔偿义务人是最佳损失减少者。① "根据过错或疏忽原则，如果承运人本身或其代

---

① 按照过失规则的解释，如果一个潜在致害人无法采取适当的预防措施，无法满足这一过失标准，他就是所谓有过失的，而且必须赔偿损害。对于这一适当过失标准的经济学解释则包括将采取预防措施的成本与因采取预防措施而预期的损害减少进行比较：如果前一数值低于后者，那么就应当采取此项预防措施，并且无法做到就是有过失的。不采取成本为5000美元并且可以阻止10000美元损害的发生的措施，就是有过失的。

理或雇员没有过错或疏忽,则承运人对于任何损失均不承担责任。但是,有些货损在海上运输过程中几乎是不可避免的,即使承运人已经采取了一切合理措施来避免。一些货损可以被视为国际商务不可避免的代价,即使损害的程度仍然取决于控制的程度。如果承运人愿意采取一切必要的预防措施,国际商务便可以忽略货物损害。但是由于其他原因造成的货物损害的可能性仍然存在,例如固有缺陷或本质、潜在缺陷、不可避免的火灾、第三方的货物、战争、罢工等。预防措施的成本也许会远远超过海上运输几乎任何货物的价值,因此,签约方为节省企业运作总成本宁可有意接受一定程度的货物损害。"①

从经济学的角度分析,立法是一种社会资源的配置机制,立法者在向人们分配法律上的权利和义务时,实际上就是在分配社会

---

根据这一过失规则,如果损害赔偿与损害结果相当,那将会促使潜在致害人遵守这一过失标准(假定它是被适当选定的)并取适当的预防措施。如果一项成本为5000美元的预防措施可以阻止10000美元的损害,对于不采取此项预防措施将面临赔偿10000美元的威胁,就会促使一方当事人将5000美元用于此项预防措施。然而,如果损害赔偿低于损害,那么这过失标准或许将得不到满足,就会出现威慑不足。在这个例子中,如果损害赔偿只有4000美元(即使损害为10000美元),那就不会促使该当事人采取成本为5000美元的预防措施。相反,如果损害赔偿超过损害,那么,相对于损害赔偿与损害相当而言,一个潜在致害人将具有将5000美元用于该项预防措施的更为强烈的动机。但是,假如这一过失裁定没有出错,那么,相对于必须满足这一过失标准而言,他会采取更多的预防措施。在没有错误的情况下,一方当事人不会具有采取比满足这一过失标准更多预防措施的动机,即使如果裁决存在过失,即将强制实施的损害赔偿将远远超出损害,因为不可能对他强制施加此类损害赔偿。

① Eun Sup Lee, "The Changing Liability System of Sea Carrages and Maritime Insurance: Focusing on the Enforcement of The Hamburg Rules", *Transnational Lawyer*, Spring 2002, p. 2.

资源,而社会资源的分配不仅要考虑公平的要求,也要考虑效率的要求。"立法者在立法时应当进行成本效益分析,坚持效率原则。"①换言之,法律经济分析采纳了著名的汉德公式中的过失标准,那么,海上承运人责任基础体系的确立将不可能实现公平。因为根据汉德公式,只有当货物损害风险所带来的损失大于承运人采取必要预防措施所需要的费用时,该行为才能使承运人负有注意义务。如果承运人事前的预防成本超出了货物损失,那么,承运人就不负有事前注意义务,也没有必要采取预防措施且不应视为过失或者不合理行为。根据汉德公式,过失界定为未采取费用合理的预防措施。如果可能避免事故发生的唯一的预防措施在费用上不合理,那么不采取这一措施就不构成过失,加害人就不必向受害人赔偿事故的代价。公平及矫正正义原则为评价海上货物承运人责任基础规则提供了标准。公平准则以及矫正正义都是一种道德上的准则,而汉德公式与非道德上的判断联系在一起,并与矫正正义原则相冲突,汉德公式不符合道德标准。然也有学者认为,矫正正义忽略了法律的核心——财富和利益的驱动,因而偏离了研究轨道。在法律中,与形式逻辑最接近的是法律经济学分析中使用的数学模型,而各种模型的根本都是汉德公式,该公式以一种简单的几何公式界定了过失责任。《汉堡规则》对废除航海过失免责产生激烈争论:"北欧诸国认为,草案就其大纲而言是应予接受的,他们始终对 B 集团国家强烈要求对草案废除航海过失免责条款的经济影响再进行研究的主张采取反对态度。"②"为应对 1992

---

① 沈宗灵主编:《法理学》,高等教育出版社 2004 年版,第 298 页。
② [日]樱井玲二:《汉堡规则的成立及其条款的解释》,张既义等译,对外贸易教育出版社 1985 年版,第 84 页。

年的报告,两个最大的班轮公司会在 1995 年换掉美国国旗,并可能改变其法人身份。国会议员戴维斯说,作为承运人的对立方,'在桌上没有了美国承运人的那一天也会懊悔不已'。为避免悬挂美国国旗船队的损失,他建议我们重新采用调整和经济的方法来保持承运人与托运人之间的平衡。"①

## 二、承运人责任基础选择的实证法律经济分析

"法律的经济分析采用经济学的方法,用经济学的术语来作为分析特定社会所实行的法律的理论工具。法律经济分析通过对法律规则进行成本和收益分析及经济效益分析,使我们可以就法律实施的结果得出结论,并对特定的法律安排的社会价值做出判断。"②《海牙规则》所实行的不完全过失责任,即将货物损害或灭失的结果归责于没有能力或不可能防范海上货损事故发生的货主一方,如果采用法律经济分析可使我们能够对此法律规则作出基于目的效用的评价,对于转移货物损失还是将损失留在原处这一决定应当考虑选择可能会导致的后果,也为我们从目的理性出发在多大程度上持续或改变这一规则提供了可能。同样,若抛弃实证的法律经济分析,完全从正义的法律价值演绎出承运人责任基础规则,如果国际社会大多数国家或组织对船货双方风险与责任的分配的法律制度提出疑义,那么这种法律制度便趋向于动摇和面临改革。"探索在一个正义的社会中法律与经济的关系,即法

---

① Samuel Robert Mandelbaum, "Creating Uniform Worldwide Liability Standards for Sea Carriage of Goods Under the Hague, COGSA, Visby and Hamburg Conventions", *Transnational Lawyer*, Spring 2002, p. 220.

② [美]罗宾·保罗·麦乐怡:《法与经济学》,孙潮译,浙江人民出版社 1999 年版,第 2 页。

律制度是如何建立在一个社会所拥有的经济基础之上的,并且反映在所在社会的正义观念之中。经济学的基本原则是稀缺性的存在。稀缺性反映了人类欲望的无限性,合理性意味着由于稀缺性而使我们面对选择。"①法律经济分析倾向于采取成本和效益分析方法来支持他们认为富有成效的法律规则或者认为他们反对效率低下的法律规则,且表明计算结果是科学的、是客观的。认为一个有效率的结果将实现财富最大化,而财富最大化将产生最后的可行的社会安排。即用成本和效益来分析确定船货双方这一利益共同体的财富最大化,从而确定合适承运人责任基础的法律行为。换言之,财富具有内在的动力来改变法律,当法律倾向于财富的时候,它便变得有效率了。

　　"《汉堡规则》不仅能够潜在地改变与国际贸易有关的保险价格,而且能够改变国际贸易当事方之间的保险购买行为。一些建议已经被提出来说明《汉堡规则》是否及怎样影响货主之间及多数的国际贸易方与货物承运人之间的保险实践。"②出于持续的航运技术与经济贸易的发展,在承运人责任基础中恰当地反映这种发展是非常重要的。需要对责任基础法律制度对航运经济与贸易的影响、推动、调控和阻碍进行分析。"经济因素并不是社会发展的唯一的和全部的因素,然在社会发展中起作用的各种力量之间的互动中,经济需要始终是决定性的因素。对法律所作的经济分析因而能够说明:法律政策有可能不能够实现其所宣称

---

① [美]罗宾·保罗·麦乐怡:《法与经济学》,孙潮译,浙江人民出版社1999年版,第12页。

② Eun Sup Lee, "The Changing Liability System of Sea Carrages and Maritime Insurance: Focusing on the Enforcement of The Hamburg Rules", *Transnational Lawyer*, Spring 2002, p. 2.

的那些政策目标。"①

　　废除承运人航海过失免责将对航运实践产生重大影响,特别应注意到这样一些问题:海上危险的特点与灾害巨大的倾向;技术改革正在发展之中;废除免责后纠纷与诉讼的增加;运输总成本的上升与向货主转嫁;在废除免责以后,多数场合在共同海损分摊额上将新发生向承运人求偿的情况,这样将使共同海损制度丧失其存在的理由。航海过失免责条款为海上承运人责任的关键,与海商法的发展及航运业的兴盛有密不可分的关系,与航海技术的演进息息相关。然而海上风险诡秘多变,是承运人无法独自承担的,有必要使双方合理分担。因此,航海过失免责制度为双方利益的平衡点之一,也是促使海运业发展、繁荣国际贸易的主要原因之一。航海过失免责在海上货物运输法中备受关注,其主要原因在于航海过失免责是承运人计算运输成本、海上保险费率与承保范围的拟定、共同海损与船舶碰撞责任等危险分摊机制的基础。"废除航海过失的主要目的是避免管理船舶和管理货物导致的货物损失的争辩,且导致延长诉讼时间和增加诉讼成本。另一个目的是降低保险费用,确保能够直接地为托运人所控制。"②本条款的存废,关系船货双方的法律利益与公平正义,对于海上运输事业、保险业与国际贸易发展,具有极其重要的关联。

（一）承运人完全过失责任法律制度经济含义

　　"不管任何关于改变的建议也许会显得多么概念化,实际的

---

①　[德]E.U.彼德斯曼:《国际经济法的宪法功能与宪法问题》,何志鹏、孙璐、王彦志译,高等教育出版社 2004 年版,第 138 页。

②　*Comments by Governments and International organizations on the draft Conventions on the Carriage of Good by Sea*, Yearbook of United Nations Commission on International Trade Law, 1976, Volume VII, p. 202.

商务惯例总是必须要考虑的。因此,在任何分析中,人们都应该考虑保留或取消航海过失抗辩会在不同的货物责任制度中产生何种实践上的不同,以确定谁实际上承担这些费用以及优势在何处。因此,应该确定有关航海过失争论的案件比例。如果数字很小,也许托运人的利益方在浪费时间争论一些意义不大的事情。"①"法律所创造的规则对不同种类的行为产生隐含的费用,因而这些规则的后果可当作对这些隐含费用的反应加以分析。且认为诸如最大化、均衡和效率之类的经济概念是解释社会,尤其是理解理性的人们对法律规则的反应行为的基本范畴。"②航海过失,大部分属于人为过失,取消航海过失免责后,在货物运输过程中,所有的货物消失或损坏风险将由承运人承担。科学与航海技术的发展,使船舶抵抗风险的能力增加,但事故由于人为过失所致者并未减少,所以取消航海过失免责,将加重承运人的责任。"毫无疑问托运人和承运人之间争论的主要原因之一是航海过失抗辩,它能有效地使船东免于承担其船长、船员在驾驶管理船舶上的疏忽责任。航海过失抗辩与美国传统上民事侵权概念以及调整卡车和铁路公司的法律不一致。"③依《海牙规则》或《海牙—维斯比规则》,承运人于船舶在开航前和开航时应谨慎处理使船舶适航,但不包括开航后到达目的港航程。取消航海过失免责条款后,使船舶不局限

---

① Leslie Tomasello Weitz, "International Maritime Law: The Nautical Fault Debate(the Hamburg rules, the U. S. COGSA 95, the STCW 95, and the ISM Code)", *The Maritime Lawyer*, Summer 1998, p. 8.

② [美]罗伯特·考特、托马斯·尤伦:《法和经济学》,张军等译,上海三联书店1994年版,第13页。

③ Samuel Robert Mandelbaum, "Creating Uniform Worldwide Liability Standards for Sea Carriage of Goods Under the Hague, COGSA, Visby and Hamburg Conventions", *Transnational Lawyer*, Spring 2002, p. 225.

于船舶在开航前和开航时维持适航的义务,而将其贯穿于整个航程中。美国 1999 年 COGSA 草案,第九条第 C 款取消航海过失免责规定,但其第九条第 D 款将主张因航海过失所生损失的举证责任转换至索赔人,而其第六条仍规定使船舶适航的义务,局限于船舶开航前和开航时。

《汉堡规则》把《海牙规则》中航行与管理船舶过失免责完全废除了,从而在船货之间确立了新的法律关系,使承运人和托运人之间的权利义务分配趋向平衡与合理。世界海上运输领域内的各种关系错综复杂,问题是会引起什么样的经济后果,实施新的条款,承运人的责任加重了,必然会引起运价上涨,受损益的是第三世界国家。从以下两个方面来看具有一定的道理:(1)由于承运人责任加重了,他必然要扩大对船舶和货物的保险,运输成本增加了,就必须提高货物运价来取得补偿,以抵消其多付的保险费。(2)虽然废除驾驶船舶与管理船舶过失的免责条款,使承运人对货物的灭失与损坏要负赔偿责任,但是,不会因此而代替国际贸易中现行的货物保险制度。买卖双方在合同中议定货物保险条件,向保险公司进行投保,发生事故产生灭失或损坏,投保人向保险公司索赔,既稳妥又可靠,又便于银行押汇。而转向船公司索赔,就很费周折,不能有保证。所以,除非在新规则实施之后,在国际贸易中能够找到合适的把货物的保险转移到由承运人承担的方法,那么,目前双重保险制度就会长期存在下去,这样增加运费是肯定的。这对第三世界发展中国家是不利的,会增加经济负担。可以预料,船东与货主之间、船公司与船公司之间运价竞争将趋激烈。

《汉堡规则》的实施,加重了承运人的责任,增加了营运的风险费用,但从积极意义上说,可以促进航运企业改善经营管理,提高航行技术与货物运输质量。对于航运与贸易同步发展的国家而言,从长远观点看,接受新规则,对航运业会有经济上的压力,而外贸进出口部门将受益①。"《汉堡规则》的反对者认为承运人必须转嫁任何增加的费用来保证正常营运。另一方面支持者将问题考虑得更为复杂,认为承运人不会将较高的费用转嫁。比较货物保险以及 P&I 相关费用,毫无疑问需要证据,因为对于上述两者费用被发现较为低廉,原因有些似是而非。"②相对于船舶航行过失免责废止论,以先进海运国家为主,指出废除这种免责所带来的经济影响,即根据运输成本的上升而主张继续保存此种免责,且提出完全不同的经济分析论点。

一、保险责任。"《汉堡规则》加重承运人责任之本意,原系因《海牙规则》时代承运人法定免责事由良多,货物所有人不得不投保商品险,以保障其损失;而承运人唯恐承担货损风险,亦投保承运人责任险。且将此风险价格包括在运费之中,有时运费中所含的保险费与货物保险所支付保险费发生部分或全部重叠现象,亦即同一风险货主须投保两次而造成经济上浪费。为避免此种双重

---

① 现今船东互保协会保险运作,货方无法对于船东互保协会直接起诉。一旦承运人无法负担损失而宣告破产,货物索赔人将无法直接向船东互保协会求偿而获得赔偿。因此,取消航海过失免责条款后,应允许货方对船东互保协会直接起诉请求。现行实务中,则由货物保险人和船东互保协会之间分担与平衡。货物保险和船东互保协会保险对货物损失的赔偿,是建立在海牙规则或海牙—维斯比规则所定的基础上。取消航海过失免责条款后,承运人的责任和风险增加,承运人必将此风险向船东互保协会投保,将增加承运人责任保险费,承运人不得不提高运费应对。对货方而言,因航海过失导致货损可以从承运人处得到赔偿,货物的风险降低,所以货物保险费必将下降。

② Eun Sup Lee, "The Changing Liability System of Sea Carriages and Maritime Insurance: Focusing on the Enforcement of The Hamburg Rules", *Transnational Lawyer*, Spring 2002, p. 2.

成本的支出,UNCTAD 重新设计货主与承运人之间危险分担。"①
国际贸易系由三个各别独立的契约所构成,其一是由承运人与托
运人间所缔结的以提单为凭证的运输契约,其二是航行中可能发
生危险为标的的保险契约,其三是买卖双方当事人所缔结的买卖
契约。此三个契约虽各自独立,唯在国际贸易上,相互间有补充完
善的作用,缺一即无以完成国际贸易。保险契约中,货物保险与国
际贸易关系最切,亦即以运输中货物可能发生毁损、减失为标的的
契约,此为对外贸易所不可或缺者。所以,加重承运人责任,货物
保险人对货主所支付保险金额的回收率大为提高,货物保险费自
必降低,对货主而言,自身有利。从另一方面而言,承运人责任范
围扩大,势将增加投保责任保险的成本。而其保险费骤增的结果,
只好转嫁到运费上,始能维持其合理利润。依照保险实务,计算货
物保险费率,乃依照过去 3—5 年的损害率算出,承运人责任范围
扩大,使得自承运人处回收率增加,逼得承运人须增保责任保险,
将其保险费转嫁到运费上,终局仍须由货主负担。在彼此成本转
嫁过程中,势必使买卖契约、运输契约和保险契约的订立发生摩
擦。伴随着船舶碰撞、触礁、遇难毁坏等海难和火灾而来的货物损
坏以及共同海损的货主一方分摊的金额,现在由货主投保货物保
险予以补偿,大体相当于货物保险的"平安险"(FPA risk,在不保
单独海损的保险条件下承保的风险)部分。这种风险的补偿额,
据统计一般可达到货物保险补偿总额的 15%—20%。由于船舶
航行过失免责的废除,货物保险人对因船舶碰撞、触礁、遇难毁坏
等海难而发生的货物损坏向收货人赔偿后,即代位收货人的权利,

---

① 柯宝秀:《海上件杂货运送损害赔偿问题研究》,林咏荣主编:《商事法论
文选集》(下),(中国台湾)五南出版社 1984 年版,第 956—957 页。

再向承运人进行追偿。过去,除了船舶不适航例外情况,对这种损坏并不进行追偿,今后一般则必须进行这种追偿。其结果,围绕着承运人的雇用人有无过失而增加了诉讼,从而增加了货物保险人和承运人双方的诉讼费用,或者至少使请求交涉事务费用增高。正如海事律师表达的观点:"整个问题是一种红色的青鱼,因为不论谁购买了保险,最终都是由托运人支付保险费。越来越多的责任也许会使承运人的公共关系更艰难,但这是毫无意义的⋯⋯因为越来越多的保险费最终都会转移到托运人身上。"①"对于商业社会较为重要的是具有先进(发达的)第一方索赔解决体制,主要依赖货物损坏保险。一旦出现保险范围内货运损害,托运人自己的货物保险人将例行公事地进行调查、评估损害价值并迅速赔付托运人。这是一个相对较快的处理程序。货物保险人总是可以向任何其他责任方要求赔偿、补偿及/或代位求偿,包括承运人。《海牙—维斯比规则》似乎分配了更多的损害风险给托运人,从本质上促进了一个有效的第一方赔偿体制。相反,《汉堡规则》创建了一个新的第三方权利及承运人赔偿制度,转向了第三方求偿程序"。②

　　二、运费。在全球航运市场运力过剩情形下,废除航行过失责任,承运人如果想把增加责任保险的成本,全部释放到航运市场的运价中去,受市场供求关系调控的影响,是较为困难的。承运人不得不自我消化掉较高的保险费,即内化为成本;并且由于责任保险

①　Samuel Robert Mandelbaum,"International ocean shipping and risk allocation for cargo loss,damage and delay:A U. S. approach to cogsa,Hague-visby,Hamburg and the multimodal rules",*Journal of Transnational Law & Policy*,Fall 1995,p. 15.

②　Ibid. ,p. 227.

中,保赔协会不可能全部赔付货方,承运人必须承担一定的比例。在此情况下,承运人会加强措施,防止损害的发生,对增加货物本身的安全性,降低货损迟延几率,以及货主降低货物保险费的支出,确实具有整体效益。然而,在全球航运市场运力不足的形势下,承运人可将其增加的保费,全部释放到运价中去,从而转嫁到货主身上,如此,与《海牙规则》所采不完全过失责任相比,对承运人的制约作用,只是增加了责任保险中保赔协会不予以赔付的责任保险部分。"即使保险费用增加,承运人为了竞争也能够内部消化增加的费用而不是转嫁给托运人。这是因为在确定总运费时保险费用并不是主要考虑因素,它可以通过比以前更为合理的管理来消化掉。"[1]"多数航运公司接受调查的人士指出他们试图通过节支而不是增加运费的办法来吸收增加的成本。这些人进一步解释说由于承运人之间激烈的竞争,很多韩国承运人已经没有勇气试图通过增加运费来补偿由于增加的责任保险而增加的成本。与反对者对规则的拒绝相反,人们发现《汉堡规则》不会直接影响运费标准,至少在短期内不会。"[2]总之,《汉堡规则》对承运人责任的增加有可能导致责任保险业市场扩张以及船东保赔协会业务的增加,不管怎样运费标准在短期内是不可能增加的。在加强承运人责任后的运价上升问题上,七十七国集团认为,在整个船舶运输成本中,责任保险占有极小的比例,而在货物方面责任风险又不过是其中的一部分,所以,承运人增加货物的责任对运价的影响是

---

[1] Eun Sup Lee,"The Changing Liability System of Sea Carrages and Maritime Insurance:Focusing on the Enforcement of The Hamburg Rules", *Transnational Lawyer*,Spring 2002,p. 2.

[2] Ibid. ,p. 8.

不大的。运价的大幅度上升已是经常出现的事,而加强承运人责任使运输成本总额的增加则是极少的,而且是过渡性的,提高责任保险费会使运价上升的议论并无客观的根据,是令人难以置信的。①

--------

① 可见,七十七国集团和联合国贸易和发展会议秘书处的报告持同样的立场。对草案所具有的经济影响问题持规避的态度,希望新公约能够早日实现。认为本公约在实际业务中存在着许多问题,但出于国际协调的精神投了赞成票。许多先进海运国也和日本一样,虽然对内容强烈不满,可是既然用妥协解决的办法制定了公约,就不可能通过投票阻止其成立。由于发展中国家方面把废除此项免责作为无论如何都不肯让步的重要事项,所以先进海运国方面只能通过其他重要问题即以责任限制及其权利丧失的理由等,努力谋求这方面的有利解决,此外别无他法。一揽子协议对象的三条:(1)所谓妥协的、折中的解决——废除船舶航行过失免责,对火灾以设置举证责任特例形式保留例外的规定——作为基本线。但是有关火灾由承运人负责时,新补充了关于火灾发生后的处理,即在承运人方面如有处理不妥时的责任。(2)责任限制权利丧失的原因,删除了由于承运人的雇用人、代理人的故意或准故意而有违反的重大义务,包括在"受雇职务范围内"一词,而限定于承运人的故意,或准故意而有违反的重大义务。(3)对责任限制,采取了仿照 1968 年维斯比规则的基于每件或其他装运单位的保准和重量标准并用的方式,规定了原案留做空白的限制金额,比《维斯比规则》的金额增加 25%,用国际货币基金组织的特别提款权表示。另外,对迟延的责任限制,决定与运费相结合。在海上保险与承运人责任关系上,如扩大海上承运人责任范围,则货物所有人就该扩大的责任部分,无须投保货物保险,买卖双方固可将之反映于货物之成本上,减低买卖价金,但从另一方面,承运人就其所扩大责任部分,势须投保责任保险,增加保险费支出,将之反映到营运成本上,必然使运费增加,买卖双方所订贸易条件,不管是 FOB 或 CIF,最后仍转嫁到买卖双方当事人之一货主身上。反之,如缩小海上承运送人负责责任范围(即扩大海上运送人免责范围时),减轻海上承运人责任,则货物所有人就该缩小的责任部分,为分散风险,须投保货物保险以资因应,以之反映于货物成本上,必然增加买卖价金。从另一方面,海上承运人就其所缩小责任部分,无须再以之投保责任保险,可免该部分保险费之支出,将之反映于营运成本上,必降低运费的费率,其结果必然反映于货主身上。

"无论扩大或缩小海上承运人负责的范围,为维持海上承运人、海上保险人乃至买卖契约双方当事人之贸易成本及彼此等合理利润,将之反映于贸易成本,而辗转转嫁,殆为势所必然。只是彼此于成本转嫁的过程,并非立即反映,而需经过一段时日而已。"①

三、迟延交付。货物保险不以此为保险标的,废除航海过失免责以后,伴随着海难的发生,将产生大量的货物迟延交付索赔,承运人经营海运,将愈艰困。"向来货物保险,每将'迟延保险'剔出在外,将之列为免责原因之一,而今将此列为明文,其所衍生的问题,将不仅是承运人有无责任的纠纷问题,亦将是关于货物保险的争议。"②

"阐明废除航海过失免责意见的国家有墨西哥、乌干达、澳大利亚、巴西、智利、埃及、印度、美国、伊拉克、法国、尼日利亚、加拿大和挪威。作为其理由,列举了废除这种免责给予运费的影响极其轻微,并且彻底的过失责任可以期待防止损害的后果。"③而 ICS 提出航海过失抗辩有效的原因是整体或至少是部分地满足航运实践的需求,并且促进了船货双方的利益最大化。将海上运输与公路、铁路或航空运输进行比较是误导性的。海上运输航次时间是其他运输方式的几倍甚至是几十倍。暴露在完全不能或很少能够控制的危险因素之中。所以,海上运输扩散风险是必需的。部分或整体废除承运人航海过失免责,只有在如下情况下才是可接受的:缩小迟延交货的范围、合理的且不能轻易打破的责任限制(除非故意或重大过失);损失分配条款与美国 1999 年 COGSA 草案

———

①　杨任寿:《最新海商法论》,(中国台湾)三明书局有限公司 1999 年版,第 536 页。

②　杨任寿:《汉堡规则》,(中国台湾)发行人杨任寿 1990 年版,第 217 页。

③　[日]樱井玲二:《汉堡规则的成立及其条款的解释》,张既义等译,对外贸易教育出版社 1985 年版,第 122 页。

（sec.9e）相一致,包括举证责任条款由宣称驾驶船舶和管理船舶过失方承担。①

（二）有效、经济的责任体制与配置机制

废除船舶航行过失免责和修正火灾免责意味着作为海上运输中特有风险的船舶碰撞、触礁、火灾、海损等海难风险,大幅度地集中于承运人。基于把海上运输认为是船舶和货物之间的共同危险,并由两者分担海难风险的基本思想的《海牙规则》,也就失去了它的许多特异性。尤其是作为海上固有的共同海损制度和海难救助的惯例,在《汉堡规则》的影响下,或威胁着其成立的基础,或不得不将作出大幅度的修改。② 而基于《海牙规则》建立起来的船舶保险、货物保险责任,随着风险负担的变动,对各种问题也要求重新研讨。从对保险的影响来看,在已经建立起完善的承运人责任保险（保赔保险）制度的前提下,是否取消航海过失免责,主要是影响由谁投保、向谁投保和由谁承担航海过失的风险和责任的问题。所以,"由于国际贸易公司认识到货物保险与航运公司的赔偿计划相比是更好的选择方案,《汉堡规则》所带来的承运人责

---

① Synopsis of responses to the consultation paper, CMI YEARBOOK（Issue of Transport Law）, p. 452.

② 共同海损大多系船舶航行过失的结果而造成的,本项规定威胁着在实际业务中共同海损制度的存在。按照约克·安特卫普规则 D 条的规定,当事人的过失使之成为必须做出共同海损行为的原因并不妨碍共同海损的成立。英国指出,承运人责任一般规则的规定只是对基于货物的灭失、损坏、迟延交货的损害的规定,而没有包括向承运人索赔共同海损分摊额的情况有漏洞。承运人如不能对造成共同海损行为的原因的事实作出无过失的举证,便不能提出该项分摊额的请求。即承运人对造成共同海损行为的原因不能作出无过失的举证时,应负责补偿收货人的该项分摊额。

任增加不会明显改变国际贸易商人的海上货物保险实践。"①"国际专业联合会,如国际船东协会以及国际船东保赔协会在国际海运事业中产生了巨大的影响。这些组织可以影响国内和国际的海事立法,《汉堡规则》就是例证。《汉堡规则》从未在这些跨国海事组织流行。他们拒绝《汉堡规则》中承运人较高的责任限制,他们也反对取消驾驶和管船过失抗辩。"②

一、船舶碰撞。废止航海过失免责后,对于船舶碰撞尤具重要意义。亦即碰撞的各船舶有共同过失,而承运人能证明其过失程度者,承运人仅按其过失程度比例,负其责任即可。同时货物所有权人,对碰撞的他船舶,亦可本于共同侵权行为的损害赔偿请求权,依《1910 年船舶碰撞责任统一规定》国际公约第四条的规定,对之请求损害赔偿。如此,货物所有权人可因航海过失免责的废止,而获得完全的赔偿。《1910 年船舶碰撞统一规定公约》(*International Conavention for the Unification of Certain Rules of Law in regard to Collision between Vessels*,*1910*)规定:碰撞系因不可抗力而发生者,被害人不得请求损害赔偿。若碰撞系因一船舶之过失所致者,由该船舶负损害赔偿责任。碰撞各船舶有共同过失时,各依其过失程度比例负其责任,不能确定其过失轻重时,各方平均负其责任。有过失各船舶,对于因死亡或伤害所生损害,应负连带责任。在《海牙规则》或《海牙—维斯比规则》体制下,因航海过失发

---

① Eun Sup Lee, "The Changing Liability System of Sea Carrages and Maritime Insurance:Focusing on the Enforcement of The Hamburg Rules ", *Transnational Lawyer*,Spring 2002,p. 8.

② William Tetley, "Uniformity of international private maritime law—the pros, cons, and alternatives to international conventions—how to adopt an international convention",*Tulane Maritime Law Journal*,Spring 2000,p. 98.

生碰撞造成本船货物的损害,承运人免责,碰撞船舶只对对方船舶的船货损失按过失比例承担责任。取消航海过失免责后,承运人不仅要对对方船舶的船货损失按过失比例赔偿,同时也要对本船所载运的货物赔偿。"关于航海过失抗辩的新规定也将帮助双方互有过失碰撞案中的承运人。根据美国法律,货物所有人可以从非承运船舶的所有人处获得全额赔偿(根据分配比例)。有关航海过失抗辩以及责任分配的新规定在碰撞案中将会出现类似于1910碰撞公约中规定的责任分配的结果。换句话说,应该预期根据新规定,在双方互有过失碰撞案中,货物所有人将等待船舶之间的责任分配,然后提出相应请求,而不是试图向非承运船舶所有人索取全额赔偿。"①

　　二、共同海损。废除船舶航行过失免责,不仅会给作为船舶碰撞、触礁等海难直接结果的货物损害负担带来变动,而且对共同海损制度存在的基础也将产生极大的影响。消除航海过失免责,由船长或船员过失所造成共同海损,货主对共同海损分摊享有抗辩权或分摊以后(船长和船员过失原因查明以后)追偿权。消除共同海损实质结果,大多数情形下基于共同利益由船长自由选择最有效率解除危险的行动的法被取消,船方最终将承担费用和牺牲,而目前这些支出将被共同海损分摊方承担。如果废除共同海损,在选择方式上,首先要考虑货物和运费的损失与支出,因为承运人将负担全部费用。典型例子是船舶搁浅,是采取拖轮救助还是抛弃货物,如果存在共同海损,共同风险的损失和费用由各收益方分

① Leslie Tomasello Weitz, "International Maritime Law: The Nautical Fault Debate(the Hamburg Rules the U. S. COGSA 95, the STCW 95, and the ISM Code)", *The Maritime Lawyer*, Summer 1998, p. 16.

摊,如果废除共同海损,且保留航海过失免责,相信船长首先会抛弃货物,由此造成的损失由货主单独承担。但在保留共同海损,且航海过失免责取消情形下,相信因航海过失造成的共同海损,一是失去宣布和存在意义,二是相信船长会首先考虑经济优势,采取拖轮救助,采取有利于货方措施①。"废除船舶航海过失免责,意味着承运人在碰撞及其他海难时将承担巨额的经济负担,如英国所指出的,威胁着现在的共同海损制度的基础,恐怕会陷于把分摊额以损害赔偿的形式向承运人收回的局面,这些情况是对海商法的巨大改革。"②保留航海过失免责,如果货物受到了损失,虽然受损的原因是由于船长、船员或者引水员的过失所致,但根据合同或者法律,船方对此种过失不负责任,船方仍有权向货方请求共同海损分摊,货方不得借口共同海损发生的原因是由于船长、船员或者引水员在管理船舶和驾驶船舶过失而拒绝摊付共同海损责任。如果废止船舶航行过失免责,那么即使船舶所有人宣布了共同海损,只要必须采取共同海损行为的事实,有因船长等的过失而发生的嫌疑,货物保险人就可以就共同海损的货物分摊金额向承运人进行追偿。货物保险公司于给付保险金额后,转而代位被保险人向加害人起诉索赔的机会势将大增,承运人于运输货物之外,亦将列被索赔为其主要负担。"承运人对造成共同海损行为的原因不能做出无过失的举证时,应负责补偿收货人的该项分摊额。"③"日本反对这项规定,因共同海损多系船舶航行过失的结果而必须做出的,

---

① Howard. Myerson, "General Average—A Working Adjuster's View", *Journal of Maritime Law & Commerce*, July 1995, p. 49.

② [日]樱井玲二:《汉堡规则的成立及其条款的解释》,张既义等译,对外贸易教育出版社 1985 年版,第 15 页。

③ 同上书,第 73 页。

本项规定威胁着在实际业务中共同海损制度的存在。"①其结果是,作为船舶所有人除非能证明是由于不可抗力所造成的海难,否则,即使宣布了共同海损也没有什么意义的。所以,在海商法中具有古老传统的共同海损制度的存在意义受到限制。承运人要负担这种共同海损的损害或费用,就不得不以自己投保保险来谋求补偿。随着前述海难而增加了货物损害的补偿,承运人因废除船舶航行过失免责而负担双重的新的负担。在这种意义上,废除免责应该说给现在的海商法秩序带来重大的变革。

承运人航海过失免责沿用已久,是海上货物承运人责任基础中的核心内容,许多法律制度都建立在承运人过失免责的基础上,取消承运人航海过失免责将牵动多方利益。1976 年联合国贸发会第五次海运立法会议时,西德、英国、荷兰等海运先进国家旧案重提,试图将航海过失免责之议恢复,其经济立论为:就成本效益实证经济分析而言,实不划算。所以,航海过失免责的废止,无论从经济的观点加以检讨,或从承担责任风险的保险人(如 P&I 保险)集中于海运先进国家论证,对航运先进国家并无不利可言,反而于发展中国家不利。对像以上那样先进海运国家的经济论,发展中国家以及一部分先进国家认为,即使责任保险的保险费上升,它在全部运输成本中所占的比重还是很小的,而因保险费的上升而提高运费,从商品的价格看也是不足取的。"支持者们还认为,由于航海过失事故造成货物损害的同时也会造成船体损伤,因而谨慎驾驶避免航行过程疏忽,也是船东对雇员的要求,同时船东也会采取一定激励措施。因为广大发展中非航运发达国家的商船也

①　[日]樱井玲二:《汉堡规则的成立及其条款的解释》,张既义等译,对外贸易教育出版社 1985 年版,第 74 页。

要受海上货物运输国际公约的约束,而完全过失责任制的产生是建立在航运发达国家的技术水平之上,广大航运非发达国家的航运业还很不成熟,航运技术水平还比较低,出险率和造成货损货差的比率相对发达国家要高许多。如果废除过失免责,实行完全的过失责任制,无疑对航运非发达国家的船队和航运事业极为不利。因此,完全过失责任制虽然是一个合理的规则,但同时它又是未来的规则。即现在实施完全过失责任制的条件还不成熟,完全实施这一规则需要一个过程,该制度在目前并不可行。另外,当前现状包含了高度的国际统一性从而导致成本的减少。而且航海过失抗辩的取消将导致风险分配的低效率以及低成本—效率管理以及P&I 与货物保险人之间财务关系的区分。总之,航海过失抗辩取消的实际影响将比预期的要小,因为单纯由航海过失引起的案件数量相对较少。"①而反对论认为,不管怎么样,对于废除船舶航行过失免责所给予的经济影响,既然不可能有明确的统计资料,那么就应该废除与公平观念相反的过失免责。"提案的反对者也许会认为标准措辞是可靠的和令人信服的,任何对航海过失抗辩的修改都有可能引起严重的破坏,并在重大案件中增加诉讼和选择法院。但是,新规定不太可能增加诉讼。通常,基于航海过失的索赔被调解解决,因为引起事故的原因不清楚。只有当事实清楚时,才有可能表现出诉讼的增加。在任何情况下,潜在的诉讼增加不应是一个获得比当前关于航海过失抗辩的现状更理智,更加可以分

---

① Leslie Tomasello Weitz, "International Maritime Law: The Nautical Fault Debate(the Hamburg Rules, the U. S. COGSA 95, the STCW 95, and the ISM Code)", *The Maritime Lawyer*, Summer 1998, p. 12.

享的解决办法的障碍。"①

## 第三节　对目的理性支配下的承运人责任基础立法的批判

为了更充分理解航运实践的发展,需要对发展的目的和手段进行考察和审视。把调整航运秩序的基本目标定为仅仅是保护与促进航运发展、最大多数国家的最大利益、船货双方整体效益最大化或船货双方经济利益的平衡,显然不恰当,正如亚里士多德所说:"财富只是有用,而且是因为其他事物而有用。"同样的道理,国际航运经济与国际贸易的增长本身不能理所当然地被看做就是国际航运秩序的最终目标,发展必须使人类的生活更充实和拥有更多的自由。"韦伯不仅一再强调自愿服从社会规范对确保社会持续存在的重要意义,而且强调仅由目的理性动机维持秩序的不稳定性。"② Weinrib 主张:"合同规则不能根据更大的社会目的构建,因为如果这样的话,就会偏向于某一方当事人而违反交换正义。"③很明显,在经济科学中无疑是以效益(效率)为核心,但并不意味着海上货物承运人责任基础立法也应以效益为最终目标或唯一目标。海商法虽然也讲效益,但在效益和公平的关系上更加

---

① Leslie Tomasello Weitz, "International Maritime Law: The Nautical Fault Debate( the Hamburg Rules, the U. S. COGSA 95, the STCW 95, and the ISM Code)", *The Maritime Lawyer*, Summer 1998, p. 13.

② [德]米歇尔·鲍曼:《道德的市场》,肖君等译,中国社会科学出版社 2003 年版,第 284 页。

③ [美]James Gordley:《亚里士多德学派的合同法》,载[加拿大]Peter Benson 主编:《合同法理论》,易继明译,北京大学出版社 2004 年版,第 347 页。

看重公平,实行的是公平至上和效益服从公平原则。法律观念的最初抽象是公平,公平构成了海商法存在的依据和基本价值取向,而效益只不过是受经济关系的影响而对公平观念的必要补充。

## 一、功利主义视角的局限性

"严格来讲,任何终极目的都不是经济性的目的,而且我们所追求的那些所谓的经济目的至多也是些居间性的目的(intermediate goals)。这些居间性目的告诉我们,为了实现那些在终极意义上并非经济性的目的,我们应当如何向其他人提供服务"。① 功利主义不承认正义是规范的基础概念。法律经济学学者观点认为,法是服务其目的的工具,这些目的也必然并且始终是经济目的。然在现代航运经济与贸易分析中,效用对这种数量表现,存在一些技术问题。无论承运人与货主是否可归为利益或风险共同体或存有相互依赖性,船货双方都应该受到平等的对待,这正是道德所要求的。而功利主义不关心船货双方权利的分配,而更多地关心总量,所以,它可能会容许侵犯一些人的自由与权利,只要这一侵犯能保证给其他的人们带来更大的功利。功利主义不为纯粹的平等所动,于是功利主义变成了与正义的根本宗旨不相符合的权宜之计。功利主义者主张法律的目的是追求最大多数人的最大快乐,把功利看做是任何立法的最高目的。

功利原则是产生航运法律秩序不稳定性的主要因素,原因有四个方面:(一)漠视分配。功利主义的效用计算方法一般忽视效益分配中的不平等,只有总量是重要的,不管分配是如何不平等。

---

① [英]弗里德里希·冯·哈耶克:《法律、立法与自由》(第二卷),邓正来等译,中国大百科全书出版社 2000 年版,第 519 页。

难以保证船货双方享受到平等的权利与自由。原因在于,是否拥有权利与自由是围绕着航运效用最大化而运作。然而,我们并不只是关注"效益总量",而且也关注船货双方权利的不平等程度。(二)忽视权利、自由以及其他非效用因素。功利主义不认为船货双方权利和自由自身所固有的重要性,它们只是间接地,而且只是就其影响效用而言有价值。注重航运效益是合理的,但航运法律秩序的建立并不能完全以效益为原则,因为"市场效率的结果并不涉及结果上的公平,或对自由的分配上的公平"。①（三）围绕着功利进行的立法复杂多变,以至不可能得到普遍认可的航运法律秩序。因为,国际社会每一个国家都从自身利益出发,其目的都是把自身效用无节制地加以扩大和膨胀。整个国际航运秩序将演变成多数国家与少数国家、航运发达国家与落后国家、货主国与航运国、船东组织与货方组织以及众多的保险人集团、保赔协会、商业联合会等国际性团体夺利的战场。(四)国际航运与贸易社会本身赖以存在的互惠性和相互性,以及共图长远繁荣与发展的共同利益也不再驻足留存。"维护生存是人随自然而来的真正目的,但自然的目的并不是最终的目的。自然,成了达成另一种目的的手段,而那目的不是自然的,是超乎自然的、是人为建立的。"②围绕目的理性的海上货物运输规则的立法宗旨,导致了风险分担基础上的责任的不对称性,以此就在平等的船货双方之间,建立了法定的不平等关系。

---

① [英]阿马蒂亚·森:《以自由看待发展》,任赜等译,中国人民大学出版社2002年版,第117页。
② [美]约瑟夫·克罗普西:《国体与经体》,邓文正译,上海世纪出版集团2005年版,第125页。

　　效益往往是不容易量化的"软变量",它在科学上缺乏确定性,因为在许多方面其不能对航运秩序规制行为的效益和成本进行具体或者量化的描述。一系列的效益只能建立在大量的猜测的不自然的判断基础之上,"技术上的变化使得对成本的预测变得杂乱无章。"①它很难成为一项纯科学的事业,因为还有一系列的国际航运政策判断将包括在内。预期的估计通常取决于对整个航运与贸易行业的预测,而对整个行业的预测是受预测者的偏好与立场所影响的,且可能是自私的,因而在一定程度上夸大了事实。这是对法律经济分析在实践中一般运行方式提出的批判。"一些经济学家都将效用最大化或财富最大化作为他们的规范标准,但他们都遇到了严重的度量困难。效用是不可度量的。在运转良好的市场体系下,财富的度量要相对容易一些。"②"《汉堡规则》的支持者认为,采纳《汉堡规则》将减少重复保险以及总的保险费用。反对者则宣称这些费用根据《海牙规则》或者《海牙—维斯比规则》将比根据《汉堡规则》低。但是,任何一方都没有依靠经验证据来支持论点。因此,我们对其表面上的优劣势不能得出任何结论,除非我们根据可靠的资料对问题进行系统的分析。"③所以,对于承运人责任规则的变更所要引起的经济影响,一方面认为,在数量上的估算是困难的,加强承运人的责任,在运价和保险市场方面可能需要作短期的调整。但在定期船方面,运价的大幅度上升

①　[美]凯斯·R.孙斯坦:《自由市场与社会正义》,金朝武、胡爱平、乔聪启译,中国政法大学出版社2002年版,第171页。

②　[冰]思拉恩·埃格特森:《新制度经济学》,商务印书馆1996年版,第14页。

③　Eun Sup Lee,"The Changing Liability System of Sea Carrages and Maritime Insurance:Focusing on the Enforcement of The Hamburg Rules", *Transnational Lawyer*,Spring 2002,p. 2.

近年来已成为常态,而租船市场也不断变动,所以上述调整估计不会达到上述变化那么大的程度。另一方面,由于确定了比较明确的公平立法原则,便会使当事者间的摩擦和诉讼事件减少,从而产生不小的社会的、全体性的利益,并可使利害关系人之间的利益实现巧妙的均衡,再进一步追求经济影响阻障方面的数字资料也没有什么重要意义①。

功利主义是为了最大化总体目的而牺牲个体的目的,而正义原则不允许否定个体的需要和权利,即使能使总体的目的最大化,因为牺牲个体目的而使总体目的最大化的做法是把人当作手段而不是目的本身来对待。船货双方及航运实践其他各参与方的利益应得到同等的考虑。赋予船方或货方利益更大的分量,就是没有把其他方当做平等者来对待。"功利主义主要关心的不是人,而是事实",其目标并不是尊重人,而是尊重目的,人只是达到目的最大化的工具。"在功利主义的目的论中,根本的原则不是把人们当作平等者来对待,而是使目的最大化。"②"在某种意义上,所有目的论的理论都忽略了个体的独特性,因为个体独特性没有道德上的重要性。由于价值的基本载体是事实,而不是人,所以对价值的估价完全与人相分离的。这种估价是非人格化的,是不关心真正的价值所在。"③因此,如果船方或货方已经成为使目的最大化的手段,那么,正义就消失了,非正义的理想就起作用。功利主义允许为了整体利益最大化不断地牺牲货主或船方目的的理由是

① [日]樱井玲二:《汉堡规则的成立及其条款的解释》,张既义等译,对外贸易教育出版社1985年版,第83页。
② [加拿大]威尔·金里卡:《自由主义、社群与文化》,应奇等译,上海世纪出版集团2005年版,第27页。
③ 同上书,第30页。

赋予了目的最大化为正义原则。由此,国际航运秩序的正当要求完全依赖于最大化地促进目的,正因为如此,就不能认为追求目的的最大化就是对正义的侵犯。"因为手段和目的的关系是原因和结果的关系,而这是可以基于经验,即理性地加以决定的。宣称某种东西是达到一个预定目的的适当手段这种判断,并不是一个真正的价值判断,这是关于因果关系的判断,是关于现实的判断。而价值判断,它宣称某一个东西是目的,一个最终的目的,其本身并不是达到一个进一步目的的手段。这种判断始终是由感情因素决定的。"①功利主义在涉及社会正义的问题上是存在缺陷的。按照最大功利进行产品分配必定违反个人自由和权利,而社会自由恰恰应当保证个人的自由与权利。与实然科学不同的是,法学的目的并不是验证或解释某些事实而是就一个行为作出决定,这同时意味着价值判断和对目标的追求。法的价值当然负有展示法对社会和某一个人的积极作用的使命。当代海上货物运输立法最重要的任务之一是改善我们的经济制度,即有效利用自然资源和降低环境负担。

## 二、法律实证主义的缺陷

法律实证主义者认为宇宙是由数学的机械法则支配的,并且据此认为道德现象和社会现象也是由这样的法则所支配,进化也是由一些这样的机械法则所支配。因此,实证主义法学家的目的在于由观察和经验而加以发现的——类似万有引力、能量守恒等法则。从法律经济分析角度来看,法律实证主义被认为是根据一种欲求而非依凭意志来认识正义的观念。"法律实证主义认为法

---

① [奥]凯尔森:《法与国家的一般理论》,沈宗灵译,中国大百科全书出版社1996年版,第8页。

律是社会事实问题,且法律的确认无需道德论证,那么遵循道德价值或思想体系并不是有效法律的成立要件,所以法律没有必要遵循道德价值和思想体系,认为功效和社会制度性是法律社会基础的唯一条件。"①"法律实证主义得出结论认为所有正义的问题都是一个利益的问题。"②对于实证主义而言,自然科学的研究方法和社会科学的研究方法之间没有本质的区别。科学的基础是观察,实证科学完全以经验为基础,即经验主义,也可以说是以那些能够被观察和检验的事物为基础。实证主义所寻求的法则是一种具有解释、推测能力的因果关系。③"法律实证主义无论从观念上讲还是从历史上来看都是错误的,这是因为法律实证主义认为:第一,每一项法律规则都必定是从某一有意识的立法行为中推演出来的;第二,所有正义的观念都是特定利益的产物。"④

完全以目的理性主导承运人责任规则,试图从目的—手段,即运用逻辑—实验科学实证主义方法论中清除所有的探究终极目的与正义的形而上学成分。然而完全由目的理性决定的航运秩序是

① [英]约瑟夫·拉兹:《法律的权威》,朱峰译,法律出版社 2005 年版,第40 页。
② [英]弗里德里希·冯·哈耶克:《法律、立法与自由》,邓正来等译,中国大百科全书出版社 2000 年版,第 67 页。马克思主义者法律是为掌握国家权力的阶级的普遍利益服务的,法律永远不会成为凌驾于社会经济结构之上的东西,就这一点而言,马克思主义者属于实证主义者。"绝对坚持马克思主义学说的人否认独立于经济权力结构之外的法律价值。"([英]彼得·斯坦、约翰·香德:《西方社会的法律价值》,王献平译,中国法制出版社 2004 年版,第 27 页)
③ [英]吉尔德·德兰逊:《社会科学——超越建构论和实在论》,张茂元译,吉林人民出版社 2005 年版,第 2 页。
④ [英]弗里德里希·冯·哈耶克:《法律、立法与自由》(第二卷),邓正来等译,中国大百科全书出版社 2000 年版,第 527 页。

不存在的,也是不能存在的。这是由于要以逻辑——实验的推理解决承运人责任基础立法问题的数字不足,即决定航运法律秩序所必需的数据的缺乏,因为要测算出承运人责任基础的变化,由《海牙规则》的不完全过失责任转变到《汉堡规则》完全过失责任对国际范围内航运业与贸易业所产生的经济影响,是一项艰巨而又难以做到的工程,其包括无数受航运市场运力供求关系影响的不确定因素,预测技术的发展与模型的建立可靠程度、数据的相关程度、参数的确立等都是制约测算准确度的关键问题,如此又暴露出了效用概念的不确定性。ICC 和 CMI 联合进行了一个实证研究,其目的是承运人责任体制的改变(《汉堡规则》草案条件下)即废除驾驶船舶和管理船舶过失免责和火灾免责对风险成本的影响。根据 CMI 推断承运人责任体制的改变将导致高风险成本,并预计承运人保赔(P&I Insurance)费用将上升,而货主保险费用不可能相应程度地下降。货主的获得货物净利益不可能与承运人及其保险人付出相等,因为两者之间存在双边的间接支出费用和律师费、仲裁费用。工作组要求 P&I 和货物保险人就上述推断用数据进行证实,然而得到的答案是不可能对整个假设即导致高风险成本状况提供确切的数据资料,并予以证实。由此可见,以目的理性指导海商事法律制度公约的制定是有其局限性和漏洞的:(一)它没有回答航运秩序与正义的关系问题;(二)它将非实证和超实证的法律价值的存在和适用问题排除在外;(三)它没有回答"应然"的承运人责任基础规则与得到多数国家认可的关系。

人与社会的关系同人与自然的关系截然不同,人外在于自然而内在于社会,因此,在人类社会关系中,只存在人的意志支配下的趋向性,而不存在离开了人的意志独立起作用的客观规律。自然科学研究方法是"崇拜事实"的方法,而从事实中是得不出总体意识的。

实证主义信奉经验主义的认识论,是对"形而上学"概念的否定。若依法律实证主义观点,国际海上货物运输承运人责任基础规定的确立都是来自我们对航运实践的经验和观察,是关于对经验事实的整合,而航运事实的世界是"单纬度"的和"效益与发展"的;航运秩序的现实是"无价值"和"道德中立"的,当然也无从作价值评估,而且价值判断不可能是合理的,因为航运秩序中根本不存在客观的或真实的价值。因此,唯一真实的合理性,就是韦伯所说的"工具理性",即唯一真实的合理性就是把手段有效地用于目的。就法律实证主义的实质而言是割裂了事实和价值,拿自然科学当做模式的实证主义,是一种控制工具与手段,但它所控制的不是自然,而是人。"《汉堡规则》制定过程中,英、法、荷的代表指出,在他们的国家里,由于上述理由,不但承运人、保险人,连同货主也对加重承运人责任持反对的态度。所以,承运人责任问题不能只从正义、公平观点去看,而须作为成本问题,即经济问题来研究。"①这种主张从法律实证主义出发,按照韦伯的"工具理性"将承运人责任法律制度看做实现某种目的的手段,评价承运人责任制度合理与否的标准完全依据客观经济标准,忽视法律价值的作用和要求。"实证主义的另一个教条是,一切知识都是关于事实而不是关于价值的知识,因为无法用科学方法来确定价值判断。因此,科学,包括社会科学在内,必须摆脱价值。"②"实证主义毫无伦理价值责任"③,其完全摆脱了

---

① [日]櫻井玲二:《汉堡规则的成立及其条款的解释》,张既义等译,对外贸易教育出版社 1985 年版,第 84 页。

② [英]迈克尔·H. 莱斯诺夫:《二十一世纪的政治哲学家》,冯克利译,商务印书馆 2002 年版,第 349—350 页。

③ [德]霍尔斯特·海因里希·雅科布斯:《十九世纪德国民法科学与立法》,王娜译,法律出版社 2003 年版,第 7 页。

价值的科学观(这意味着价值判断不是知识,甚至不具备合理性),认为在对道德价值的认知和价值判断方面不可能存在合理的认知和判断方法。因此,价值判断是非理性并因此是不科学的,从而放弃了在传统哲学意义上对法律的基本问题,特别是对正义问题的哲学思考。法律实证主义不试图从人性中推论出一种普遍的法律体系,也不试图从某项按形而上学方式确证的首要原则中推论出一种理想性的法律原则体,而是努力从实然的角度去认识发达的法律体系。如此,依据法律实证主义,国际海上货物运输法律制度立法过程中只承认"实际存在",限制在"实在的"、"事实的"、"经验上可描述的"(航运与贸易的现状与数据),即基于目的的现实,而海商事法律制度赖以构建的伦理性的基本原则,如承运人与货主平等权利与自由,被认为是"不科学的"而遭到排斥,关于海商事规范的依据、价值等问题都被排除在外。正义与平等问题不是经验能够解决的,也即它们属于"形而上学"(超越物质的)范畴,而不属于科学的范畴。因此,"法律实证主义是描述实然,而从来不是描述应然。"

### 三、经验论的不足

"价值判断并不具有科学的客观正确性,而科学作为一种方法论的思想,必须不受价值判断的影响。因此,对于特定现象的因果做出客观正确的结论,是不受价值判断的影响,因而也是一切希望获得真知的人(不管他可能有什么主观价值)都要信服的。"[①]将价值判断从经验科学的认识中剔出去,划清科学认识与价值判断的界限,即划清价值判断和关于经验事实的科学知识之间的界

---

① [美]T. 帕森斯:《社会行动的结构》,张明德、夏遇南、彭刚译,译林出版社 2003 年版,第 665 页。

限。这是首先由韦伯提出的社会科学的客观性原则,即事实上的因果关系分析不能提供价值判断这一价值无涉学说的基本观点。有关经验事实的认识,它是经验科学的研究对象,在这里人们所要弄清的是在现实中存在的各种实际的联系和引起这种联系的变化的可能性。价值判断是研究者从自己的价值取向出发对历史上发生的事件以及历史人物的观点、动机的评价。这种评价出自主观的理由,而无客观的根据,经验科学的认识与价值判断之间并无逻辑和必然的联系。价值判断自然无法取代经验的认识,而且从对经验事实的分析也无法进展到关于事件本身的价值判断。为了保持认识的客观性和中立性,必须拒绝承担价值判断的任务,"科学不能为价值判断的正确性提供说明。"①科学能够对海上承运人责任基础规则的经济理性的选择进行分析,即在确立了十分明确的目标(保护与促进航运发展、或船货双方整体效益最大化、或船货双方经济利益的平衡、或船或单方经济效益最大化)的情况下,它可以分析达到此种目的种种可能的途径和手段,但是,手段的选择仅是根据经济目标进行,而不能提出任何证件来证明选择的"应然"或"当否","应然"取决于价值取向。经验科学只能告诉我们航运事实是怎么样,它可能是怎么样,但绝不教导承运人"应当"怎么样,后者完全取决于依据于一定价值取向如正义与平等的选择。从航运事实的存在无法上升到"应当",因为关于实在的经验认识的科学是建立在航运与贸易及保险数据的逻辑分析上的。要在经验性事实的基础上确立价值判断的真实性是不可能的,理性研究并不能证明正义所应当服务于国际航运与贸易发展或效益最大化等目的

---

① 〔德〕卡尔·拉伦茨:《法学方法论》,陈爱娥译,商务印书馆 2003 年版,第 3 页。

的有效性,理性研究即通过对航运经验事实分析所能做的不过就是确定何种手段(过失责任、不完全过失责任或严格责任)是实现我们所确立的上述目的之一所必要的或有助益的手段。然"科学能够确定为实现应然目的所必需的方法",①凯尔森得出结论认为,正义观念必须被认为是非理性的理想(irrational ideals)。依据康德的理解,规则的正义取决于其普遍化的可能性,即将这种规则普遍适用于所有相似的情形且使之成为一般立法的信条(绝对命令)的可能性。"经济学难以对法律提供一个完整的解释。因为法律规范扎根于伦理和政治哲学中,这些本身并不是经济学的组成部分。这个客观事实说明分析法律的经济方法是基本的,但是不完全的。"②因此,仅凭经济分析并不能成为国际海上货物运输立法的指导原则,尽管经济目的不可避免地会对立法产生影响。然而立法中如果不进行法律的经济分析,可能使最大化社会效益目标,经常不会得到实现。应当看到,法律经济分析理论不可能把握世界航运业与国际贸易的复杂性、丰富性和混乱性。由于经济学在承运人责任基础体系研究中不可能进行受控实验,证实欲实现的目的与手段选择之间通常方法是进行一种"天然"的实验,即运用一个经济学模型来预测航运实践中统计数据变量之间的关系,预测手段(不完全过失责任、完全过失责任和严格责任)的选择对航运业、国际贸易和船方、货方所产生经济影响,而对预测的可靠性则仅能用统计数据来进行检验和评估。然而在这一预测中大量的、有时甚至是无数自变量被省略了,而被省略的变量也许正是经济分析中有重

---

① [德]G.拉德布鲁赫:《法哲学》,王朴译,法律出版社 2005 年版,第 10 页。
② [美]罗伯特·考特、托马斯·尤伦:《法和经济学》,张军等译,上海三联书店 1994 年版,第 15 页。

要关联的。实践证明，经济学模型对观察到的航运与贸易经济变化可信程度还是很低的，这或许表明数据的质量差，或是表明这一经济学模型只能抓住航运与贸易实践中很少一部分现象。因此，与自然科学相比，法律经济分析学还很薄弱，尽管它是人文科学中最强的。

对法律经济学理论的实证一面，许多学者提出了反对意见。首先，这种理论不能真正得到检验，因为，从航运实践看，无法获得必要的数据，无法判断某个具体法律原则或被目的理性称为手段的诸如承运人过失责任原则、不完全过失责任原则和严格责任原则是否实现了我们所欲求的诸如保护与促进航运发展、船货双方利益共同体的效益最大化或船货双方利益经济上的平衡等目的。美国海商法学者对此论述道："从纯经济的角度考虑，船东保赔协会与利益驱动型货物保险公司相比更为有效、节省费用。因此，如果承运人向船东保赔协会投保可能会比向货物保险公司投保更加便宜，特别是在当今信息通讯发达及零交易费用的时代。没有一些例证的支持，想要预测《汉堡规则》对于总保险费用的影响是很困难的。"[1]"事实上，航海过失免责与《汉堡规则》的责任基于过失的主旨直接相反。在这一点上《汉堡规则》比《海牙规则》提供给承运人更少的保护。这种对承运人责任的影响是无法量化的。"[2]

效率是法律经济分析的规范目的。"法律经济分析在规范层

[1]　Eun Sup Lee, "The Changing Liability System of Sea Carrages and Maritime Insurance: Focusing on the Enforcement of The Hamburg Rules", *Transnational Lawyer*, Spring 2002, p. 8.

[2]　Robert Force, "A comparison of the hague, Hague-visby, and Hamburg Rules: much adout?" *Tulane Law Review*, June 1996, p. 152.

面上追求的是效率与财富价值极大化,其往往被视为功利主义的一种,或者其不注重财富分配,或者其忽视了个人自主,甚至有的学者主张其根本非价值,不值得追求。"①效用最大化作为社会活动的指南具有内在的不完整性,因为它对权利分配未置一词。如果财富最大化对权利的起始分配漠不关心,它就是一个被阉割的正义的概念,其对有关权利初始分配的正义要求而言,是不完整的。船货双方利益共同体的效益最大化隐含了牺牲货主或船方的权利是值得的,合法的效用最大化的努力经常会使船方或货方的经济境况恶化。这是因为效率配置是这样被经济学加以界定的:如果存在这种情况,即假如不减少任何其他社会成员的福利,那么某个个人的福利是不能够得以改善的(帕累托最优)。国际海上货物运输公约的确立,不仅要考虑相应法律规则的效果,还要考虑其经济理论的基础和功能。然经济学对承运人责任基础体系中如下问题无法提供答案:以目的理性所选择确定的承运人责任基础法律体系的风险分配或权利分配是好的还是坏的,是公平的还是不公平的,或者在道德上受欢迎。因此,实证法律经济分析在对承运人责任基础法律体系的讨论中的能力便受到严重的局限,其能够预见承运人责任基础规则的安排在其严格的技术意义上的效果,也能够预测效益在船货双方分配上的效果,但不能够指示航运实践的改变。"利益也是评价的标准,但如何产生这种神秘的辩证的跳跃,即从量到质,从实然到应然的过渡?"②"法律制度要选

---

① 简资修:《法律经济分析的伦理价值与法学方法》,《月旦法学》2004年第11期,第207页。

② [德]阿图尔·考夫曼、温弗里德·哈斯默尔主编:《当代法哲学和法律理论导论》,郑涌流译,法律出版社2002年版,第167页。

择何种价值,并不是经济学要处理的问题,它只能告诉选择不同价值所可能带来的后果。"①因此,国际海上承运人责任基础法律规则不是中立、客观的,假如其所得出的结论没有价值倾向,就根本无法解决船货双方、少数国家与多数国家之间的利益冲突。因为法律是具有主观价值倾向的科学。

---

① 　王文宇:《民商法理论与经济分析》,(中国台湾)元照出版社 2000 年版,第 31 页。

# 第三章 国际海上货物承运人责任基础立法中的正义论与超验论

　　美国社会学家沃德在其论著中曾指出："心理力量与物理力量一样是真实和自然（即有意义），而且是所有社会现象的真正原因。"①人类以及人类行动和文化成就，是我们必须在某种程度上对之持某种价值态度的价值体现。而价值相关性就是对于各种社会科学的经验材料进行选择和加以组织的原则。"价值判断不能从实然的事实中得到证明。"②"直接经验"是漫无边际、不能精确加以阐述的，只有通过概念才能获得准确性。对此，韦伯提出了一项据以进行或能够据以进行选择和系统化的原则——"价值合理性"原则。

　　基于正义的价值理性，可以纠正绝对功利偏向，超出功利的支配地位，对海上货物运输法律制度的未来发展将会产生有益的影响。世界传统海运发展思想认为航运与一个国家经济政治军事有重要的密切联系。特别是两次世界大战前后的政策，更突出航运服务于军事的目的特性，因此，国家给予大量财政补助、税收优惠。然而伴随着世界航运一体化进程的加快，以及由此而对国家主权

---

① Ward, *Dynamic sociology* (1883) 102, id. The Psychic Factors of Civilization (1901) 120.

② ［德］G. 拉德布鲁赫：《法哲学》，王朴译，法律出版社 2005 年版，第 9 页。

的削弱和对世界和平进程的推动,又形成了一股强大的要求在国际海运业进行以承托双方的正义为价值判断的对海上货物运输法律制度改革的发展中国家的新生力量。因此,逐步消除国际航运法律秩序中对航运保护与偏袒的立法宗旨,在世界范围内发挥运力资源的优势,把航运业作为一种自主性、营利性,且与货主具有平等法律地位的市场主体,以正义价值作为立法内涵的基础,就成为未来国际海上货物承运人责任体系的根本趋向。正义问题被认为是保证一个公正的航运秩序的良好的国际社会前进方向。在当今全球化且强调有效实现国际长远与共同繁荣的更集体化的时代,随着航运业抵抗自然风险能力大为加强,营利能力增强,作为平等调整船货双方权利与义务的国际航运法律秩序中的实用原则的某些缺陷变得愈加明显。

完全地、不加价值判断地顺从于事实,将扼杀法学研究的主动性和积极性。"实证主义思想一直致力于揭示现象中内在的因果关系,而社会现象的秩序和体系是有意义的,而根本不是因果秩序。"①不同价值间存在等级关系,普遍的等级是与人身相联系的价值高于没有联系的价值。② 价值合理性是终极的手段价值态度的表达方式,意味着将某种价值当做最终正确的东西,而非实现某种目的的手段,价值合理性不具有法律实证主义的逻辑成分,不能够用经验主义的"手段—目的"标准来检验,因而是超验的。价值判断并不具有科学的客观正确性,而科学作为一种方法论的理想,是

① 参见[美]T.帕森斯:《社会行动的结构》,张明德、夏遇南、彭刚译,译林出版社2003年版,第541页。
② [法]雅克·盖斯丹、吉勒·古博:《法国民法总论》,陈鹏、张丽娟、石佳友、杨燕妮、谢汉琪译,法律出版社2004年版,第46页。

对于特定现象的因果作出客观正确的结论,必须不受价值判断的影响。海上货物运输风险承受的问题从根本上讲是公平的问题,而非效率问题。问题不是"危险的期待利益是否超过了预期的意外事故的成本",而是以这种方式将货主的财产置于危险之中是否公平。

## 第一节　法律的价值

"应然定理不能运用归纳法从实然事实中得以证明,而只能运用演绎法从另外一些应然原理中推导出来。应然原理只能通过其它的应然原理来创立和证明。因此,最初的那个应然原理是无法证明的,是公理式的,它并非是知识所能解决的,而是由信仰来完成的。"①"涉及最终价值判断的事物肯定是属于不可知论的。"②科学能够确定为了实现应然目的所必需的方法,科学的思考能够使大家明白,什么是人们能够做的,什么是人们愿意做的,但不能说明什么是人们应该做的。价值问题是指人们应当如何行动和如何评价人类行为,或者应当理解为关于我们行动影响的现象是卑下或是正当的评价,这是人们对行动目标评价后而产生的。即人类努力追求各种可能的价值,并总是追求更高的价值直到达到一个为其他价值所依附的最高价值。"世间永恒的价值乃是与人本身相关的价值,它们独立于人的物质、经济和社会环境。"③国际航运法律秩序的最高目标或终极目的是实现正义,是价值态度

---

① [德]G.拉德布鲁赫:《法哲学》,王朴译,法律出版社 2005 年版,第 10 页。
② 同上书,第 11 页。
③ [法]雅克·盖斯丹、吉勒·古博:《法国民法总论》,陈鹏、张丽娟、石佳友、杨燕妮、谢汉琪译,法律出版社 2004 年版,第 13 页。

体系。而价值态度体系的变化与航运经济与贸易效用理论的成分和最大效用等没有关系。

当我们在正义理论和与正义相关的实践活动中赋予自由、平等和安全以最高价值的角色时，我们绝不应当竭力贬低其他值得法律秩序增进的价值的重要意义。① 通过法律增进自由、平等和安全，乃是由人性中根深蒂固的意向所驱使的。然而上述三个价值没有一个价值是应当得到无限承认和绝对保护的。② 一个旨在实现正义的法律制度，会试图在自由、平等和安全方面创设一种切实可行的综合体和和谐体。这是一项充满巨大困难的使命，而且迄今尚未发现一项立法在实现这一目标时能够声称自己体现了"绝对正义"。③ 所以在它们之间实现合理的平衡就是一个法律制度真正成功的标志。

法的社会价值主要有以下表现形式：（一）法首先具有工具性价值，法赋予人们的行为以组织性、稳定性和协调性，并保证这些行为的可监督性。因此，法也为社会关系带来调整和秩序因素，使之成为文明的社会关系。（二）法的价值还表现在它在体现社会关系参与人的共同（协商）的意志时，促进那些不仅某些个人，而且社会整体也与其有利害关系的关系发展。法的最高社会价值表现在，它通过协调人们的特殊利益而对人们的行为

---

① ［美］E.博登海默：《法理学》，邓正来译，中国政法大学出版社 1999 年版，第 296 页。
② 与上述价值相对应的三种激进的观点，即无政府主义的绝对自由论、绝对平均主义和抵制变革并沉醉于安全的偏见，都是自拆台脚的社会政策目标，因为他们很容易产生那些与实现他们所旨在达到的社会目标相反的结果。
③ ［美］E.博登海默：《法理学》，邓正来译，中国政法大学出版社 1999 年版，第 297 页。

和活动施加影响。① （三）法更完全地将自己表现为是与社会责任相统一的社会自由和社会积极活动的化身和体现,同时法又是社会关系中秩序的化身和代表者。(四)法的价值还在于它能成为公正思想的表现者。法成为正确公正分配物质财富的标准,并且确立了所有公民不论出身、经济状况、社会地位等在法律面前一律平等的原则。法与正义的深刻联系取决于正义的法律本质。法依其使命而言是对抗不公正,保护着协调一致的利益。法的价值在于它贯穿了人道主义原则。"人是一切事物的标准"这一公式成为法的格言。或"依自然法,公平就是指任何人不能通过使他人蒙受损失和受害而变得更富有"。②

## 一、法律的理念是正义而不是合目的性

在民法领域,学者开始从功能的角度思考共同的问题,引进社会科学的研究方法和成果(比如经济分析),但基本上没有改变其市场游戏规则,而未涉入资源分配问题。③ 法人没有任何道德动机,受到制裁不是因为信念,而是因为不合规范的行为。承运人与货主作为法人,民法上一个抽象的"人",其本质中有把物质效益同主观法律价值联系起来的成分,如果把这些主观成分都排斥掉,如法律实证主义,只剩下生物物质利益联系,那么,航运法律秩序中的决定性因素最终不可避免地只能通过手段与目的的逻辑一实

① ［俄］B. B. 拉扎列夫主编:《法与国家的一般理论》,王哲等译,法律出版社 1999 年版,第 121 页。

② ［美］艾伦·沃森:《民法法系的演变及形成》,李静冰、姚新华译,中国政法大学出版社 1992 年版,第 111 页。

③ 参见苏永钦:《民事立法与公私法的接轨》,北京大学出版社 2005 年版,第 57 页。

验标准,在非主观体系的范围内用物质效益来确立。如此,所导致的航运货物责任体系只能是功利主义或法律实证主义,因为其标准是实用性和功利主义。很明显,只要航运秩序的建立是以目的—手段符合逻辑的,就是经济学理论的主要着眼点。要将社会维系在一起,就需要有道德约束,但是理性不足以创造此种约束,其给人类社会留下来的是赤裸裸的私利来作为社会凝聚力的基础。①

　　实然(存在规范)与应然(当为规范)之间的区别对法律、伦理学和道德规范概念特别重要②。根据应然与实然分离的二元方法论,人们可以将之分为两大阵营:一是兴趣在应然,即规范上的规范逻辑实证主义,它关注的是规范的形式结构,对规范的内容不闻

---

①　[美]弗朗西斯·福山:《大分裂:人类本性与社会秩序的重建》,中国社会科学出版社 2002 年版,第 315 页。

②　实然与应然的关系(三种基本观点):1.“一元方法论”——实然与应然是一致的。如传统的唯心主义的自然法学说、托马斯·阿奎那、新托马斯主义者、黑格尔。2.“二元方法论”——实然与应然是不一致的。如康德、新康德主义者(凯尔森、拉德布鲁赫)、法实证主义(贝格鲍姆、索姆罗)、分析法理论(哈特、罗斯)。3.“对立统一方法”——实然与应然是等值的,相互关联的。如辩证法(黑格尔主义者:舍恩菲尔德、宾德、拉伦茨。马克思主义者:布洛赫、克伦纳);类比法:法作为实然与应然的类似物(阿图尔·考夫曼、温弗里德·哈斯默尔);事情的本质:观念的质料规定性——质料的观念规定性(后期拉德布鲁赫、迈霍菲尔)。

| 应然 | 实然 | 应然 | 实然 |
|---|---|---|---|
| 感觉世界————————理智世界 | | 事件————————规范 | |
| 现象之人————————规范之人 | | 具体的、实在的———抽象的、一般的 | |
| 直观————————概念 | | 敞开的体系——————封闭的体系 | |
| 可感觉的现象————————本质 | | 固有的————————超越的 | |
| 经验的———超经验的(形而上学的) | | 体验————————思维 | |
| 强力(事实上的)–权力(精神上的) | | 因果性————————价值 | |
| 实效性————————有效性 | | 强制————————自主 | |
| “基础”————————“上层建筑” | | | |

不问,此一实证主义的最重要的形式是汉斯·凯尔森的"纯粹法学"。① 二是经验实证主义,它致力于实然,法之事实,其中法心理学研究的是主观事实,法社会学探求的是客观事实,它源于耶林,马克斯·韦伯为集大成者。

自然科学与规范科学(如法律科学)之间的区别,前者关注的是实然的问题,而后者关注的则是应然的问题。在自然领域中,只有自然过程的因果必要性起作用,相反,人类精神活动的思维世界是自由王国,该自由王国同时也是道德的领域。应然和自由,都不能从经验世界中获得,因为,在那里充满着因果关系的规则。法学在本质上是一门与规范(=价值评价)打交道的科学。② 法律规范应该调节人的行为,法律规范表达当为的内容,它并不描述是什么,也不描述统计的平均值、自然规律与历史规律,而是规定行为的命令,这些行为命令中包含着规范性的、具有约束力的形成意志。法律规范是永远不能从逻辑意义上的真实概念(客观存在与认知的一致性)角度被判定"正确的"或"真实的"。只能从基本的价值秩序角度来判断法律规范可能是适当的、有益的、必要的。每个正统的康德继承者都主张法的内容,尤其是与实然彻底分离的

----

① 凯尔森认为心理学和社会学的法实证主义未能完全不是法学,因为它只研究事实。法学所关心的是应然、规范,它是一门规范科学。作为新康德主义者,凯尔森严格区分了应然与实然(二元方法论),并据此将描述的(说明的)观察方式,与规章的(规范的)观察方式划分开来。作为实证主义的理论,纯粹法学仅能以法律规范的形式(逻辑)结构为对象,而不是其内容,因为科学认识不能获得内容。对于凯尔森,正义只是一个"人类的美梦",我们不知道并将永远不知道它是什么。纯粹法学探究的是应然,即纯粹的法律的应然,这种应然不是伦理学的价值,而仅是一个逻辑结构。

② [德]伯恩·魏德士:《法理学》,丁小春、吴越译,法律出版社2003年版,第139页。

应然(二元方法论),被看成在科学上的不可认识。

依据功利主义观点,航运秩序中被认为公平和正义的这些传统观念应该被财富最大化的计算来取代,承运人责任基础中的过失责任抑或不完全过失责任、严格责任选择,完全服从于国际航运与贸易中的经济欲求目的。由此导致了少数国家成为了功利主义计算的牺牲品。一个认同功利主义(或财富最大化)的航运货物责任体系可能会在整体利益更大的情况下牺牲少数国家的利益,或者在促进与保护航运发展、船货双方利益平衡的名义下蔑视货方或船方的利益。"功利主义实际上是秩序不稳定的原因。因为,这种社会对使用什么手段达到目的没有限制,社会自然要分崩离析,陷入一种无节制的权利斗争之中。"①因此,法律经济分析学遭到谴责的方面是其理论的非道德性和不确定性,其难以获得对一个复杂的国际航运责任基础规则问题得出科学的"正确"结论的能力。"根据这一模型理论所产生的结论很大程度上受制于人们采纳的变量或者局限于人们对变量的重视程度。"②"目前,一种以经济分析为基础的法律一般理论已由波斯纳制定出来。这是一种值得注意的理论,但现在仍处于孩提阶段,需要进一步作统计和其他方面的探究。然而,波斯纳的著作也暴露出对隐藏在司法判

---

① 承认所有的人都是平等独立的,承认他们相互之间有义务承认对方的权利,从而承当起对自己眼前利益的牺牲。这些正是最大限度地达到所有人长远目标的必要条件。这个主张的基础就包含了一个先决条件,就是对"利益天然同一性"(natural identity of interests)的认可。([美]T. 帕森斯:《社会行动的结构》,张明德、夏遇南、彭刚译,译林出版社 2003 年版,第 109 页)以"利益的天然同一性"为前提的功利主义思想,着重从经济关系理论的分析来研究人类行动。

② [美]罗宾·保罗·麦乐怡:《法与经济学》,孙潮译,浙江人民出版社 1999 年版,第 56 页。

决和立法活动背后的经济情况所作的分析是很不充分的。"①经济学是一门关于我们在这个世界上理性选择的科学,依其定义,经济学的任务就在于探究以下假设的含义:在这个世界上,资源相对人的欲望是有限的。人在其生活的目的、满足方面是一个自利的理性最大化者。无论选择者的心理状态如何,当行为与理性选择模式一致时,它就是合乎理性的。由此,法律经济学对航运秩序中货物风险分配制度是好是坏,是正义还是非正义得不出任何答案,无法回答有效的风险分配在正义价值理念上是否值得追求的这一终极的问题。由此,法律经济学讨论航运法律制度的能力是有限的。"在其严格技术意义上,他能预料法律规则和安排对价值、效率、现行收入和财富分配的影响,但他不能发布社会变革的强制命令。"②在国际海上货物运输公约制定诸多会议讨论中,许多国家的代表仍然把对航运责任规则所作经济分析与评价看做是所有科学中"最软的"之一,怀疑法律经济分析与"数量经济学"航运与贸易经济预测模型对于更好理解与实施海上货物运输法律制度所能作出的潜在贡献。然法律实证主义或法律经济分析在评价如下海上货物运输责任规则方面已经被证明是有用的:承运人责任基础规则的效力和意义、船货双方以及国际社会对其所产生的利益和成本的反应。

### 二、财富是否为法律的价值

康德的伦理学是以道德法则和意志自由为其立论基础的,按

---

① [澳]维拉曼特:《法律导引》,张智仁、周伟文译,上海人民出版社2003年版,第124页。

② [美]理查德·A.波斯纳:《法律的经济分析》,蒋兆康译,中国大百科全书出版社1999年版,第17页。

照他的论述,其一,宇宙间除了一个善良意志之外,再也不能想象其他任何事物能够无条件称为良善了。所谓良善,不在事物的结果而在事物的本身价值。其二,行为举止应该这样,将人类看做是目的而永远不能看做是手段。其三,一切行为必须把每个理性人的意志视为一个普遍立法的意志,或者说,视每个意志能够完全自治。上述三项道德法则,构成了康德的法律思想,也是他的伦理学和政治学的中心问题。意志自由是道德法则的基础,自由就是道德,道德等于自由①。"社会秩序所能保证的幸福只能是集体意义上的幸福,即作为社会权威的立法者承认对某些需要的满足是值得加以满足的那些需要,如吃、穿、住的需要。但是哪些需要是值得满足以及适当的排列顺序,是不能用理性认识的方法加以解决的,对这些问题的决定是一种情感的价值判断,因而在性质上是主观的,只对判断人有效从而是相对的。"②德沃金论辩说,财富并不是"社会价值的唯一一个组件,不仅不是唯一组件,甚至不是"诸多社会价值组件之一",即社会财富最终并不是一种价值。这看

---

①　康德和自然法学派有许多不同点。康德否认存在一种高于实在法的并合乎正义的自然法,自然法虽然源于理性的道德法,但他不是实在法的基础,决定实在法的原则,是人们自由行为不得互相侵犯,并彼此共存,只有这样,才能符合正义,不需要另外一种自然法来做标准。(法学教材编辑部:《西方法律思想史》,北京大学出版社1983年版,第325页)自然法学家过于自信了,他们"试图用简明的法律规则,来指导那些只能属于需要做出判断的情感的内容,以及那些需要根据不同的实际情况进行全面分析才能做出决定的内容。他们所创造的体系,与其说是法律,不如说是一种以伦理为标准来判断人们行为正确与否的方法"。([英]彼得·斯坦、约翰·香德:《西方社会的法律价值》,王献平译,中国人民公安大学出版社1990年版,第14页)

②　[奥]凯尔森:《法与国家的一般理论》,沈宗灵译,中国大百科全书出版社1996年版,第6—7页。

上去是对常规智慧的一个大胆的挑战,因为,常规智慧都认为财富是一个价值,即使不是唯一的和最重要的价值。"德沃金对社会价值的组件作了界定:是其本身就值得追求的什么东西。并且,没有谁因为财富本身而珍视财富。由于财富本身不是目的,所以财富不是一种社会价值。"①因为,财富最大化的社会目标就是要从产出较少的人的手中向产出较多的人的手中转移财富。理查德·A. 波斯纳论述道:"我努力提出一种超越古典功利主义的道德理论,并认为判断行为和制度是否公正或良好的标准就是这些行为和制度是否最大化了社会财富。这一进路可以调和效用、自由甚至平等这些竞争的伦理原则。"②

　　把社会财富作为一个主要的社会目标是不无道理的,即它只是社会目标之一。把社会财富假设为社会价值的一个重要组成部分,实属本末倒置,而认为社会财富对于一个社会主要目标的实现具有强烈作用,也是不合情理的,经济效率在其中得到了提高,而最终结果却明显地比原初状况更糟糕,经济效率未能通过这种检验。经济效率是一个总价值,总的改进可能因为分配不公导致恶化而被抵消。如果国际海上货物运输承运人责任基础变动,即由《海牙规则》向《汉堡规则》转变是不受欢迎的,那也只可能证明效率性结果比分配性结果起着更大的作用,即为了创立一项可以在将来增进船方效用的承运人责任基础规则,把损失加诸承运人是否公平。《汉堡规则》制定过程中,"把废除船舶航海过失免责作为制定新公约着眼点的发展中国家和一部分货主国家对于经济论

---

① ［美］理查德·A. 波斯纳:《正义司法的经济学》,苏力译,中国政法大学出版社 2002 年版,第 107 页。
② 同上书,第 115 页。

处于统统不予考虑的状况,即不能用客观数字证明的经济论,并认为由于现代航海技术的进步,如像船舶航行过失免责那样,现在仍是一个时代错误,就合同法的一般原则而言,也不应承认这种例外的理由"①。罗尔斯对于效率与基本权利以及分配规范的关系的描述是正确的,即假定有一个权利的初始分配,才能确定财富,法律功能就在于进行该初始分配。承运人的不完全过失责任实质是在权利的初始分配中,违反矫正正义的公平原则,进行了以促进承运人效益最大化的权力分配。海上运输的特殊关系,在航海技术水平较低,或是帆船时代时,实现承运人的效益最大化实际上是对货主利益的保护。而在航海技术水平大幅度提高,承受风险能力增强的情形下,立法开始关注船货双方的平等地位。正义论主张承运人和货主的利益是平等的,而功利主义在衡量利益时支持在经济上划算的承运人责任基础规则,通过此规则实现事故损失最小化要求,而使安全的预防措施处于某个平衡点上。如果以否认促使损失最小化的责任规则而替换以公平的责任形式,就会使施加给一方的利益负担大于给予另一方的利益上的保护。"在有法规调整前的货物运输的特点表现为两种截然相反的法律学说。一种是对公共承运人的几乎绝对责任,另一种是实质上无限制的合同自由,允许承运人在提单中加入免责条款。各国对这些分歧的反应很大程度上取决于商船队的规模。例如美国主要依靠外国承运人,同情货物利益方制定政策限制提单中免责条款的适用。英国恰恰相反,只有免责条款范围过于广泛时才视为无效。毫不奇怪,各国的不同反应破坏了提单的充分转让和航运业经

---

① [日]樱井玲二:《汉堡规则的成立及其条款的解释》,张既义等译,对外贸易教育出版社1985年版,第122页。

济的稳定性。"①

　　任何法律秩序都以特定的价值为基础,任何法律规范都回溯到立法者的价值判断。价值随着历史的发展而变换。对于价值问题,无主观成分的科学论据是不能解释清楚的。海上货物运输法律制度是航运实践的行为规范,应以正义为理想,用于定纷止争,维持航运秩序,增进国际贸易的发展。正义是航运秩序存在的基础,海商事法律也是为实现航运实践的正义而存在。正义意识出自人的本性,这和人类社会法律意识是一致的。在国际海商事法律制度确立中,立法往往反映、肯定当前的航运实践的资源分配方式并使之合法化。在此,一个十分简单的真理是,海商事法律制度不是中立的和客观的。采用貌似中立的法律所得出的结论是没有价值的,其根本无法解决任何海商事立法中诸多参与方的利益冲突。价值在国际海上货物运输立法中起着重要的作用,航运法律秩序中充满了价值判断,任何完整的航运法律规范都是以实现特定的价值观为目的。鲁道夫·耶林指出:"目的是一切合法的缔造者。不过,目的却是多种多样和相互竞争的,它们随着历史和社会文化的变化而变迁。法律秩序的质量取决于作为其基础的价值秩序的质量,是后者确定了法益和规范的目的。"②抽象正当行为规则所能决定的只是机遇而不是特定的结果。即正当行为规则所

---

① David Michael Collins, "Admiralty—international uniformity and the carriage of goods by sea", *Tulane Law Review*, October 1985, p. 5.

② 虽然不能按照科学客观性的要求证明价值判断和规范语句是真实的,但能否证明其是正确的或是适当的,对这个问题,20 世纪初爆发了一场激烈而持久的争论,即"价值批判"之争。一种观点认为,价值是不可能被科学证明的。与该命题相联系的则是狭义的科学概念(仅限于实验科学)。另一种观点则称,价值判断也是可以由科学证明的。([德]伯恩·魏德士:《法理学》,丁小春、吴越译,法律出版社 2003 年版,第 61 页)

能影响的只是人们努力获得成功的机遇,所以修正或改进这些规则的目的也就应当尽可能地增进或改进不确定的任何人所具有的这种机遇。"不论我们喜欢与否,那些决定社会进化的决定性因素都将始终是高度抽象的而且有关何为确当而非有关特定目的观念。"①

### 三、形而上学的终极法律价值

　　形而上学法学始于康德,法律的目的是使具有自我意识的人避免彼此的冲突,亦即使每个人都以一种与所有其他人(它们也同样被视作是目的本身)的自由相符合的方式行使其自由②。因此,法律的目的在于确使每个个人都享有一种范围尽可能大的抽象自由。检测正义的标准乃是得到保障的抽象个人自由的量。因此,形而上学法学家是从自由意志的观念中推演出整个体系和法律秩序目的,所探寻乃是批判实然的原则。从终极的形而上学意义上看,一切意义都是主观的而不是客观的。客观地说,世界是无意义的,法律规范因之和自然法则不同。"自然法则受因果律控制,这种因果是绝对的,而且不受时间和空间的限制,不发生价值判断问题。但法律规范就完全不一样,常常因时因地而不同,也因文化背景不同,而发生不同价值判断,所以是相对的,在普遍中有特殊性问题。"③经验科学并不能赋予航运法律秩序真正的存在因由,它或许能说明航运法律秩序现状的成因,但它决不会建立能满

---

① 〔英〕弗里德里希·冯·哈耶克:《法律、立法与自由》(第一卷),邓正来等译,中国大百科全书出版社 2000 年版,第 107 页。

② 19 世纪形而上学法学乃是一种彻底的抽象个人主义理论。这种理论假定,人的目的就是自由,一种有关抽象自由的个人自我主张最大化的观念。

③ 林荣耀:《法学绪论》,(中国台湾)发行人林荣耀 1990 年版,第 116 页。

足形而上学要求的法律价值等级体系。"法律确实是一种秩序性制度,即一定共同体成员主观上认可的一整套规范观念。"①实证主义与唯心主义有着相互矫正的批判关系,特别是,从科学资料、对事实的观察以及这些事实在理论上产生的意义等方面得来的证据,只要正确,就成为对唯心主义观点进行批判的确凿证据。在方法论领域,实证主义有效性的根据方面受到唯心主义的批判,而提出来支持或反对这些命题的有效性的哲学论点,同样受到了根据从科学本身得来的证据的批判。康德试图从某种终极的形而上学的原则中发现权利的基础,亦即作为一种保障权利的手段的正义基础。康德的基本依据是意志自由,法律所要解决的问题是协调相互冲突的自由意志。"因此,康德认为正义(或法律的目的)乃指确使每一个人都享有意志自由,只要每一个人所享有的意志自由与任何其他人的意志自由相协调。"②"与边沁不同的是,康德和黑格尔否定意欲倾向性促动的选择具有道德意义。"③

_____

① [德]马克斯·韦伯:《论经济与社会中的法律》,中国大百科全书出版社1998年版,第38页。韦伯的实证性法律概念使我们想起了奥斯丁关于主权者命令的法律定义。但韦伯既没有说到主权者,也未提到命令。然而韦伯的法律定义也适应于国际法。(同注,第38页)韦伯的法律定义是一个事实的术语,不隐含任何伦理判断或其他价值判断。在法律哲学上,我们可以发现一些将伦理和价值作为必要因素的法律定义。有的认为,法律具有内在的自由趋向(康德和黑格尔),或趋向于正义、平等,即法律不仅是社会协调的必要手段,而且得到道德的认可;或者说法律必须符合理性(托马斯·阿奎那)。而社会学家不能采用这些定义,因为他只考虑组织化的强制秩序,作为一门科学,必须避免道德和价值判断。

② [美]罗斯科·庞德:《法理学》,邓正来译,中国政法大学出版社2004年版,第514页。

③ [美]James Gordley:《亚里士多德学派的合同法》,载[加拿大]Peter Benson主编:《合同法理论》,易继明译,北京大学出版社2004年版,第305页。

　　法律实证主义不遗余力把认识的目的限制为:1."为预见而认识",通过他们,我们能够预料并支配未来;2.解释单纯的感官现象规律,而根本不去追问事物的本质①。形而上学是通过理性的本质直观,而不是在观察和间接推论中实现其本质认识的目的;是克服宰制世界的态度,并尽最大可能地中止一切欲求行为。这种本质认识和研究就是要克服追求自然规律和故意忽视出现在规律语境中的本质的宰制立场,提倡一种追寻世界始现象的理念的行为。科学则是通过观察、实验、归纳和演绎而达到其目的的。形而上学的目的是运用智慧尽可能地陶冶个体,所给出的是一种有关本质结构的知识体系,即赋予世界以原始常数,这样,世界便永远是完美无缺的。实证科学的目的则是要用数学符号建构世界图景。这种图景有意忽略世界的所有"本质",而只接纳现象之间的关系,以便根据这些关系来支配和控制自然。

　　"只要推理的知性只是为了实现生命的本能,诸如食的本能、色的本能以及权利本能,并且只是为了对周围环境的刺激做出积极的反应,那它就还不是人所特有的东西。只有开始把先前所获得的先验的本质认识运用到经验的个别事物上去,并进而从根本上认识客观价值秩序,它才成为人的特有之物。"②"本质认识替实证科学的每一块领域确立了终极前提,因而成了他们的本质公理系统。"③实

---

① 实证主义有关知识的三个阶段的理论,根本就是不正确的。宗教神学的认识和思维、形而上学的认识和思维以及实证的认识和思维并不是知识发展的历史阶段。它们之中没有谁能"取代"或"代理"其他任何一方。(参见[德]马克斯·舍勒:《哲学与世界观》,上海人民出版社2003年版,第87—88页)

② [德]马克斯·舍勒:《哲学与世界观》,上海人民出版社2003年版,第85页。

③ 同上。

证科学既不能解释真正的本质自身,也不能阐明真正本质的此在。实证科学之所以能够有所成就,正是由于它把本质问题彻底地考虑在范围之外。因此,国际海上货物运输法律秩序的本质结构,最终必须依靠世界和人本身最终所共有的终极原因,即终极的法律价值。若把实证主义用于形而上学,可以看到形而上学的命题都是不可证实的,或者说,如果试图证实,结果总是否定的。"形而上学家们免不了使他们的命题成为不可证实的,因为一旦他们使其命题可以证实,这些命题就属于经验科学的领域了。"①"伦理学和价值判断一般属于形而上学领域。道德价值的哲学并不依赖于任何事实,因为它的目的是陈述人类行为的规范。"②国际海上货物运输承运人责任公约的制定,须继续推进法律终极价值。虽然"形而上学法学家认为,他们能够通过逻辑阐发一种根本的正当观念而发现那些必然且普遍的原则",③然而并不能完全根据终极法律价值构设出一部完善的航运法律制度,而是努力构设出一种以根本性的正当原则或正义为准则,为国际航运法律秩序统一与系统化,尤其是为航运法律立法工作提供基础。"《海牙规则》在许多地方遭到批评如惠及船东和经常是发达国家的利益,增加了货主和发展中国家的支出。因此,就需要一种更为公平的制度。结果《联合国海上货物运输合同公约》即《汉堡规则》产生。"④

---

① [美]撒穆尔·伊诺克·斯通普夫、詹姆斯·菲泽:《西方哲学史》,丁三东等译,中华书局 2005 年版,第 632 页。

② 同上书,第 633 页。

③ [美]罗斯科·庞德:《法理学》,邓正来译,中国政法大学出版社 2004 年版,第 53 页。

④ Robert Bradgate and Fidelma White,"Into the 21st century",*The law society*, Vol 89,1992,p.19.

## 第二节 正义的探求

查士丁尼《民法大全》提出的并被认为是古罗马法学家乌尔庇安首创的一个著名的正义定义,其表述如下,"正义乃是使每一个人获得其应得的东西的永恒不变的意志"。在罗马历史早期,西塞罗也曾将正义定义描述为"使每一个人获得其应得的东西的人类精神取向"。给予每一个人以其应得的东西的意义乃是正义概念的一个重要的普遍有效的组成成分。没有这个要素,正义就不可能在社会中兴盛。恰如亚里士多德所明见的那样,正义乃是一种关注人与人之间关系的社会美德。亚里士多德关于分配正义与矫正正义的范畴,为各人应得归于个人的原则在整治个人行动和社会行动中指出了主要的检验场域。即这些行动是否剥夺了人们应当得到的某种东西,或这些行动是否拒绝给予人们以某种他们有权利要求的东西。康德认为,所谓的"法律正义"观念,乃是指所有人都在没有人为或外部阻碍的情形下享有一种抽象的平等机会的观念。正义(法律目的意义上的正义)乃是根据某项普遍的准则(即可以使每个个人的意志自由获得最大可能范围的准则)而使每个人的意志与所有其他人的意志相协调。而新康德主义者斯塔姆却认为,正义在于促成个人目的或目标之间的和谐,以至于把受到法律约束的人的所有可能的目的都包含在其间;其所采取的方法是阐明法律应当与之相符合的那些理想。自然法学相信绝对价值的存在,故寻求永恒不变、适用于一切时间空间的正义原则。而社会学理论与其他一切法学理论,一般以为价值是相对的。换言之,正义原则在特定时间和空间内,常与众人的实际生活情况互相关联。因此,他们只求特定的社会于特定时间内能够公平,而不要求建立一个普遍适用的法律原理。

## 一、正义的本质

法律不能脱离正义,并以正义为基础。而对于正义的本质,从来学说各有不同①。而就事实而言,客观价值说较为合适。此说认为,正义存于客观价值,合乎客观价值者始为正义。所谓客观价值,乃人与人间互相共同需要的评价。亦即各人欲满足其生活欲望的需要,均应以彼此相互间的需要而决定。此种评价,非为任何个人所能自由独立创造,而由人类共同生活互相影响而产生,合乎人类共同需要的评价者,即为正义。换言之,人类必须共同维持社会秩序,非唯单独满足其自己欲望,乃为满足全体人类欲望,则人与人之间行为是否正直无私,自然并非是个人主观需要可以决定,必须由人类共同客观需要决定。基于此种观点可以认为,航运秩序中的正义,应以船货双方的共同需要为评价,而并不是以船方或货方单体需要作为评价,或言之,国际海上货物运输公约制定中的正义是国际社会各个国家为满足共同客观需要而达成的航运秩序。公约虽可以由多数国家同意而订立,然多数国家不能以利己为目

①　自然法说。此说又称理性正义说,以正义存于人类理性,合于人类理性者,始为正义。所谓人类理性,即人类自然法则,系由人类的自然现象而生。其与实定法由于人为而生者,正属相反。实定法由人为而生,常有缺漏及不善之处。在不完善的实定法外,恒有完善公正的自然法存在。实定法只能与人之理性相符合者才有其存在价值。反之,即须以修正或废除。实定法又恒随人类生活需要予以变更,足以证明实定法须以人的理性为标准。因之,人类为满足其生活欲望需要,对于实定法的接受或拒绝,自得基于自然理性而有整个自由。若接受时,自得允许其继续存在,若拒绝时,即得予以废除。则人之行为是否正义,自非得由实定法而定,而应以人的理性而定。苏格拉底所主张的理性正义论,及古古罗马西塞罗以来的自然法学者,均以正义存于人类理性。自然法说,对何谓自然法则,何谓人性自然,自然主义并无翔实答案。依法律立场,未免失之空泛。

的,必须是为了国际贸易与航运以及人类交流与生活的共同需要、共同繁荣为正当目的,此种评价系人类航运实践活动的共同产物,单纯以目的理性追求财富最大化,并不一定使国际社会更加美好。因此,所谓正义本质,由人类生活共同需要的评价而产生。因为,人类群居始能生存,彼此有无共济,供求相应,群策群力,以谋生存,则个人欲满足其生活欲望的需要,自须就彼此相互间的需要以决定,即以客观价值为人类共同需要的评价。"正义受到世界观的影响,不能以准确或真实的科学表达方式来确定正义。"①人是政治的生物,任何群体(家庭、团体、社会、国家)都在渴望正义,对

①　自然法是最高意义上的法。它位于一切实证法之上。它是实证法的标准和良知,它是法律的国王,规范之规范。在极权主义的恶法国家中,任何人援引自然法可以为其革命性反抗寻找依据;反之,在自由民主制度中,任何人求助自然法等于他试图将少数人的统治权凌驾于多数人的意志之上。公理或正义全在于某一内在活动与另一内在活动之间按照某种平等关系能有适当的比例。对人来说,有两种方法可以确立这样的比例。第一,根据当然的道理,例如,当一个人拿出这么多东西的时候,他可以得到同样多的东西作为交换。这就叫自然正义。第二,一件东西可以通过协议或共同的同意,与另一件东西相比较或比拟,例如,一个人自称愿意接受这样一个数量时就是这种情况。这种情况可以由两种途径发生。或是通过私人协议,或是以代表社会实行管理的统治阶级者的命令为根据。这就叫实在正义。实在正义从属于自然正义。"人类的意志可以根据共同的统一使本身并不违反自然的正义的任何事情而具有法律价值。这正是实在法的范围。但是,如果一件事情本身违反自然正义,人类的意志就无法使它成为正义。自然法断言某类最终目的,即人类行为的固定规则,来自"自然",即来自事物的本性或人的本性,来自人的理性或上帝的意志。自然法不是由一种人类意志行为所创造的,它并不是人为的、任意的产物。自然法起源于一种绝对价值,主张有绝对效力并因而和纯粹观念相一致。它使自己体现为一个永恒的、不变的秩序。(参见托马斯·阿奎那:《阿奎那政治著作选》,马清槐译,商务印书馆1982年版,第138页)

正义的追求是人类的本性。

在一定程度上讲,国际海上货物运输法律制度的基本结构中的不平等是不可避免的,问题在于怎样明确这些不平等才算是公正的,或是否能够做到公正。功利主义所遗忘的是这样一种理想,国际航运秩序中的参与各方,对他方总有某种平等的要求,原因很简单,就是因为人性和人的相互关系。在以投票多数决为原则的海上货物运输公约制定过程中,或所谓民主制度制定过程中,利益就成为大多数国家的利益;一旦形成多数,必然会出现少数集团或少数国家的利益被忽视的倾向。这些国家的利益不够重要,因此总是被认为有碍于实现大多数国家所希望的利益目的。所以,国际海上货物运输法律的创立,虽可决于多数国家,而多数国家意志的形成,则不能以利己为目的,必须有正当理念为指导。此正当理念,须以国际社会共同需要与生存、共同繁荣为目的。而实用主义功利原则与平等的人为相互利益而进行社会合作的概念是互不相容的。

"康德认为,在道德生活中,我们应该完全排除对功利以及自身利益的考虑,因为行为者的行为所具有的道德价值,唯一取决于人们据以行为的那个原则在道德上的可接受性,这是决定行为者意志的原则。因此,只有具有被康德称之为'善良意志'的人履行的行为才有道德价值,而仅当一个人把建立在普遍有效的规范基础上的道德义务当作唯一动机时,他才具有善良意志。"①正义即公平,船货双方的权利概念先于利益概念,权利原则和正义原则一样,都把满足限制在价值的限度内,强迫限制在承运人或货主的合理利益的概念之内。在根据目的理性拟定国际海上货物运输责任

---

① [美]汤姆·L.比彻姆:《哲学的伦理学》,雷克勤等译,中国社会科学出版社 1990 年版,第 173 页。

公约时,应该考虑正义原则,即欲望要受到正义原则的限制,这些正义原则规定了承运人或货主所欲达到目的所必须尊重的界限。根据康德的观点可以理解为,承运人责任基础规则的有效性的最终基础建立在正义原则之上,而不是依据功利原则而产生的。正义原则普遍地适用于承运人与货主,以及国际社会各个国家与组织。正因为没有任何国际航运与贸易实践行为者能够拒绝这些规则,所以它们才有资格被普遍接受。因此,正义最终一定是以一切有理性的人所共同具有的理性原则为根据的。

### 二、正义的表现形式

根据亚里士多德的论述,所有正义的形式都以某种方式降为平等的模式,即降为形式上的平等关系。形式上的平等被认为是对正义的普遍有效的要求。人们必须确定什么是平等的有关标准,和在每一类情况中让它产生什么样的规范性后果才算是公平的。合乎伦理的美德对于人类共同生活不可或缺,而正义在此则居于中心地位。亚里士多德将正义的表现形式划分为:矫正正义(交换正义)和分配正义。(一)矫正正义或者衡平正义出现在两个单个的市民之间,例如合同法中或侵权法中。它以"算术"的方法在交换关系中取得平衡。(二)分配正义则关注整个共同体。它以"几何"的方法达到对所有人的平等对待,它并不是机械地分配给每个人同样的东西,而是根据共同体的需要来分配。这种划分至今仍然在国家和宪法学说、法律和政治中有重要地位①。矫

---

① 分配正义更多地存在于国家机构之中,因而可以在公法中找到其身影。由于国家的行政效率得到巨大提高,"分配"这一概念已经获得新的、亚里士多德所无法预料的含义。矫正正义和分配正义从亚里士多德开始,

正正义是私法关系所追求的,整个海上货物运输承运人责任基础规则的制定都是承运人与货方之间正确地平衡损害的规范。

矫正正义要求至少两个人,分配正义至少三个人。矫正正义要求的那两个人彼此间享有同等权利,而分配正义至少要求三个人中的一个人得承受别人的负担,或者保障别人的利益。矫正正义是并列关系中的正义,而分配正义则在上下级关系中有效。矫正正义是权利平等者之间的正义,该行为赋予了所有参加者的平等权利、相同的交换能力和相同的社会地位。分配正义则关注共同体,不机械强调物质分配时个体在"量"上的完全一致,而是根据需求,在质上,使得分配中每个个体都得到同等的满足。正义的目的在于调整人们彼此的关系。分配正义是对自由彼此放弃的分配,原创性地给予基本自由,是矫正正义。矫正正义可以阐明因承运人行为所造成的货损事件中应当由承运人行为负责的正义的要

---

西方社会就区分了两种形式的公民正义。亚里士多德认为,正义是一种社会美德,包括对"平等"的要求,在个人所有物(例如,金钱、荣誉、安全)的富余和匮乏两种极端中的一个平均或其中间的点。正义根据两种模式运作:分配的和矫正的。"分配正义"涉及"分配",据此,根据为某种特定目的而选定的比较价值标准将一种利益或财产在集体成员中分配,并将此标准一致地适用于集体参与者中满足条件的所有人。根据所适用的标准,一方的价值越大,则他所应得的利益或财产就越多。分配正义之所以为正义,是因为在分配利益和财产时采用的比例是相等的,因此,亚里士多德认为这种类型的平等为"几何学的"。亚里士多德将另一种正义无关"分配",而影响"交换"。交换可以是自愿的,即一致同意将一个人的财产或利益("所有物")转移给另一人;也可以是非自愿的,即在没有得到所有人同意的情况下,将一个人的一部分所有物非法地剥夺。矫正正义的目标就是使受剥夺的一方恢复原状,或者将事物本身恢复原状,或者是将事物的价值还原,并因此再创造一种概念上平等的方式。矫正正义追求的平等不是比例的相等,而是数量的相等,因此,亚里士多德将其称做"算术的"平等。

求,即公平观点要求应该对损失负责的承运人对其侵害行为造成的可赔偿损失承担赔偿责任。而分配正义则阐明了货损或海洋污染环境事件中不应由承运人负责的这类不幸事件中,要求承运人对与其行为没有因果关系或者不应负责的损失承担帮助义务。分配正义违反了行为原则,因为它要求承运人承担货主遭受的货物的不幸损失,尽管从某种意义上来说,承运人不应该对该损失负责。换言之,在两者都不应当受到谴责的情形中,也出现了一种日益发展和强大的趋势,即倾向于根据正义的要求而追问谁能够最好地负担损失并且在没有任何过失的情形下据此转移这种损失。承运人海上危险货物运输责任很好地证明了这种趋势。

正义论者坚持认为,功利主义预先假定有一种预测和控制将来结果的能力,选择有效手段达到最大多数国家最大利益目的这个功利主义的目标歪曲了航运法律秩序的实质内涵。以达到目的手段的推理所构想的效果论的正义航运秩序概念,基本上是错误的。正义论者强调行为的价值在于动机而不在于效果,而功利主义虽然承认动机是有意义的,但是,他们坚持正确的动机取决于承运人航运实践中所产生最大的效果。"目的并不能证明手段为正当。""正当行为规则——正义并不关注如何保护特定的利益,但是从另方面来看,对任何特定利益的追求却必须受到正当行为规则的制约。这项规则,不仅适应于私人的行动,而且也同样适用于政府在管理或支配那些旨在满足特定目的的公共财产方面所担当的任务。"①正义这个术语事实上指的是行动而不是后果。黑斯廷斯·拉什道尔的论点,极为扼要地表示出了功利主义所具有的基

---

① ［英］弗里德里希·冯·哈耶克:《法律、立法与自由》,邓正来等译,中国大百科全书出版社 2000 年版,第 23 页。

本错误观点:所有道德判断在终极意义上都是有关目的的价值判断。① 但是事实恰恰与此相反,如果说特定目的达成共识真的是道德判断的基础,那么,我们所知道的道德规则也就毫无存在的必要了。随着世界航运业与贸易经济规模不断增大,因此而得到强制实施的航运秩序中抽象且一般性的正义行为规则的共同价值也就越多。国际社会各个国家与组织只能在价值问题上持有共同的意见,而不可能拥有一种共同的具体利益目的。因此,一种以共识为基础的和平持久国际航运秩序之所以可能,实是以这样一种条件为基础,即强制航运秩序必须只限于实施抽象的正义行为规则。

罗尔斯在《政治自由主义》中,对正义二原则作如下具体内容的论述:(一)面对一个十分充足的有关平等的基本权利和基本自由的制度安排,每一个人都可得到和享有平等的权利,且这种制度的安排与其他一切人所享有的类似制度安排相兼容。(二)社会经济的不平等的存在须以满足以下两个条件为前提:(I)在机会公正平等的条件下,保证所有的公职和地位向所有的人开放。(II)它们必须使在以往获益最少的社会成员从这种不平等中得到最多的实惠。② 人们可以把原则II称为"差异原则"。按照罗尔斯的论述,原则I优先于原则II。第一原则的用意在于指导和规范对一个社会的宪法的起草与拟订,第二原则旨在对顺应和符合宪法的社会中的立法活动作出规范和约束。"差异原则"的意义是为被阉割平等原则所产生的效果可能优于对严格意义平等原则的固守。"差异原则"被认为是一种团结原则,它可能使公民认识

① [英]弗里德里希·冯·哈耶克:《法律、立法与自由》,邓正来等译,中国大百科全书出版社2000年版,第31页。
② [美]约翰·罗尔斯:《政治自由主义》,万俊人译,译林出版社2000年版,第309页。

到,他们本身是共同合作的受益者。第二条原则与法律本身关系更为密切,它使社会和经济政策将其宗旨规定为最大限度地改善在公平机会面前处于最不利地位的人们的处境。从原始状态出发,参与者在罗尔斯的正义二原则和最大平均效用理论的功利之间作出定夺。罗尔斯认为,参与者们将理智地根据"极小极大"的原则进行取舍,最终选择正义二原则。正义二原则远优于功利原则。在正义原则规范的社会中,处在最不利位置的人也能享受到基本的自由,获得平等的机会,且差异原则保证他可以获得其他利益。在功利原则主宰的社会中,最差状况难以令人满意,即为了社会效益的最大化,处在最差状况的人的自由常常受到限制,甚至可能被剥夺。

## 第三节　矫正正义——承运人过失责任原则

近代以来,无论大陆法系或英美法系,在归责原理的抽象构造上,均基于理性哲学,推崇过失责任主义。现代民事归责基本原则的过失责任主义,与近代自然法论者所遵奉的意志自由哲学密不可分。无过失所致的损害,原则上并无损害赔偿责任可言,纵或有之,亦被认为系基于公共利益的特别目的要求,其间并无原理可寻,更谈不上与过失责任相提并论。所谓过失,乃指行为者个人主观心理状态欠缺注意,即本能注意而不注意,以致在伦理上或道德上具有可谴责性,故可称之为"人格过失"或"道德过失"。"矫正正义是一项独立的、且可以独立地得到证明的正义原则。"①矫正

---

① 矫正正义制度中对举证责任的分配和举证标准的要求既不类似于刑法上的无罪推定,也不是否则便将"损失留在它降临地方"这个一般原则的

正义的概念支撑了关于侵权责任的基础。"矫正正义不包含分配,但是称为交易更合适。交易可以是一个人自愿的或协商的将部分或全部财产转移;或者是非自愿的,结果是一个人未经他人同意而剥夺了其部分或全部财产。补救正义的公正不是一种比率而是一种数量,亚里士多德称之为'算数的'。矫正正义的目的是恢复那些被不正当地剥夺的某些正当权利,或者事务本身或者其金钱价值,因此重新建立交易之初存在的概念上的平均的公正。"①

## 一、承运人过失责任原则——正义的思想

在侵权行为损害赔偿的变迁上,有五种观念递变着:最初,只是简单的原因观念,即复仇观念。法律开始问得很简单:被告有否以其身体的动作伤害了原告,假定他这样做,则已激起被害者的报复欲念,足以引起私相寻仇,而破坏社会和平,这已危及社会的一般安全,他便必须花钱买掉他所激起的复仇欲念。继起者,为过失观念,有责任的原因观念,这是道德的观念。这一通常的道德代替一般安全,作为一基本观念,即合理品行的伦理标准,已取代了谁

---

体现。一般来说,要求原告承担对因果关系的举证责任是存在大量不确定性因素的情况下实现正义观的反映。目前,大多数工业国家通过公共保险计划对汽车事故、工业疾病或伤害等侵权行为提供补偿。这种公共保险计划根据分配正义的模型,从由全部或某些类别的公民贡献的公共基金中支付一定数量的金钱给受害者,这个数量由统一适用的标准确定。但是,其他的一些国家(尤其美国)则采用矫正正义的模式,其法律和社会体系中更侧重于利用个人及其幸存者提起法律诉讼,对由侵受权造成的伤害或不法行为导致的死亡寻求赔偿。

① William Tetley, "Uniformity of international private maritime law—the pros, cons, and alternatives to international conventions—how to adopt an international convention", *Tulane Maritime Law Journal*, Spring 2000, p. 89.

做谁负责的非道德的标准。继之而起的观念是原因要素的控制，以确定赔偿损失或损害的责任，这又回复到重视一般安全的观念，即无过失观念，其基础在应该谴责行为之外，是基于公共政策的观念与一般安全下的社会利益。现在，有一种观念认为责任应加于那些能够把损失转嫁于社会者的身上，这便是保险观念。我们人人应对任何于文明社会生活上所可能受到的意外损害，负有责任，为使损害负担合理的公平分配，法律首先应该把这损害加于那些人身上，那些人能有办法把损害转嫁到大家身上。最后，与所谓的保险观念并行或由此引申出来的关于责任的新基础，在近年日趋盛行。这可视为较大能力的观念，以较大能力为负担责任的原因。因为也许会有这样的情况，航海过失抗辩的历史原理仍将适用，对于这个问题通过创建合理的航海过失抗辩将得出一个公平合理的折中方案。也许仍存在船东不能合理地控制其船舶、船长及船员的情况，或者船东不知道船长、船员在驾驶和管理船舶过程中存在疏忽。例如：有证据表明意料外的通讯技术故障阻止了船东指示向船长或船员的传递，或者船东对其疏忽的缺乏认识足以确立这种抗辩。因此，相对于保留一个完全的免责，合理的航海过失抗辩对于争论双方将更为公平，并且仍然保持了传统的关系。船东应有提供证据的责任来证明他对于事实情况缺乏控制或缺乏知识。

　　"古代法律，采用原因主义，以有因果关系存在即足发生损害赔偿的责任。然因极端无过失责任的负担，反足使责任心薄弱，不适合实际生活之需求。故罗马法采用过失主义。"[1]罗马法是在《阿奎利亚法》基础上，通过后来的判例和学术解释加以补充、诠释与发展，才形成了自己系统的、成熟的以过失为基准的民事归责

---

　　① 史尚宽：《债法总论》，（中国台湾）发行人史吴仲芳1978年版，第104页。

原则;这一原则又在查士丁尼《国法大全》中得到进一步的确立与完善。① 过错责任原则摧毁了以加害原则为中心的侵权责任规范,取得了法学和法律上的主导地位。民事赔偿制度,是以个人权益保护为出发点,遇有利益冲突或纠纷时,其调整方法,只有以损害填补方式,使被害人的权益因填补而获得相当保护。在法律规范原理上,使遭受损害的权益,与促使损害发生的原因者的结合,将损害因而转嫁由原因者承担的法律价值判断要素,即为"归责"。其意义核心似可进一步定义如下:"为人因其行为或状态,侵害他人权益,在法律价值判断上,因而应负赔偿责任的成立要素"。② 近代民法的归责原理,由于推崇意思自治,采过失责任主义。传统民事责任系建立于康德的"意志自由"哲学原理。在归究某人责任时,均以行为人有过失为前提,且以加害人及被害人的地位有互换的可能性为前提。采取过失责任,赋予社会活动主体以相当程度的自由并予以平等保护,足以促使各个人积极参与社会活动,对个人能力的高度发挥及社会福利累积创造,具有相当规范原理的妥当性与合理性,能发挥极高的规范功能。

康德社会契约论之所以认为普通合理人原则重要,有三个主要原因。第一,合理性概念是社会契约论的核心。相应地,在侵权行为法中赋予合理性概念突出地位对社会契约论来说是重要的。第二,普通合理人原则指出了注意的具体标准,它对社会契约论所支持的安全赋予了很高的价值。第三,普通合理人原则坚持认为危险及其预防必须根据"客观标准"评估。普通合理人原则显示了一种客观的人际比较方法,并表明了法律致力于采取客观标准。

---

① 王卫国:《过错责任原则》,中国法制出版社 2000 年版,第 39 页。
② 邱聪智:《民法研究》,中国人民大学出版社 2002 年版,第 84—85 页。

客观标准可以被持有不同的且无法比较的善的观念的人们所承认,而主观标准的依据是人们对自身福利的体验和偏好。主观判断破坏了互益和平等自由的制度。主观判断的第一个问题是它严重地准许非相互性的危险增加,并使合理的人们为不合理的人们所支配。不合理的人对他们自己的目的有着强烈的欲望,将由于他们的不合理性而有权对他人施加重大危险。这种不平衡造成了不公平。

在现行民法的基本考虑,责求一个人对其行为所造成的损害负担赔偿责任,必须具备如下要件:一、行为与损害间须有相当因果关系;二、行为须有违法性;三、行为人行为须有归责原因存在。后一判断标准,即为过失。此三者,于侵权行为及契约行为的不履行,均有适用。由于法学理论上,过失责任为判断责任成立与否的最后界点,通称为过失责任主义,以示责任成立的根本要素及特征所在。"行为人就事件之发生,如尽必要之注意义务,可预见亦可避免,经任其发生,即为有过失。"①"当然,故意侵权要承担责任。很多情况下,人们在特定环境下没有进行合理的行为将导致疏忽的责任。人们可以将合理行为标准视为社会限制不受干涉的行为自由的一种标志。"②

亚里士多德从两条看起来不同的途径来论述平等的观念:第一,许多发生在双方当事人之间的平等通过实现正义所要求的物质上的转移而得到恢复;第二,法律将当事人都作为平等主体来对待。即当某人实施了不公正行为,而他人承受了该行为以及当一

① 曾世雄:《损害赔偿法原理》,中国政法大学出版社2001年版,第76页。
② Thomas C. Galligan Jr. , "Contortions along the boundary between contracts and torts", *Tulane Law Review*, December, 1994.

个人造成损害,而另一个人承受了该损害时,法律会平等地对待他们每一个人,而不是依据他们的品质或个性根据分配制度来选择适合他们的关系。双方的任何特征(如他们的社会地位、个性)都不能改变法律的适用而偏袒于任何一方。对于海上货物运输责任规则而言,对平等的违反是指承运人造成了货物损失,与另一个具有平等地位的货主的利益产生了矛盾。对平等恢复是通过将货物损失转移给导致该损失的承运人从而消除那种破坏平等的侵害状态。①

---

① 一、对于合同的公正性保障。私法自治,应当是指个人享有在法律行为上进行自主决定的自由。这一点在合同中产生的问题特别明显,因为订立合同还需要有另外一个人,主体必须同另一个人达成合意才行。在这里私法自治,构成了对另一方当事人私法自治的障碍。在合同领域,合同双方的对立状态,从本质上说,反映了经济学的一个浅显道理,即获得紧缺资源的愿望是不可能无限制满足的。所以,每一个人都必须接受妥协,也正因为如此,才有必要通过合同达成合意。二、对合同均衡性施加影响的可能性。合同中诸方对立的利益之间的妥协,是通过当事人地位的强弱决定的。在这一过程中,一方面市场关系起着作用,比如国际航运市场运力是紧张还是过剩,此外,许多其他具体情况也具有意义,诸如当事人的给付能力、了解信息的程度以及各自的技巧。对于海上货物运输的法律制度来说,关键的问题是:它能够在多大程度上承认在各种力量的自由游戏中产生的结果,或者它是否必须进行干预,以对这种结果进行校正。1.在现代化社会国家中,此类校正大多发生在私法领域之外,因此他们就形式来说并不构成对合同自由的干预。各类名目繁多的个人所得税转移即是一例:国家向高收入者征收税款,然后向低收入者提供社会救济。此外,国家对航运市场关系也进行干预:如通过对航运企业提供补贴,特别是以税收优惠的方式,来扩大航运市场的运力供应量。2.旨在提高市场弱者地位,增强其实现自己能力的做法,则更接近私法的本质。这样做仿佛是要创设一种相对力量。3.与此正好相反,立法者也可以通过阻止形成市场权力集中或对这种权力集中进行监控的方式,力求达到一种市场均势状态。这一点是《反限制竞争法》的基本思想。在这里,订立某些限制竞争的合同为法律所禁止,或者这些合同必

　　海上货物承运人责任可以被认为是一个决定某一特定侵害所带来的不幸应该由谁来蒙受的体系。如果将承运人过失责任定义为一种对矫正正义的表达，则将为优于其他的损失分配制度，即承运人的严格责任或不完全责任制度提出了一个很好的理由。因为如果国际海上货物运输活动将一些海上特殊风险的自然事故作为分配正义的问题，即采用严格责任，并由此引发全面的海上保险制度的问题，那么就无所谓正义或者罪恶的价值判断了。矫正正义清楚地说明了承运人的航运实践行为中有关公平的观念，即它明确了因承运人行为所造成的损失和不幸事故中的公平的概念。矫正正义的目标也是给予承运人与货主双方应得的权利，但这种应得权利是一种承托双方之间的直接联系，这种联系离开了在严格责任分配制度下将承运人与海洋环境、社会利益和责任联系起来的功过标准，只关注其已经造成货物损害或危害，即这里所违反的平等涉及的只是承运人实施侵害行为和货主蒙受货物损失的区别，即货主在事故发生之前和之后所拥有货物价值之间的区别，并不涉及因海上自然力量如海啸、飓风等而使货主所遭受的损害，那些因海上自然界力量与灾害而使货主遭受到的损失只是一种单纯的不幸。无论一般的海上货物保险制度是否应该对货主所受的损失进行补偿，但有一点是确定

---

须征得主管机关的批准，就某种意义而言，这也是以牺牲其他当事人的私法自治为代价，来保护一些当事人的私法自治。4. 对合同自由的干预，是私法所受到的直接影响。这种干涉可能涉及订立自由，即法律对强制缔约作出规定，也可能是涉及内容架构自由，特别是法律规定必须适用强行法。当然，这两类干预也可以结合起来进行。对合同自由进行如此大规模的干预，至少就长期而言，往往会产生一些与其所追求达成的宗旨背道而驰的副作用。

的,即不能指定由承运人来代替货主承受该损失。换言之,如果货主是由于承运人的行为遭受到货物损失,只要承运人对此已经予以适当的注意,承运人就不必承担这一损失后果,这一损失应归于货主。"在这点上,预计增加承运人的责任的《汉堡规则》也许会成为鼓励美国船队发展的力量。考虑到美国维持一个悬挂本国国旗船队对于国家利益的重要性,也许寻求一个更加均衡的风险分配办法会更好。"①在非工业社会中,通常人们所能遭受的损失,不是来自自己对之负一定责任的事故,就是来自自然事件,例如被称为"上帝的旨意"的雷电、水灾等,再者就是来自其他人应当对之负责的事情。只有在最后一种情况下,矫正的公平才要求对遭受损失的人进行赔偿。假如受害人的不幸来自"上帝的行为"或者自身的过失,那么,他并没有受到什么不公平的待遇。

分配正义原则控制的是选择的物质条件,而矫正正义原则在对于因人的行为所导致的不幸事故的损失问题上阐明了公平的要求。矫正正义体现了公平理念要求,因为,在这一类事故中,公平要求如果某人应该对实施的侵害行为造成的损失负责,那么就应该强制加害人来承担该损失。在国际海上货物运输责任基础制度中,矫正正义理论经常成为众多理论批判的对象,尽管这些批判之间也互不一致,均可认为矫正正义忽略了法律的核心财富和利益的驱动,忽略了对航运业的保护。依据矫正正义原则,可从两个方面说明海上承运人责任基础规则:第一,抽象的正义原

---

① Samuel Robert Mandelbaum, "Creating Uniform Worldwide Liability Standards for Sea Carriage of Goods Under the Hague, COGSA, Visby and Hamburg Conventions", *Transnational Lawyer*, Spring 2002, p. 223.

则——应对造成货物损失负责的承运人有义务赔偿损失,这个基本原则使货物损害与损失,责任、义务及赔偿等概念有序化,并说明彼此之间的依赖关系,也使这几个核心要素成为一个有机体。第二,矫正正义的核心原则——公平原则。公平的理念要求承运人谨慎处理自己行为,而且不能将自己的行为造成的货物损失转嫁给货方,因为由承运人自己行为导致的损失取决于承运人自身对航运行为的注意程度与义务。《汉堡规则》所确立的承运人责任基础制度,要求违反了谨慎处理义务的承运人对因他们的侵害行为导致风险而造成的货物损失负有赔偿义务,是一种公平观,而不是将货物损害赔偿义务施加给了有能力承受损失的货主。

过失责任原则即因"故意或过失"不法侵害他人权利时,应就所生的侵害,负赔偿责任,德国法上的过失责任包括故意和过失。自 19 世纪以来,过失责任原则成为各国侵权法的归责原则。侵权行为法为何要采过失责任主义,德国法学家耶林曾论:"使人负损害赔偿的,不是因为有损害,而是因为有过失,其道理如同化学上的原则,使蜡烛燃烧的,不是光,而是氧气一般的浅显明白。"耶林的名言,充分表现了当时的法学思潮。19 世纪重视个人的自由与理性,过失责任主义所以被视同自然法则,其主要理由有三:(1)道德观点。个人就自己过失行为所导致的损害,应负赔偿责任,乃正义要求;反之,若非出于过失,行为人已尽注意的能事,在道德上无可非难,应不负侵权责任。(2)社会价值。任何法律必须调和"个人自由"与"社会安全"两个基本价值。过失责任被认为最能达成此项任务,因为个人若已尽注意,即可免除侵权责任,则自由不受束缚,聪明才智可以发挥。人人尽其注意,一般损害亦可避免,社会安全亦足维护。(3)个人尊严。过失责任肯定人的自由,承认个人的抉择、区别是非的能力。个人基于其自由意思决定,从事某种行为,造成损害,因其具有过失,法律予以制裁,使其负赔偿责任,最足表现对个人尊严的尊重。① "过错责任原则有益于经济发展和工业化进程。该原则与严格责任不同,它把侵权责任的范围限于那些原告能够证明被告未尽合理注意义务或故意造成被禁止的结果的案件。这就意味着公司的资源被用于公司的扩大,而不是用于对意外事故的赔偿。"②债务人通常应对故意和过失负责,这种将责任同过错相联系的做法,谓之过错原则。在民法中,均以过错主义为原则。实行过错主义的法律政策原因,是要保障一般的行动自由,即尽交易上一切必要的注意者,自无须担心负担

① 过失责任原则对于侵权行为法的发展,具有两项贡献:(1)早期侵权行为法系采个别类型,过失责任原则的广泛适应性,打破了结果责任对侵权行为类型的限制,建立了一般原则。(2)促进社会经济发展,在结果责任主义之下,若有损害即有赔偿,行为人动辄得咎,行为之际,瞻前顾后,畏缩不进,创造活动深受限制。(王泽鉴:《侵权行为法》,中国政法大学出版社 1998 年版,第 14 页)过失应以何标准而认定,影响过失责任的规范机能。各国多采客观化标准,德国学者强调此为类型化的过失标准,英美法系以拟制的合理人(Reasonable man)作为判断模式。Homles 论及美国法如何建立过失责任原则时曾谓:"法律的标准是一般的适用标准,构成某特定行为内在性质的情绪、智能、教育等情状,层出不穷,因人而异,法律实难顾及。个人生活于社会,须为一定平均行为,因而在某种程度上牺牲自己的特色,此对公益而言,实属必要。"( O. W. Holmes, The common law, p. 107. )"主观(subjective),即是指从具体当事人的心智体能出发,来判断他是否尽到其能尽到的义务;客观(objective),则不考虑当事人的个人状况,以'具有一般理性人的'为标准,来判断当事人的是非。"([美]沃伦·A. 西维:《过错:主观抑或客观?》,林海译,《哈佛法律评论》(侵权法学精粹),法律出版社 2006 年版,第 110 页)

② [美]文森特·R. 约翰逊:《美国侵权法》,赵秀文等译,中国人民大学出版社 2004 年版,第 5 页。

损害赔偿义务。① 人们普遍感到,不让这些受害者得到赔偿是不公平的。危险原则的基础,是承认在现代社会中人身伤害和财产损失必然会发生,况且,对于人身伤害、财产损失以及赔偿责任,都可以向保险公司投保。实际上,经营产业的人都投保了事故责任险,以此将保险费开支以提高产品成本或价格的方式转嫁到消费者身上。

### 二、承运人过失责任原则——道德动机行为

"以赎买报复欲求原则为基础的原始法,只追问这样的问题,即被告是否做出了伤害原告的明确行为。然而当今的法律,除了某些以公共政策为基础的情形以外(即在一般安全中的社会利益要求设定了无过失责任的情形),却会追问一个更进一步的问题,即'这种行为是否应当受到谴责',在这里,合理行为的伦理标准取代了行事风险自负的非道德标准。"②过失可能是侵权行为责任中最重要的概念,道德哲学家们认为应该从道德的角度而不是从经济学的角度来解释过失学说。所以必须同时把目的既看成是

---

① [德]迪特尔·梅迪库斯:《德国债法总论》,杜景林译,法律出版社 2004年版,第 236 页。过错作为主观构成以具备客观构成为要件。过错意味着主观责任,然而只有在客观上有应当负责的情况时,才可能提出主观责任的问题。由于故意与过失的区别在民法上不具有重大意义,故在民法上关于违法性错误的争执仅具有十分微小的意义。由于存在大量民法上的义务,其不需要由道德来支撑,所以,只有在行为人明知存在义务时,违反义务始应受到"故意"这种最为严厉的无价值判断。民法上过失的概念是客观的。最为重要的划分是按程度不同所作的划分,将过失分为重大过失和轻微过失,因为有些债务人仅对故意和重大过失负责。

② [美]罗斯科·庞德:《法理学》,邓正来译,中国政法大学出版社 2004 年版,第 456 页。

"一种事实,又视作是一种判断事实的标准"。①

对过失责任可以作一个扼要的总结:(一)民事责任以过失为构成要件,没有过失就没有责任。因此,无行为能力、意外事件、正当防卫、损害系由第三人的过失所致,都可以成为免除责任的理由。(二)过失是行为不法性的具体体现,因而也是判断不法性的依据与标志,所以,在罗马法上,不法性和过失相互结合为一个要件。罗马法学家的过失责任理论,是理性主义和私权本位主义的结合。私人权利是罗马法的核心,罗马法的一切法律规范,都以确认和保护私人权利为宗旨,其民事责任制度当然也不例外。民事责任应当是权利在受到侵犯时得以恢复和补救的手段,如果仅依据此,则加害原则是最合乎要求的。而民事责任的意义不局限于权利的保护,还必须在权利保护时体现理性和正义,在理性和正义的指导下调整权利关系,如此,民事责任就被看做昭示理性、伸张正义、谴责过错的手段。罗马法的理性主义是建立在私权本位的基础上,因此,它的民事责任规范不能脱离权利的恢复这个基点,而只能在损害赔偿责任方式中寻求体现理性命令的途径,于是,选中过错责任原则。过错责任实现了理性主义和私权本位主义的和谐一致。把有无过错作为判断有无责任的标准,使惩恶扬善、扶正祛邪的正义原则得到体现。同时,以损害赔偿作为过错行为的法律后果,使私权恢复的现实目标得到实现。只有当行为人有过错即违反理性的时候,他的财产才能受到他意志以外的强制处分。黑格尔在其《法哲学原理》中论述:"道德意志只承认对出于它的意向或故意行为负责任。行动只有作为意志的过错才能归责于我。毕竟我只是与我的自由

---

① [美]E.博登海默:《法理学》,邓正来译,中国政法大学出版社1999年版,第188页。

相关,而我的意志仅以我知道自己所做的事为限,才对行为负责。"①过错责任原则存在的理论前提是,人们能够按照社会的行为规范自觉地选择合理的行为并能够通过控制自己的行为而达到控制行为结果的目的,即行为及其结果对意志来说,属于自由的范畴而不属于必然的范畴。"在一个适用过错责任归责的社会中,不是像在所谓结果责任中那样,构造行为形式,而是构造行为动机"。②

　　出于正义的要求,只有行为人可预见的且可避免的结果才是他应当承担的责任,海上货物运输承运人责任应当建立在这种责任观念的基础之上,也是矫正正义的核心之一。正义依赖于"道德观念"的过失责任,不允许承运人将其过失行为导致的损失转嫁给货主,以及承运人应该承担自己不当行为造成的局面,这可以说是对公平和正义的一种表达。"相反,托运人主张《汉堡规则》这些抗辩的改变是积极行动,更合理地把风险分给有过失承运人。无论如何,《汉堡规则》没有消除承运人全部的抗辩,而是有效地保留了除航海过失抗辩以外的所有抗辩。托运人认为航海过失抗辩没有存在的理由。他们主张高度发达的通讯,使船东能够与他们船舶保持口头和视觉联系,船东无能力控制船舶历史合理性已不存在。托运人认为航海过失抗辩只用来帮助承运人规避对其错误承担责任。托运人感到现有的货物责任法律不公平地将货物灭失的主要风险加到了货主的头上,而《汉堡规则》合理地转移了上述风险。"③

---

① 黑格尔:《法哲学原理》,商务印书馆1979年版,第119页。
② [德]京特·雅可布斯:《规范·人个体·社会》,冯军译,法律出版社2001年版,第88页。
③ Samuel Robert Mandelbaum, "Creating Uniform Worldwide Liability Standards for Sea Carriage of Goods Under the Hague, COGSA, Visby and Hamburg Conventions", *Transnational Lawyer*, Spring 2002, p. 152.

　　每一个人都对因自己非法行为造成的损失承担赔偿义务是矫正正义的一个基本原则。既然海上货物运输法律制度是调整海上航运实践行为的秩序,承运人的行为就有可能由于对货主产生有害效果而被制裁。有害结果可能是由于承运人的故意和恶意或只是疏忽所引起的,它也可能并非由承运人故意、恶意或疏忽,而仅仅由纯粹海上偶然事件而引起的。如果海商事法律制度只在承运人的有害效果是故意的或是由于疏忽而引起的情形下才予以制裁,那么,我们就称其为以过失为根据的责任——过失责任。如果海商事法律对承运人某种行为赋以制裁,即使有害效果的引起并非由于承运人的故意或疏忽,那么,我们就称其为严格责任。以过失为根据的责任(过失责任)与绝对责任之间区别,是比较进步的法律秩序的特征。这是原始法律所没有的,在原始法律中,是绝对责任。绝对责任与严格责任一样都属于无过失责任范畴。两者的共同点在于:一、都是以损害事实为客观依据,而不论行为者主观上是否有过错;二、举证责任都由加害人承担。但绝对责任在责任程度上比严格责任更胜一筹,是责任制度中对行为者追究最为严格的一种,行为者即使在不可抗力的情况下仍应承担责任。绝对责任目前仅限于一些特定领域,如外空及核领域。损害赔偿责任的基本原则是建立在过失责任原则的基础上。构成此原则的基本要件有四个:(1)损害事实的存在;(2)损害行为的违法性;(3)加害行为人主观上有过错;(4)加害行为与损害事实之间有因果关系。过失责任原则无论在国内法还是国际法上都是衡量损害赔偿责任原则的一个普遍接受的基本原则。在上古社会,实行对损害一律赔偿的加害原则,即绝对责任原则。罗马法用无过失即无责任的过失原则来取而代之,是历史的进步。而在航海科学技术不断发展的今天,随着海上危险货物运输规模日益增多,对海洋环境日益造成严重威胁,污染事故一旦发生将给人类造成严重的损害,过失责任表现出其局限性,其中最为显著的是人类的海洋利益得不到保护,导致不公平并对社会造成不良后果。因此,与过失责任性质完全不同的赔偿责任原则,承运人危险货物运输严格责任原则逐步发展起来。严格责任的最大特点是与过失无关,过失不是判断赔偿责任的依据和标准。承运人与海洋环境污染之间的因果关系就足以导致承运人的赔偿责任。严格责任有部分例外,如有不可抗力造成的危害,就可部分免除其责任。严格责任使举证责任转移,由原被告共同承担举证责任。然而严格责任或称无过失责任,此种主张不能符合损害归属上的伦理要求,也不能利用损害归属来表现对于法律规范者的主观责任的评价,以引导其行为向善的规范目的。如果所有因承运人的行为而导致的事故损害都是由承运人来承担,那么,我们就无法评价矫正正义在社会中的地位。"一些社会学家为了推动法律的'社会化',鼓吹对过错责任的废弃,他们进一步明确提出,现代侵权法应当以损害赔偿中的社会利益而不是侵权行为人的过错为考虑基准。"①对于 CMI 制定的《运输法》草案大纲,各个国家和有关组织提出了反馈意见,加拿大指出:"海上承运人责任体制的核心,以承运人推定过失责任为基础,废除航海过失免责,是公平和易普遍接受的。"②

　　以道德哲学观点论,承运人责任基础规则不可能是以实现事故损失最小化为目的的一种制度上的选择,其内在的目的也不可

---

① ［法］昂德雷·顿克:《侵权行为法导论》,国际比较法百科全书,第 159 页。

② *Synopsis of responses to the consultation paper*,CMI YEARBOOK1999(Issue of Transport Law),p. 385.

能建立在经济学的考虑之上,即建立在利益或财富最大化的基础
上。其首要目标是支持因承运人的不当行为而受到不公正侵害的
货主具有道德上的权利,同时使承运人负有道德上义务并赔偿因
其不当行为而对货主造成的货物损失。这种论点的依据有其优
点,尤其是在阐述根据经济学分析不可能产生承运人责任规则或
者大量促使损失最小化上具有优势。海上货物运输承运人责任规
则是一种赋予承运人适当的内在动力来降低事故损失的最经济的
途径。如果仅仅是因为承运人能够从对货主施加不合理风险的行
为之中得到利益,所以承运人就能够免于承担过失责任,那么海上
货物运输承运人责任体系所体现出来的法律规范就告诉人们,只
有承运人能够从具有风险的行为中获得任何类型的利益,那么法
律就允许承运人侵害货主的利益。这个规范所传递的信息是,社
会接受承运人通过对货主施加风险而获得的利益,从而也就会大
大增加社会上的风险数量,这是社会所不能接受的。强制性承运
人责任基础保护了可能的受害人货主不受承运人侵害的权利,同
时,它通过要求承运人采取安全预防措施或者支付损害赔偿来对
它们施加经济上的或者自由利益上的负担。由于强制性承运人责
任基础在促进或者保护一个利益集团的同时将对另一个利益集团
施加负担,因此,在如何协调这两种相冲突的利益问题上产生了道
德上的争论,在这个问题上的不同立场成为了促使成本最小化的
承运人责任基础在公平问题上存在分歧的基础。"在一个人们粗
心地行事而不必承担责任的世界中,人们一般会更加粗心,在这个
世界中,人们不完全内在化他们行动的成本。"①

---

① ［美］道格拉斯·G.拜尔、罗伯特·H.格特纳、兰德尔·C.皮克:《法律的
博弈分析》,严旭阳译,法律出版社 1999 年版,第 9 页。

## 第四节　分配正义——承运人严格责任原则

　　法律正义的核心意义是平等,当我们使用法律正义概念时,通常所理解的内容便是法律平等原则,但是正义的意义可以更广,使用法律正义核心意义若不足以分析和解答问题时,必须回到分配正义的概念,才能完成正义的融贯分析和解释。① 现行民法,由于过度偏重"个人自由主义",所以在侵权行为的归责原理上,强调过失责任主义。然而,权益纠纷的公平与妥当解决,为法律恒久的目的与理念。基此正义要求,近代民法,由于危险性活动普遍与频繁,均承认无过失或近于无过失责任原理适用,并与过失责任,并驾齐驱。"在两者都不应当受到谴责的情形下,也出现了一种日益发展和强大的趋势,即人们倾向于根据社会正义的要求而追问谁能够最好地负担损失并且在没有任何过失的情况下据此转移这种损失。"②"所以责任观念的变迁,以为责任既不根植于道德,亦不主要地根植于一般安全,现已发展到世界各国。"③有学者率直道:责任之所以加于某一人,只因为法律无法找到其他任何人去负担责任。"责任的基础,不是某一错误行为者的过失,而只是依照社会政策的指示,就损失的负担加以分配的一种方法。"④"实质平

---

①　陈妙芬:《法律正义的意义:一个思想史的初步尝试》,《当代基础法学理论》,(中国台湾)学林文化事业有限公司2001年版,第127页。

②　[美]罗斯科·庞德:《法理学》,邓正来译,中国政法大学出版社2004年版,第458页。

③　[美]庞德:《庞德法学文选》,雷宾南译,中国政法大学出版社2005年版,第260页。

④　同上书,第260页。

等"和"分配正义"的内容都趋向于结果导向。"Kronman 主张,这些规则和其他规则都服务于重新分配的目标,因为他们将财富重新分配来支持传统上劣势群体。"①

"分配正义的观点派,认为社会生活中有关注意和行为的公共准则,其目的在于体现公平,而不在追求利益或福利的最大化,其研究更多地放在侵权法所包含的政治正义尤其是分配正义,而不去过多地研究可责罚性中所体现出来的个人道德责任。"②分配正义寻求一种对收益与负担的理想分配。"如果一项法律规定允许一个人,或者为了经济上的需要,或者为了他自己的利益使用物件、雇佣职员或者开办企业等具有潜在危险情形,他不仅应当享受由此带来的利益,而且也应当承担由此对他人造成的任何损害的赔偿责任,获得利益者负担损失。"③"分配正义是一种政治公平,它涉及损失的分配,但与矫正正义不同的是,它只涉及分配因自然事件而导致的损失。"④而唯利益均衡说较能反映无过错责任立法的真实意图,即在权衡各方利益的基础上,通过损失分配来缓和矛盾。"康德学派的 Weinrib 也同意分配正义的理论必须把幸福考虑进去。但是,很难看出,我们不考虑人们追求的目的的重要性,又如何把幸福考虑在内,这样,我们就把康德和黑格尔的哲学抛在后面。"⑤

---

① ［美］Melvin A. Eisenberg :《合同理论》,［加拿大］Peter Benson 主编:《合同法理论》,易继明译,北京大学出版社 2004 年版,第 283 页。

② ［美］格瑞尔德·J. 波斯特马:《哲学与侵权行为法》,陈敏等译,北京大学出版社 2005 年版,第 7 页。

③ ［法］克雷斯蒂安·冯·巴尔:《欧洲比较侵权行为法》(上卷),张新宝译,法律出版社 2001 年版,第 10 页。

④ 同上书,第 16 页。

⑤ ［美］James Gordley:《亚里士多德学派的合同法》,［加拿大］Peter Benson 主编:《合同法理论》,易继明译,北京大学出版社 2004 年版,第 330 页。

"有学者关注道:如果一个社会将一些在现代社会中产生侵权责任的自然事故作为分配正义的问题,由此引发社会保险制度的问题,那么,这也就无所谓正义或者罪恶的价值判断了。"①从责任性质上讲,对承运人实行无过失责任不在于对于具有"反社会性"行为的制裁,并没有体现出对承运人行为的非难,不具有制裁和预防承运人不法行为发生的作用,其基本思想乃在于对不幸损害合理分配,它是以保险制度为基础,通过保险制度而实现损害分配的社会化。责任保险与侵权行为法的发展,具有相互推展的作用。侵权责任的加重,促进了责任保险的发达,而责任保险制度的建立也使侵权法采取较严格的责任原则。实质上,在分配正义中,是在承运人、货方和海洋环境利益受害者之间通过一些功利标准而具有间接联系并以此决定风险分配,而矫正正义是关于承运人应当对其行为所造成的货物损害后果负责的一个框架体系。事实上,无过错制度在分配事故损失时,可能更好地满足了效益和正义的要求。无可归责于各方当事人时的损失分配问题,目的在于利益的平衡。"把规范性相互理解限制在动机上,正是责任归责的关键。在动机上不可企及的东西,只要它是不利的,能够被解释为不幸和环境事件。"②

18 世纪以前承运人责任是为严格责任观念所统治的,而自严

---

① [美]格瑞尔德·J. 波斯特马:《哲学与侵权行为法》,陈敏等译,北京大学出版社 2005 年版,第 218 页。既然无过失责任是以因果关系的存在为前提和基本条件,进一步讲,被告若能证明损害纯粹是由于受害人的故意行为或第三人所致,则不能认为被告的行为与损害赔偿之间存在因果关系,被告亦不能对损害结果负无过失责任。

② [德]京特·雅可布斯:《规范·人个体·社会》,冯军译,法律出版社2001 年版,第 88 页。

格责任向过失责任的发展趋势是有其经济学解释的。"在严格责任条件下的产业规模和经济纯利要比在过失条件下小。"①严格责任和过失责任的差异是对货主不可避免货损事故起着保险作用。严格责任既由于其避免了常常是困难的航运事实分析调查而比过失责任需要较少的信息,又提供了一种保险。但这只是承运人责任保险成本低于潜在受害人即货主在保险市场上购买货损事故保险单的成本时才是一种获利。承运人的责任保险对承运人责任制度的影响有积极方面,也有消极方面,它补充和加强了承运人责任的补偿功能,提高了承运人承担责任的能力,减轻甚至消除了因承担责任给承运人带来的经济上的不利后果。其消极方面在于,削弱了承运人责任体制对承运人不法行为的遏制功能和预防功能,即削弱了通过使不法承运人根据过错而承担损害赔偿的责任。可以认为,承运人责任保险对海上货物运输责任的影响在于促进无过失责任的建立和过错责任的没落。因为,没有承运人责任保险制度,严格责任制度将会使承运人负担他们本没有义务预防的意外事故的经济成本从而给承运人带来经济上的负担,承运人责任保险使危险货物运输所造成的意外事故的成本在那些从危险货物运输中获利的人中间分配。严格责任对承运人的自由损害可能非常大,以致这种损害可能会使承运人中止此类运输活动。严格责任迫使承运人承担他们不可能预见的意外事故所造成的集中成本。对海洋环境污染实施严格责任的目的在于减轻由于运输危险物品而对海洋环境所造成的环境负担,要求加害人根据因果关系原则承担责任。通过这种方式,法律也达到了经济效果,如果不可

---

① ［美］理查德・A.波斯纳:《法律的经济分析》,中国大百科全书出版社1997年版,第231页。

避免地造成环境损害,则严格责任确保这些费用由事实上的造成者承担,而不是转嫁到海洋环境中。"法律,像政府一样,是社会的一部分。其根本职能是确保公平分配社会的资源。所产生的重大变化是从19世纪抽象平等到调整责任和重新分配资源。"①"在国际海事私法中,美国支持矫正正义反对分配正义的倾向可视为一种不调和因素。一个典型的事例是美国拒绝了《1969CLC公约》(1984草案),尤其是拒绝了《1971基金公约》。美国更愿意实施《1990油污公约》,该法令规定对于油污损害和清洁费用的赔偿应通过诉讼解决,以及矫正正义的私人保险,而不是通过任何国际保险机构。"②

## 第五节　过失责任和严格责任的选择

"法律经济学派极力强调最小成本行为的激励机制,法律规则被认为是创造了这种机制。过失体系要求被告只采取合理成本的预防措施,因为过多的预防措施产生社会净损失。但是严格责任体系要求没有这么多,不管哪一种责任规则处于支配地位,某些事故还会发生,因为要预防这些事故代价太高。严格责任制要求被告对这些事故导致的伤害给予赔偿。"③严格责任和过失责任之

①　[美]伯纳德·施瓦茨:《美国法律史》,王军等译,中国政法大学出版社1990年版,第245页。

②　William Tetley, "Uniformity of international private maritime law—the pros, cons, and alternatives to international conventions—how to adopt an international convention", *Tulane Maritime Law Journal*, Spring 2000, p. 45.

③　[美]理查德·A.爱泼斯坦:《普通法规则的社会效果》,徐爱国译,《哈佛法律评论》(侵权法学精粹),法律出版社2006年版,第507页。

间的选择是一个在对安全的严重破坏和一个更适度的对自由的破坏中进行选择的问题。问题的关键是在自由与安全之间达到一种合理的平衡。而合理的注意是一种可以公平协调加害人和受害人之间相冲突的自由的注意程度。承运人从施加货物危险中得到的自由必须与货主因承受这些危险而丧失的货物安全相平衡,也可表述为承运人因采取预防措施而被迫放弃的自由必须与这些预防措施给货主的财产完整带来的利益相平衡。因此,公平的注意程度可以表述为承运人必须采取与他们造成的危险的严重性和可能性相适用的预防措施。海上承运人的无过失责任原则大多适用于高度危险货物运输领域,从事此类运输活动的承运人负有严格责任的理由是赔偿可以作为进行这种运输活动所需代价的一部分,这部分代价最终以抬高运价的形式转嫁给货主。"承认严格责任,使得一些法律理论家处于为难的境地。他们认为,这样做是向法律发展的原始阶段的回复。它违反了法律不得强迫人做不可能事这一原则。如果判定一个人应对他不应受指责的事情负责,这就等于把一件他无力控制的事故的责任归咎于他。"①19 世纪早期以前海上货物运输领域中,货主一直受严格责任制度保护。在普通法和民法国家承运人对于货物在运输过程中发生灭失和损坏承担严格责任,除非他能够证明:1. 他的疏忽没有直接造成损害发生;2. 四个免责原因(天灾、公共敌人的行为、托运人的过失或者货物的潜在缺陷)之一造成了货物的灭失。换句话说,如果上述四个免责原因之一适用,则承运人只在其本身有过失时承担责任。但是在任何其他情况下,即使承运人自身没有过错也要承担

---

① [英]彼得·斯坦、约翰·香德:《西方社会的法律价值》,王献平译,中国法制出版社 2004 年版,第 178 页。

责任。这种无过错责任的广泛适用在这种责任很少出现的时期使大多数的人将承运人描述为货物的保险人。

承运人的过失责任和严格责任之间的区别描述为"过错"和"有条件过错"之间的区别。在过失责任下，承运人支付货物损害赔偿是对过失造成货物损失的一种救济。对过失责任原则，过失的证明是责任归属的一个必要要件，相反，根据严格责任，对因果关系的证明是责任归属的必要要件，而对过失的证明则是非必要的。"侵权法的经济理论为立法者选择责任原则提供了一条有价值的建议，考虑到有效预防激励问题，如果有效性要求只有一方采取预防措施，则严格责任和过失责任原则同样有效。如果有效性要求双边预防，则过失责任原则较严格责任可产生更为有效的预防激励机制。"①根据此经济学理论研究，在海上货物运输领域，有效预防货物损失发生措施主要由承运人承担，因此，采取严格责任和过失责任同样有效。"在一个完全的竞争的保险市场体系中，侵权责任原则的建立目标应该为最小化事故成本、预防成本以及保险费之和。"②海上货物运输承运人严格责任不会增加自由与安全，因为它的仅规定了无过失海上意外事故成本的分配。它不会提高对风险带来的负担和收益进行分配的公平性，因为它的采纳仅仅使一种风险形式为另一种风险形式所代替，即承运人责任风险代替了货主损失风险。风险在事前未被公平地分配，但这些风险导致的意外事故成本在事后被公平地分配了。这种分配之所以是

①　[美]罗伯特·D.考特、托马斯·S.尤伦：《法和经济学》，施少华等译，上海财经大学出版社2002年版，第266页。
②　[美]罗伯特·D.考特、托马斯·S.尤伦：《法和经济学》，施少华等译，上海财经大学出版社2002年版，第275页。

合理的,是因为它们符合遭受这些风险货主们的长远利益。

过失责任和严格责任以明显不同的方式分配合理风险承受所带来的收益和负担。过失责任不利于保护承受了相当大的无过失意外事故的货主,而严格责任则不利于保护对货主造成了财产损失但并无过失的承运人。严格责任仅仅将某种集中的财产损失从货主身上转移到承运人身上。然而,当无过失意外事故可保险时,严格责任会将无过失风险成本在所有其服务的货主中间分配,这种对合理风险的负担和收益的分配比过失责任下的分配更公平。《汉堡规则》对海上货物运输,不采用严格责任(即不论承运人方面有无过失,只对发货人方面的过失、货物的固有缺点、天灾不可抗力承认免责),而维持过失责任的基本原则(即货物在承运人掌管期间,因发生事故而造成货物灭失或损坏时,承运人如提不出他自己、其雇用人及其代理人为防止该事故的发生及其影响已经采取所要求的必要措施的证明,则对其灭失或损坏负责)。

海上货物运输中有关承运人注意和行为责任规则,其目的在于体现公平,而不在于追求利益或福利的最大化。法经济学上的显著学术成就是倾向于给予汉德公式以显著地位,将普通合理人降至理性的经济人,并运用汉德公式直接引入成本效益分析。关于海上运输是否能够实现事故损失最小化取决于立法中所赋予的安全利益是否等于或者大于经济利益。当风险危及非金钱上的损害如旅客死亡时,人身安全利益比施加给可能的受害人的经济负担更为重要。"安全重于金钱"原则说明了对安全的预防措施应该大于最小化的损失。那么,就会适用不对称的过失标准,但在那些风险只危及经济损害如货物损失时,就可能将安全与财产同等对待,就有可能适用成本收益过失标准,这个标准更适用这种类型的案件。"不存在损害的相互性,对一系列危险适用过失责任只有在下列情况下才是令人信服的,即严格责任严重损害了加害人的自由以致它的破坏性后果与过失责任对受害人造成的伤害后果相同。"①S. 乔治·弗莱彻著名的公平理论提出了三个可以用来选择和解释责任规则的原则:首先,任何风险都会因此产生一些在这些风险中处于最不利地位的人(即可能的受害人),只有当施加风险是为了这些潜在受害者的长远利益时,风险的施加才被认为是公平的;第二,当风险特别严重时(如死亡、重伤害),人们对安全的需要就会优于对利益的追求;由于上述的两个原则可以导出第三个原则,即在风险社会中,只有当风险行为所导致的损失对双方来说是对等的,才能平衡因风险而带来的利益和不利的后果。而通常所用的确定合理预防措施的"汉德公式"(Hand Formula)不能恰当反映自由且平等的公民所要求的安全优于自由的理念,因为至少在损害十分严重的情况下,公民会要求风险行为人采取所有可行的预防措施,哪怕这样并不能减少风险。由于当事人的行为极有可能包含着极大的风险,因此主张在过错责任之上建立严格责任,以此,鼓励有效地减少风险以及更合理地分散该风险行为可能带来的物质损失;尤其是在现代社会,保险市场为有关行为人承担了相当部分责任,在很大程度上减轻了受害人的负担,缓解了严格责任对行为自由的限制。

----

①　[美]格瑞尔德·J. 波斯特马:《哲学与侵权行为法》,陈敏等译,北京大学出版社 2005 年版,第 48 页。

# 第四章　承运人责任基础立法中目的理性与价值判断的融合

　　21 世纪的法律和法学思想正在朝着下述方向展开:关注具体个人的生活而非抽象的个人意志,即立法已经愈来愈趋向于在牺牲抽象的个人主义的情形下关注具体的人。"从总体上说,所有形而上学的法学理论继续趋向分化和相对化。自然法的原理已被证明难以作为法律制度的基础。那些通过抽象而获得的、最具有说服力的规范,也难以作为法律制度的基础。如今,法律实证主义大有压倒一切之势。旧的自然法理论的消失使得以形而上学的内在品质充实法律的可能性不复存在。作为协调相互冲突的利益的技术手段或产物,法律绝大多数重要领域已脱离了形而上学。"①波斯纳对此论述道:"只有把面向现实的实证科学的成果同面向本质的第一哲学的成果结合起来,再加上价值科学的成果,才算进入形而上学。"②应然是非现实的,此点与存在相反,是对现实性的否定。应然或评价的思维纯粹是意识的作为,而意识的作为并非受

---

①　[德]马克斯·韦伯:《论经济与社会中的法律》,中国大百科全书出版社 1998 年版,第 295 页。
②　[德]马克斯·舍勒:《哲学与世界观》,上海人民出版社 2003 年版,第 87—88 页。

存在所决定。评价无非是自我的一个纯粹自发性行为。因此,康德在纯粹形式中寻找应然的真实性。实然与应然两者首先在制约与非制约的关系上凸现出来。存在总是受其他存在所制约,是一个永无止境的循环回归。当为是非受制约的东西,它没有其他更多的理由,其本身就是理由。应然并不是从特定行为中抽象出来,只能由其本身来解释。存在即现实,当为则是与其相关的否定。然而,当为也不是消灭存在,不是恶性的虚无。当为不是单单否认存在,而且也维护存在。当为将素材予以形塑及加工,且只有回归到既有的现实中才能在内涵上自我充实与自我创造。实然与应然的关系意味着人类社会中差异性与同一性的联结。法之发现是对演绎—归纳进行类比发生的。人们需要应然和实然要素,没有实然要素,不考虑法律应对有效的预知的可能情况,立法也是不可能的。只有对事实加以评价,人们才有可能借着归纳法,获得法律概念;透过演绎法,则只有当人们包含现实,才有可能获得法律概念。法律乃应然与实然的辩证关系,即必须使用归纳与演绎二者的辩证法。"是故,在立法意旨中,不但显示法律之实用基础,而且显示出法律的伦理基础。"[1]"纯粹的价值判断将'当下'与'应然'区分开来,且并不想把两者调和起来。实践是服从于意志的世界,而意志并不满足纯粹的价值评价。实践力图要做的事情就是要将'当下'与'应然'调和起来。它的任务就是要在实践事实世界中实现存在于价值世界并且在价值世界中早已具有真实性的那些东西。"[2]

---

[1]　黄茂荣:《法学方法与现代民法》,中国政法大学出版社 2001 年版,第384 页。

[2]　[英]迈克尔·奥克肖特:《经验及其模式》,吴玉军译,北京出版社 2005 年版,第 278 页。

## 第一节　价值与目的理性的紧张关系

　　波斯纳论述道:"指导法律事业首要的是正义的概念,然矫正正义和财富最大化有重要但有限的适用领域,前者反映出法律和社会中还残余的复仇思想,而后者反映了美国社会中存在功利主义的、工具主义的实用精神。"①拉德布鲁赫将法律上的"事物性质"看做是既存的"社会生活事实";这些事实作为一种"社会概念预先形成的规范性",可以为法律原则提供"质料"。依据事物的性质来作决定,意味着掌握这些社会生活事实的意义内容,并对之作最终的思考。因此,"法律事实是属于法的理念的质料。根据这一点,拉德布鲁赫当时就已经隐约看出有一种关系,该关系可以缓和价值与事实、应然与实然之间截然分离的二元论。"②

　　实证主义思想一直致力于揭示现象中内在的因果关系,唯心主义思想则致力于发现意义的联系。与这个差异同时存在的是方法上的差异——实证主义从因果关系上作理论的解释;唯心主义则进行意义的解释,且认为社会现象的秩序和体系是有意义的,而根本不是因果秩序。目的论思考方法是因果关系,终极的绝对目的是功利主义。如此,正义与目的理性提出了完全不同的要求,正义就是平等,法律的平等要求法律原则的一般性,正义在任何层面都能得以概括。但是从目的理性的角度出发,所有的不平等都是

---

① ［美］理查德·A. 波斯纳:《法理学问题》,苏力译,中国政法大学出版社 2003 年版,第 574 页。

② ［德］古斯塔夫·拉德布鲁赫:《法律智慧警句集》,舒国滢译,中国法制出版社 2001 年版,第 262 页。

根本的,目的理性必须尽最大可能去适应自己的需要。这样,正义和目的理性相互之间就处于相互矛盾之中了,这种紧张关系确是不可能消除的。

　　航运实践及其海商事法律制度之间存在着相互作用的关系,这可以在航运实践中的最为重要的活动领域海上货物运输中明显地看到。两个相反的要求存在于这种关系中:其中之一要求海上货物运输法律制度尊重航运经济的内在规律;另一个则要求海上货物运输法律不应受经济学理论的主导。这两个要求都有充足的理由,在航运领域中的立法即在于尽可能地对这两个要求都予以满足。航运经济是这样一个人类实践活动的领域,即通过有计划的行为,以有限的运力资源来满足国际贸易与经济发展需求。然而,航运市场经济的"法则",并不是海商事法律,而是指航运事实上的规律性,即当人们从事有计划的、理性的航运经济活动时所必须服从的规律,也即从事航运经济活动的人类理性通过经济原则的表达。这些原则以目的—手段关系的形式给出了一个航运实践活动中的行为指南。航运经济的目的在于获取收益,承运人必须通过各种手段来达到这一目的,而且应当尽可能采取对自己有利的方式来建立所运用的船舶运力和收益之间的关系。

　　因此,一项航运经济的行为是指,用一定的运力资源获得尽可能多的收益;或者相反,用尽可能少的运力资源获得给定的收益。①

---

　　①　如果以人们愿意投资的金钱数额来表示费用,则经济原则意味着,人们或者以一个预先给定的、可以支配的投资总额获得尽可能高的收益;或者相反,如果作为目标的收益是预先确定的,则以尽可能少的投资(成本)来达到既定的目标。在第一种情况中,人们追求收益最大化,在第二种情况中则追求费用最小化。在这两种情况中,人们努力使得手段和目的的关系对自己最有利。

从这个原则中所推导出来的航运经济原则与伦理准则或者法律原则无关,在这个意义上的经济观察并不涉及价值判断,经济的目的性与伦理原则相矛盾。基于此,我们可以从航运经济和价值关系即合目的性与合价值性中推出以下三个基本原则,以指导海上货物运输承运人责任基础立法:(1)如果发生冲突,正义原则优先于经济进行权衡。一个违背正义的航运秩序不能仅仅由于其经济目标而合法化。(2)在有航运法律秩序制定中,在考虑正义原则时也必须相应地重视航运与贸易的经济原则。人们必须在正义原则、经济性和目的性之间寻求一个平衡点。承运人责任基础规则的立法也总是在努力追求这个平衡点。如果,试图违背航运与国际贸易发展规律,即违背对私有财产的需求和在航运经济实践活动中承运人对经济利益的追求,而强制推行一定的正义模式,其结果是经济上未能取得成功,同时也造成了一个难以获得有效实施的强制体系。也就是说,在正义和经济上同时失败。(3)效率(efficiency)与公平(equity)通常被认为是两个对立的概念。一个有效率的法律解决方法却可能是不公平的,而一个公平的解决方法可能是缺乏效率的。近世航运经济发展,使得人类有可能互通有无摆脱物品种与数量紧缺的限制。正义和航运经济目标的实现提出了不同的要求,我们必须在航运法律秩序的结构中将两者协调统一起来。

## 第二节　价值对目的理性的修正

耶林在《为权利而斗争》中论述道:"主张自己的生存是一切生物的最高法则。它在任何生物都以自我保护的本能形式表现出来。但对人类而言,人不但是肉体的生命,同时其精神的生存至关重要。"①终极价值成分等同于评价事物时与利害无涉的态度,价值相关性原则不能推到极端的地步,否则就会使逻辑形式化的逻辑图式客观论证失去用处。对国际海上货物运输承运人责任基础立法来讲,非主观的航运实践和利益目的都不是被完全置之不顾的,而是作为承运人责任立法中的条件、结果、有利和不利的环境而占有一定的位置。价值体系的发展乃是社会进化的源动力。终极价值成分从完全合理化的极端来说,它是指导承运人责任基础立法的原则。国际航运秩序在很大程度上是以承运人与货主所共有的一个单一的整合的终极价值为取向的。比较概括地说,终极价值态度,在很大程度上是国际航运与贸易界所共有的,即国际社会成分中存在着一个共同的价值体系,这是国际海上货物运输法律制度取得均衡的根本条件之一。而为了实现利益最大化,则必然推导出航运秩序中"法律的逻辑性实际上是经济学的"理由。

## 一、经济合理性最大化成分与终极价值的联系

经济学属于那些因果关系要素居支配地位的社会现象领域。经济现象是理性选择的结果,这种选择主要是由人们自身的收益追求所决定的。实际上经济学研究的是理性欲求的结果。"经济当事人理性地追求自己的物质福利正是经济学得以存在下去的关键所在。因而,剥夺这种动机的理论就不再是经济学了。"②功利主义是使效用或财富等某种正面的因素最大化或使成本等负面因

---

① ［德］鲁道夫·冯·耶林:《为权利而斗争》,胡宝海译,梁慧星主编《现代世界法学名著集》,中国法制出版社 2000 年版,第 12 页。
② ［英］马克·布劳格:《经济学方法论的新趋势》,张大宝等译,经济科学出版社 2000 年版,第 277 页。

素最小化,以此支配价值判断的理论,并将由多数人的专制正当化,否定基本权。依据或应用这种理论在国际海上货物运输法律制度的立法选择之中只是重视对财富或效用的选择而构筑价值论,因而受到批判。然财富或效用最大化原则,促进了与航运经济或国际贸易增长的相关能力的发挥。船货双方之间权利是为使财富最大化而分配,即依财富或效用最大化结果而导出船货双方的权利。丝毫没有依据以与财富或效用最大化理论相独立的价值论证其权利分配。财富最大化的理论而导出的原始状态下的权利分配,往往与事前分配的公正性相矛盾。如此,国际海商事立法就成为成本—收益分析的产物,不可能以终极价值目标作为趋向。"大多数实证主义者坚持事实与价值的严格区分。他们基本上接受休谟的宣言:不可能从实然中推出应然来,反之亦然。"①"何种责任体制是公平、现实的,能为美国社会的长期利益更好的服务?在这点上,没有理由强迫美国完全采纳《海牙—维斯比规则》或者《汉堡规则》,而不探求两者的结合、折中或其他选择。"②

　　笔者不敢苟同于这样的看法,即海上货物运输承运人责任基础规则的确立能舍弃价值观,从利益、从目的理性中能够获得"当为"法律制度。实证主义的海商事法律概念只是说,国际海商事法律秩序是一个以正确的形式制定出来的、不管内容如何的规范的总和。法律实证主义,在证明法的有效性方面,自然存在一些困

---

① [英]帕特里克·贝尔特:《二十世纪的社会理论》,瞿铁鹏译,上海译文出版社 2005 年版,第 199 页。

② Samuel Robert Mandelbaum,"International ocean shipping and risk allocation for cargo loss, damage and delay: a u. s. approach to cogsa, hague-visby, hamburg and the multimodal rules", *Journal of Transnational Law & Policy*, Fall 1995, p. 4.

难,因为其不能在价值中建立有效性的基础,而仅依赖航运事实。由此所确立的不公正和不正义航运法律秩序,在现实中是苍白无力的。唯有那些与正义相连,并朝向正义的航运秩序规范,方具有法的品质。然而我们对一切片面的海上货物运输法律制度制定中的“规范主义”的思潮,即“规范性的事实效力”,同样明确地表示拒绝,这些思潮,只看见价值、原则、规范、应然,并认为能从这里出发,不考虑航运与贸易现实,能够获得现实的承运人责任制度体系。承运人责任基础规则的确立需要应然和实然要素,没有实然要素,不考虑法律应对航运现实有效的预知的可能情况,立法也是不可能的。托运人和承运人形成了一个非常紧密关系,相互依存获取利润。这种特征对任何一方的行为都产生显著影响。“《汉堡规则》制定过程中,航运立法工作组的决议,是以明确货主和承运人间比较公平的分担风险和举证责任作为主要目标的。”①联合国贸易和发展委员会海上货物运输立法的原则要求,是谋求国际贸易利益,特别是发展中国家的利益,在所有利害关系间实现新的均衡,维持货主与承运人间均衡地分配风险。“面临二十一世纪,海商法多元政策考量,调整规定,显示不同经济利益所展现的必然结果,足见立法者为衡平利益多元考量妥协之用心。”②

对国际海上货物承运人责任基础立法的经济分析是一种功能性分析,其优势在于它对国际海商事法律制度的改革性思维,引导我们对不完全过失责任、过失责任和严格责任的每一个规则的制

---

①　[日]樱井玲二:《汉堡规则的成立及其条款的解释》,张既义等译,对外贸易教育出版社 1985 年版,第 9 页。

②　柯泽东:《最新海商法——货物运送责任篇》,(中国台湾)元照出版有限公司 2001 年版,第 106 页。

定,用经济效益来衡量这些规则,并根据它们服务于目标的效果来肯定或者批判这些规则。"以立法技术平衡不同利益集团间承运人、托运人、收货人及履行辅助人现代多元企业相互让步妥协,共存共荣的表现,亦为现代经济产业、陆、海、空运输等服务业合理共存的基础。"①承运人责任基础的立法应该达到某种特定的结果或者追求某种特定的结果,然并不是主张该结果即是对承运人责任基础法律制度的存在及其形式的最好解释。

### 二、价值不能与目的理性过分不相容

现代社会的实证主义—唯心主义的二元论,一直在方法论和理论两个方面造成了一个空隙,以致不能相互结合起来,去描述一个单一的综合的一般行动体系。在实证主义极端,规范性成分的作用相应消失了,非规范性成分不能"约束"行动。如果目的已达成一致,问题就仅仅是要找出实现目的的最佳手段,这样,价值问题就成了一个事实的问题,就成为了如何发现最便宜和最有效的手段,且使某种权利分配的价值得以最大化来实现某个一致同意的目的问题,而不是一个决定人们的起始权利应当是什么的问题。

只有唯心主义相应地瓦解,才可能弥合这一空隙,使实证主义观点的发展同唯心主义的发展汇聚到一起,即行动的规范性成分与条件性成分之间联系起来。因为无论用实证主义的概念图式还是唯心主义的概念图式都是不能充分展开或充分表达的。各种自然科学的体系适用于人类行动是无可怀疑的,但是企图完全以自然科学的体系解释人类行动的各种尝试都已经失败了。应该承认

---

① 柯泽东:《最新海商法——货物运送责任篇》,(中国台湾)元照出版有限公司 2001 年版,第 107 页。

行动中两类不同的成分——规范性成分与条件性成分之间，总是存在着一种紧张的状态。国际海上货物运输法律制度制定的过程，实际上就是将各种条件成分即目的、手段等向着规范一致方向改变的过程。把国际航运秩序中的规范性成分即价值成分完全取消，也就取消了航运秩序这个概念本身，并且导致了极端的法律实证主义观点。而同样取消目的与手段等条件成分，取消来自这方面的张力，同样就取消了航运秩序本身，并导向唯心主义的发散论。因此，可以设想目的和条件在一端，价值和规范性规则在另一端，而承运人责任基础立法是在两者之间寻求连接环节。20 世纪90 年代美国学者 Justice Hobhouse 论述道："我们不能再忍受不假思索地接受一个强加于商业社会的统一的目标和规则。只有被证明满足商业社会需要的公约的才应该被批准。"[1]"人类社会行动的终极目的可以被认为是价值态度的表现，而价值态度可以明显表现为若干种其他形式。经济因素是人类具体行动中的一个成分或一组成分，而不是人类行动现象的一个具体可以分离出来的范畴。在其他条件都相同的情况下，不去最大限度地扩大财富和权力永远是不合理的。这个问题根本不涉及行动的终极目的。"[2]"更有意思的结论在于历史记录表明了 19 世纪的侵权法体系已经开始追求赔偿和威慑的工具主义目标，且其方式与将事故损失最小化是一致的。"[3]

---

① Patrick J. S. Griggs, "Obstacles to Uniformity of Maritime Law", *Journal of Maritime Law & Commerce*, April, 2003, p. 87.
② ［美］T. 帕森斯：《社会行动的结构》，张明德、夏遇南、彭刚译，译林出版社 2003 年版，第 718 页。
③ ［美］格瑞尔德·J. 波斯特马：《哲学与侵权行为法》，陈敏等译，北京大学出版社 2005 年版，第 318 页。

康德在其《实践理性批判》论述道：意志的自主性是所有道德法则以及（由此产生的）义务的唯一原理。反之，意欲的他律性，不仅不能产生任何的拘束力，它更与拘束力原理及意志的伦理性背道而驰。在这种思想中，包含了几个重要的基本观念：1.人是拥有道德自主性、自由意志、意志自主性的道德主体。2.人的自由（能力），是一种超验的自由。3.人生活于一个受自然法则支配的世界里，人也要受到因果关系的支配。4.但是由于人同时拥有超验的意志自由的能力，因此，人的意志（作为一种纯粹的形式），可以超过因果关系的支配之上，控制自己的行为方式。5.正因为人拥有此等自由意志，因此，道德或伦理法则的基础就只能建立在自主性之上。简单地说，以自由意志的道德自律，来对抗外在世界的因果规律（他律），这是道德世界得以成立的基础。在现代国际航运法律秩序中大多数海商事法律既不能完全从航运客观规律即自然法则中得出，也不能完全通过法律价值推理或决定来得出。它们既是目的理性的产物，即需要在立法中对在既定环境下如何才能促进船货双方共同利益的实际判断，同样也是立法价值判断的产物，目的理性和价值判断之间存在着密切的联系。

正义原则优先并约束航运秩序中对目的的追求，正义应当具有这样一种地位，这种地位对以总体目的最大化的名义诸如最大多数国家的最大利益、船货双方整体效益最大化以及船货双方经济利益平衡等目的要求作出了限制。不能既认为正义根本上是使目的最大化，又认为正义根本上是尊重船货双方对平等的要求。因为目的论与价值论是彼此相冲突的。要反对绝对的功利主义目的论，又要反对正义绝对论。"当代学者倾向于将效率和矫正正义作为侵权行为法理论的核心概念，从一般理论的意义上来说,这是正确的。"①但从更具体的承运人责任基础规则意义上说,效率属于一种要求,即它是立法中一个外部基础。如果把矫正正义即承运人过失责任描述为对于效益观念的一种选择,那么必然会曲解矫正正义。因此,需要将以经济效益作为承运人责任基础的目的论与试图将矫正正义原则作为承运人责任基础的价值论进行比较,并从矫正正义观念出发,提出目的论的目标优点所在。在立法中将两者结合起来具有特别重要的意义。由此,可以认为,海上货物运输承运人责任基础规则的制定就是要建立公正的航运秩序、满足国际经济与贸易的进步需要和船货双方利益目的。

"除了正义之外,法律理念的第二个组成部分就是合目的性。"②"我们不能将法律变成一个数学制度或一种故弄玄虚的逻辑体系。尽管法律的规范性标准和一般性概括会防止法律变得过于不确定或不稳定,但是它的安排却要受制于人们根据社会生活

---

① [美]格瑞尔德·J.波斯特马:《哲学与侵权行为法》,陈敏等译,北京大学出版社 2005 年版,第 209 页。波斯纳论述道:"我们都有这样一种感受,即我们拥有某些权利,如果被剥夺就是不公;这种感受是我们心理构成的一个基本特性,这种感受在孩子中和初民社会中的居民当中,以及在高度发达的现代社会的成年人中都一样,而且在动物当中也可以发现。在竞争性环境中,要生存下去,就要某些最起码的感受,即某些根本的东西应按照一个人自己的意志来保有和处理,并随时准备为这种支配而战斗,这种状态就是权利感。一个生物在其他生物要从它这里夺走对其生存至关紧要的东西时不具有这种道德义愤感,它就不可能生存下来和繁殖起来,因此,世界上就会有这样一种生物选择,它偏向那些天生拥有这种感觉的生物。权利的内容会随着社会环境而变化,但这种拥有权利的感觉是一个常项,而这就有助于解释为什么一直到二十世纪,美国法律中还保留着复仇、报应正义和矫正正义的观念。"([美]理查德·A.波斯纳:《法理学问题》,苏力译,中国政法大学出版社 2003 年版,第 414 页)

② [德]G.拉德布鲁赫:《法哲学》,王朴译,法律出版社 2005 年版,第 73 页。

的需要和公平与正义的要求所出的定期性评价。"①如果单纯说实证主义立场和唯心主义立场两者都有道理,在某个范围内两种立场都应该予以承认,这是不行的。确切地说,必须超出这种折中主义,尝试对于两者之间相互关系的诸具体方式加以说明。"在人类的经验当中,因果——功能成分同符号——意义成分正在行动上连接起来,那种认为只有一方完全正确的独断论,在这个领域是不适用的。"②

## 第三节 目的理性与价值判断的相互依存关系

实然被视为现实,在原则上,是指可以用经验方法来探讨的东西。这类研究的基础最终在复述(空间—时间中)观察。目的趋向的合理性与价值取向的合理性是相互对立的,而这两个因素之间——即,对手段和结果的计算与价值的促动作用的平衡,在国际海上货物运输立法中有重要意义,也即建立一种虽然受价值判断驱动但又考虑后果的混合型合理行为③。利润最大化是现代经济

---

① [美]E. 博登海默:《法理学》,邓正来译,中国政法大学出版社 1999 年版,第 242 页。

② 实证主义者持续地努力把明显的意义体系化约为基本因果关系体系,从而使其因果分析包罗所有能理智地理解的关系。另一方面,唯心主义者同样坚决地努力把因果关系纳入意义体系。两者都试图使自己的方法论原则概括整个可认识事物领域,至少是概括整个有关人类可认识事物的领域。([美]T. 帕森斯:《社会行动的结构》,张明德、夏遇南、彭刚译,译林出版社 2003 年版,第 542 页)

③ [英]迈克尔·H. 莱斯诺夫:《二十一世纪的政治哲学家》,冯克利译,商务印书馆 2002 年版,第 15 页。目的合理的行为,是以行动者自觉持有的个人目的系统为取向的行为,外在的客体和其他人,都被视为这些目的的潜在工具或障碍。这意味着要对不同目的加以权衡,并根据不同行为

的一个制度化的刺激因素，"资本主义的经济活动已经变得价值合理性越来越少，目的合理性越来越多——它所体现的价值越来越少，更接近于了'功利最大化'而对手段的单纯计算。"①

　　从各种不同被期待利益立场和目的计算之间的不确定的冲突中，是产生不出国际航运秩序来的。因此，存在着一些事先已经起作用的价值共识，以及航运实践参与者们承认的价值取向。国际航运秩序所具有的有效性以及可期待的事实性遵守，是由价值共识来保障的。利益要能够通过普遍化行为期待而得到长期满足，就必须与为航运秩序规范的理念联系起来；而理念要在航运实践中加以施行，就必须与赋予其推动力的利益联系起来。根据实证主义的理解，法律所能采取的形式只能是为特定的决策和能力提供事实性约束力。"利益之间的矛盾需要在彼此竞争的价值态度和利益立场之间进行合理平衡。"②

　　在国际海上货物运输法律制度中确立的价值上的合理性和目的上的合理性之间是存有矛盾，即意味着需要在目的理性和价值理性之间作出抉择。然而价值理性与目的理性最终必然是相互诱导或相互依存的，目的理性必须受到较高序列的价值合理性的约束。这些价值理性在长时期内一贯受到支持而且对所有的国际航

---

　　方式的一切可能后果的得失，考虑适当的手段。当采取目的合理行为时，所选择的行为是被当做达到目标的手段，而不是它本身有价值。相反，价值合理行为，是受着对该行为的绝对价值的信念支配，它不考虑后果。

① 　[英]迈克尔·H.莱斯诺夫：《二十一世纪的政治哲学家》，冯克利译，商务印书馆2002年版，第19页。

② 　[德]哈贝马斯：《在事实与规范之间》，董世骏译，生活·读书·新知三联书店2003年版，第133页。自然法思想与法律实证主义兼容并包的趋向，应为法律哲学之幸，亦为人类社会之福。（马汉宝：《西洋法律思想主流之发展》，台湾大学法学丛书编辑委员会1999年版，第276页）

运秩序都具有普遍性,这些原则或者提高对目的的评价等级或者把某些目的排除在外并加以避免,不管人们强烈希望实现船货双方整体效益最大化或最大多数国家最大利益,抑或船货双方经济利益平衡或保护与促进航运经济发展中某个特定的目的。让人类的特定目的受价值理性的约束是因为我们要建立一种有序的统一的融洽和合理的国际航运秩序。然而,价值理性并不完全支配目的,价值理性和目的理性之间的相对优先权是一个难题。

正义问题常常伴随关于效用的考虑而产生;正义的理想与功利主义的分析和规范性规章同时起作用。个人或社会的行为方式是由既考虑效用又考虑正义来决定的。《汉堡规则》的制定是把正义问题作为绝对的需要,与所有航运实践中的效益决定因素截然分开并占有最优先的地位,在正义问题和现实航运有效制度之间划出一条严格的分界线。国际社会对航运业与贸易发展确定的目标,无论是经济的目标或者其他实际可行的目标,形成了航运实践活动的主要框架和创立了一些制度,作出了一些安排和采取了一些政治措施以便达到功利的目标。然而不管怎样,这些目标的方式要受到正义理想的制约。如果所有意义上的航运法律秩序都源自恒定不变的航运经济法则的必然运作,把法则等同于经济法则,必然沦入由经济法则发挥作用的机械因果论。国际社会对航运与贸易发展一系列目标和正义原则是否融为一体的问题不易回答,这也是国际海上货物运输公约制定中难点所在。一方面是功利主义的要求,另一方面是正义的理想要求,这种关系可以说明如下:正义的理想可被理解为这样一些概念,这些概念是考虑效用的标准和限度。只有注意到功利主义的分析和正义理想之间的辩证的相互作用,才能制定出促进国际贸易与航运长远繁荣与发展的适当航运秩序。国际航运秩序的安排是否合乎正义不能单从动机活动加以判断,不仅是寻求公正的问题,而是寻求一个既公正又有效的问题。换言之,"不应把正义与效用问题分开考虑,而应当是公正、有用和有效。"①南斯拉夫学者哥尔德斯坦教授曾论述道:"支配贸易的法律只是达到某种目的的手段。国际贸易法建立在都接受的基本原则之上。"②"国际组织的规则代表了寻求保证合同条款的公平与正义,以使整个国际社会从中受益。"③

## 第四节　经验论与超验论互补

演绎方式的法律理论适合强调法的应然的特点,但忽视法的实然因素,即法律事实。归纳方式的法律理论恰恰相反,它看见实然与实际,但不想说明人们如何不从价值观念出发达到应然。我们既不是纯演绎也不是纯归纳而获得法。我们需要一种由演绎和归纳组合而成的推理形式,把科学和价值分割开来的做法在任何严格意义上都是不可取的,更不用说把法律变成明显的无动机的行为了。法律既是一种事实又是一种价值标准。无论在经验上还是方法论上,所有各式各样的实证主义思想立场,都是站不住脚的。然须将实证主义有价值的重要成分进行保留并给予合理的位置,以免因为运用实证主义范围内所产生的经验性结果进行总体批判,而丧失了它们中间的合理成分。

---

① [英]尼尔・麦考密克、奥塔・魏因贝格尔:《制度法论》,周叶谦译,中国政法大学出版社 2004 年版,第 257 页。
② [英]施米托夫:《国际贸易法文选》,赵秀文译,中国大百科全书出版社1993 年版,第 262 页。
③ 同上书,第 155 页。

    国际海上货物运输承运人责任基础立法不仅要关注获致经济
或利益目的,还必须关注对于终极价值合理性可能造成的经济后
果。只要立法中涉及按照客观的标准使手段适应于特定经济或利
益目的,立法就是由利益决定的,旨在满足获取"效用"为其经济
上的取向。法律经济分析理论和矫正正义都是重要的,且都为承
运人责任基础立法提出了正确的理论基础。虽然矫正正义很好地
解释承运人责任体系中的实质部分,但是法律经济分析理论也同
样很好地解释了其中的实质部分,这两种研究方法与其说是相互
对立的,不如说是互补的,且在很多重要方面相互依赖。然而其经
验论与价值论的互补方式在海上货物承运人责任基础立法中还没
有得到充分的认可。法律经济分析论在概念上是不完整的,其预
先假设航运实践中有某一特定目的或者更具体说是有特定的功利
功能并据此对收益进行评价,但是法律经济分析却无法脱离法律
价值根源来支撑这个观点。因为这个目的或者说功利功能必受到
价值的制约;同样价值论"在实用上不完整",它需要法律经济分
析方法与理论来补充完善其义务规则。经济学分析是不完善的,
其不能为承运人责任基础法律制度提供正义价值上的理由,它只
能决定承运人过失责任或相对过失责任抑或严格责任是否能够促
进在正义价值上得到证明了的目标,因此,法律经济学分析经验论
是一种对正义论进行补充而不是取代正义价值的实证主义的分析
形式。"实然"绝不能构成判定海商事法律制度善与恶的终极标准,
否则现有海商事法律制度就会是完美无缺的且不再需要进行任何
改革和重构了。尽管可以根据利益或者利益最大化来对承运人责
任基础规则作出充分的描述,但是承运人责任基础的目标不是来
自法律经济学分析之中,而是依赖于正义价值的证明。因此,对承
运人责任基础立法所作的法律经济分析只不过是一种对正义论进

行补充,而不是与正义论相抗衡的实证主义分析而已①。经验主义知识建设的宏伟目标就是将实践理性尽可能地转变为计算的能力,这一点在功利主义的理论中得到了集中的体现。功利主义期望,一旦我们放弃强烈的道德评判,就可以进行计算。但是,这种边沁式的计算的基础是功利因素的总量的可度量性。从观察和测量着手,仔细收集数据,汇集统计资料;在认识到模式和规律之后,他们通过归纳进一步描述这些数据的一般结论或法则。这种方法保证了客观性,这是因为科学家尽力消除一切主观的偏见。这种程序应用于社会科学时,就被称为"价值无涉",意思是研究者在最大程度上搁置了自己的价值和观点。"统一国际贸易立法通常采纳的演绎的方法,立法者必须从较技术性规则更高的水平做起,所探讨的是在很大程度上具有经济的和伦理的性质。但经验主义的方法同样可以在国际立法中采用,并获相当的成功。"②

　　经验论即法律经济分析能够揭示实现既定航运经济目的,必须或有可能采用什么手段,以及采用这些手段有可能产生的经济及制度上的后果。而且,这些手段同其欲达到的经济目标之间的联系在本质上能够用经验科学的方法加以验证。"检查《汉堡规

----

① 现代福利经济学创始人之一的保罗·萨缪尔森(Paul Samuelson)描述道:经济上的数量大小在某个以期能够对道德信仰的特征进行描述的体系中所具有的功能,只要求可以明确回答某个经济制度的结构是否"优于"或者"差于"另一个制度,或者是"无差异"的;对无数个可能的或者主要的指标中的某一个进行利用,可以用下面的形式来表示法律函数:$W = W(z1, z2, z3, ……)$,z代表所有可能的变量,其中许多变量不具有经济学特征。经济学分析不能回答这些行为是否应当受到威慑,帕累托原则仅仅只关心谁作出了哪一种选择,而根本不问每种选择的理由所在。
② ［英］施米托夫:《国际贸易法文选》,赵秀文译,中国大百科全书出版社1993年版,第516页。

则》在责任保险和货物保险上应用的理论效果,为了做到这点将需要比目前可以得到的要多得多的统计数据。"①然若要对承运人过失责任在承运人与托运人双方之间进行利益对比,这种评估是较难确定和查证的。事实上,以对承运人与货主自由与安全利益的影响为研究内容的正义论,必须要了解不同承运人责任体制下货物赔偿及保险责任体系所要花费的成本。要正确理解承运人责任立法如何才能保护货主的安全利益,就必须研究对承运人产生如何的激励机制,而实证主义的法律经济学分析正好涉及了这两个方面的问题。如果我们不能将对这些问题的经济研究与矫正正义结合起来,那么我们就不可能会创设出得到正义价值认可的促进保护安全和自由利益的承运人责任规则体系。

落入目的理性与经验理性,即产生了可计算性,产生法律的经济分析,一种度的分析。"承运人主张《汉堡规则》的采纳将必然在长期或短期导致较高的费用。相反,托运人主张《汉堡规则》必然导致较低的费用,因为它消除了相同风险的重复保险。但是经过五年徒劳地搜集一些可靠数据,双方都放弃了解决经济争议的努力,认识到任何一方的经济主张都不可能说服对方。因为同意或反对可选择方案的理论地位是与经济本身利益相结合的,有一点我们达成共识,托运人和承运人组织以及保险业已经不能提出令人信服的经济数据理由。"②

---

① Eun Sup Lee,"The Changing Liability System of Sea Carrages and Maritime Insurance: Focusing on the Enforcement of The Hamburg Rules", *Transnational Lawyer*,Spring 2002,p. 2.

② Samuel Robert Mandelbaum,"Creating Uniform Worldwide Liability Standards for Sea Carriage of Goods Under the Hague, COGSA, Visby and Hamburg Conventions", *Transnational Lawyer*,Spring 2002,p. 161.

# 第五章 基于效用导向的受价值约束的承运人责任基础立法趋向

法学是一种与"价值关涉"的科学,追问占主导地位的法律价值就成为问题的核心。"那种固有道德品质的理论,虽说有助于人格利益,但是却无助于正义的物质要素,或者一如我们所说的那样,它无助于财产利益。"①"形式上最上位的法律价值不仅是指被作为平等原则的正义,而是一个彼此相互补充却又互相对立的指导思想的矛盾的三位一体:正义、法的安定性、合目的性。这三种指导思想彼此间处于何种位阶关系,则依法律所在的那个社会的基本观念而定。"②"法学思想在很大程度上讲仍处在向某种新的法律目的观过渡的进程中。然而,眼下的方向却似乎是在朝着这样一个方向发展,即试图最大限度地满足人的所有欲求或期望;当然,这是在它可以透过法律秩序且不会导致太大牺牲的情况下达到实现而言的。"③

国际海上货物运输立法中的目的论赋予目的优先于正义,被

---

① [美]罗斯科·庞德:《法理学》,邓正来译,中国政法大学出版社 2004 年版,第 500 页。

② [德]古斯塔夫·拉德布鲁赫:《法律智慧警句集》,舒国滢译,中国法制出版社 2001 年版,第 238 页。

③ [美]罗斯科·庞德:《法理学》,邓正来译,中国政法大学出版社 2004 年版,第 553—554 页。

认为追求目的的最大化为正义;而价值论赋予正义优先于目的。是目的优先还是正义优先是国际海商事立法中一条重要的分水岭。正义的原则就是给予船货双方、航运实践中其他参与人以平等对待,而功利主义认为,在立法讨论中,最终期望的不是分配性的利益,为了更大的整体利益,应当牺牲这种分配性利益。"现代社会的制度都有冷静的务实性和合乎目的的有用性特征,作为行为基础理念的价值导向和内心对业已成为习惯的道德的遵从适应已渐渐让位于对利益状况的有计划的适应。"①"社会的形式和剩余物(情感的一种表现)不能处于与产生它们的条件过分公然矛盾的状况之中,这是达尔文结论中真理的成分。"②如果选择终极价值时不考虑特定条件下实现它的可能性,与产生它们条件处于过分的公然的矛盾状况中,其后果对行动者来说是致命的,威胁到社会的存在,以致毁灭。终极价值即正义是对航运秩序目的的阐述,然正义本身对航运实践的参与者来说不是事实,但在实现的过程中仍然要受到航运实践参与各方所处的处境条件及所追求经济目的制约。"我们只关心平等,那么,我们是纯粹的平等主义者,如果只关心功利,那么,我们是纯粹的功利主义者。我们大多数人接受一种多元论的观点:追求不止一个原则或价值。我们相信要是有更多的平等,又有更多的功利,那么,情况会更好。在决定这两种结果哪一种更好的时候,我们同时看重这两种价值。"③"《汉

---

① [德]米歇尔·鲍曼:《道德的市场》,肖君等译,中国社会科学出版社2003年版,第285—286页。

② [美]T.帕森斯:《社会行动的结构》,张明德、夏遇南、彭刚译,译林出版社2003年版,第188页。

③ [英]帕菲特:《平等还是优先?》,载万俊人主编:《20世纪西方伦理学经典》,中国人民大学出版社2005年版,第501页。

堡规则》没有受到船东和保险人欢迎。与被认为是经济利益竞争方,即承运人利益方和货主利益方之间达到顶峰的妥协方案的《海牙规则》相比较,这个规则被批评为'政治妥协'。批评《汉堡规则》者害怕偏袒货方的规则的适用,将鼓励赔偿诉讼,导致承运人责任增加。而且指出,《汉堡规则》定有较高的责任限制,承运人赔偿总额将更高。这些责任增加将导致更高保险成本和不可避免的更高运费。在海运业萧条、保险业面对困难的时代,对承运人及其保险人是一种金钱压榨。"[1]货主利益和船东利益冲突主要是关于海上货物运输灭失、毁损和迟延交付的风险分配。国际贸易团体是由有货国家和有船国家,多数既有货物也有船舶的国家组成。常常发生在船东利益人和货主利益人之间关于海运货物的灭失、损害及迟延的风险分配的冲突引起了下列问题:1.谁来承担风险;2.根据何种规则分配风险;3.船东对其掌管货物期间发生的灭失或损害应否承担责任;4.政府是否应该放弃管理商业交易的努力而由当事方决定责任的范围。"美国没有批准《汉堡规则》。至今为止只有 22 个国家批准了汉堡规则,其中 7 个国家是没有港口的内陆国。这所有的 22 个国家只占美国贸易一小部分。这些国家不是主要的海运国家,更关注的是保护他们的进出口贸易。"[2]"1988 年美国运输部寻求通过一种折中,当与美国进行贸易的多数国家实施《汉堡规则》时,美国也能采纳《汉堡规则》。迄今为

---

[1]　Robert Force,"A comparison of the hague, hague-visby, and hamburg rules: much adout?"*Tulane Law Review*, June 1996, p. 153.

[2]　Samuel Robert Mandelbaum, "International ocean shipping and risk allocation for cargo loss, damage and delay: A U. S. approach to cogsa, Hague-visby, Hamburg and the multimodal rules", *Journal of Transnational Law & Policy*, Fall 1995, p. 2.

止,承运人、承运人的保险人以及货物保险人将不会在海牙—维斯比体制上达成折中,托运人坚决反对《维斯比规则》除非能导致《汉堡规则》的适用。这种情况制造了一种僵局使得政府无法作为,直到航运业能够解决自己的问题。"①

## 第一节　价值和目的理性之间的相对优先选择

国际海上货物运输法律确实存在一种趋势,即将承运人责任基础规则作为对某种航运与贸易情势而言的法律,因为缺少法律正义价值构成,在这种情况下,往往导致立法目的是取得客观效用,即目的理性。不容怀疑的是,国际航运与经济贸易因其不断变化的实践情况迫使立法不得不重新权衡并选择最佳方案,同样正确的是基于正义的价值与建立更加广泛持久的航运秩序,立法中也被迫明显降低我们的效用目标,即这种限制不仅存在于目的效用方面,而且也存在于正义价值理念方面。因此,将基于价值同后果导向相结合不仅经验论上可能,而且也属于承运人责任基础立法的准则。"对承运人采取怎样的归责原则取决于'公平、公正'和'效率、效益'在航运法律价值体系中位置。"②"侵权法上归责原则的设计,须考量道德、效率、公共利益及社会变迁,构成多元的

---

① Samuel Robert Mandelbaum,"International ocean shipping and risk allocation for cargo loss, damage and delay: A U. S. approach to cogsa, Hague-visby, Hamburg and the multimodal rules", *Journal of Transnational Law & Policy*, Fall 1995,p. 15.

② 赵月林、胡正良:《论取消航海过失免责对承运人义务、责任及对其他海事法律制度影响》,载《大连海事大学学报》(社科版)2002 年第 6 期,第 49 页。

体系,其核心问题在于如何实践侵权行为法上的正义。"①海上货物运输承运人责任基础规则处于动态的过程中,反映着航运与贸易经济发展及正义观念,就其归责原则基本原则而言,承运人应当承担因其行为而使货主的权益受到侵害的责任,即所发生的货物损失,应停留在其所发生之处。"当初(汉堡规则)制定之目的,除考虑商业上与经济上需要外,固在于使承运人与货物业者间取得公平合理之协调,但最主要者,是货物毁损与减失责任分配方面尤然。"②

现代国际海上货物运输承运人责任体系问题充斥着多重价值观主义和价值观的差异,海上货物运输法律体系中所存在的价值,并不仅仅限于秩序与公平,功利主义或目的理性立法首先以实用性、以获得最大效益为基础,简言之,即使承运人或货主所付出的代价减少到最低的限度。但是,与上述两种基本价值相比,实用性的层次则稍低一些。"如果在某一法律领域,其整体仅仅是建筑在实用性而不是更高层次的价值观念上,那么,它就不可能充分发挥应有的作用。在法律上,实用性永远会被考虑在内,但这种考虑并非法律的首要目的。作为法律的首要目的恰是秩序、公平和个人自由这三个基本的价值。"③"真正的指导原则将始终是正义必须支配特定的欲求。"④船方与货方不是利益对立的双方,而是风

① 王泽鉴:《损害赔偿法的体系、请求权基础、归责原则及发展趋势》,载《月旦法学》2005年第119期,第136页。
② 柯宝秀:《海上件杂货运送损害赔偿问题研究》,载林咏荣主编:《商事法论文选集》(下),(中国台湾)五南出版社1984年版,第951—952页。
③ [英]彼得·斯坦、约翰·香德:《西方社会的法律价值》,王献平译,中国法制出版社2004年版,第4页。
④ [英]弗里德里希·冯·哈耶克:《法律、立法与自由》,邓正来等译,中国大百科全书出版社2000年版,第64页。

险与利益团体关系,没有哪一方是纯粹的航海行为受益方,成本是双方分担的。由此决定了海上货物运输法律制度是建立在公平正义与效率彼此适应调和的基础上,现代国际海商事立法,看起来就是朝着这样一个方向发展的。《汉堡规则》将通过降低货物保险成本来减少国际贸易成本。海上保险业反对《汉堡规则》的做法,是因为保险人担心保险费收入的降低。"①"经济理性已经全方位地渗透到法律系统,效率已经成为法律系统中不可分割的一部分。然经济理性不可能成为立法中的主流价值,要受到其他价值和利益的限制。"②

"形式上的最低限度的正义主张,即在评价和决定中的形式上的平等,以及对作为法律判决基础的事实的正确判断,总是被认为具有绝对约束力的先决条件,它们决不可能同任何关于效用的主张进行交换或竞争。"③经济利益最大化中的"所谓有效,也就是说,让资源的使用达到这样一种状态:任何一个人要想使自己的处境更佳,必须以使其它人的处境更差为前提。这样的一种有效的体制必然会导致实际财富的分配是非常令人失望的"。④"在所有的道德、法律和政治中,正义对正确性有一些影响。然而,不要把每一件对决定和行动的正确性有影响的事物都看成是正义问题。只有人与人之

---

①　Eun Sup Lee, "The Changing Liability System of Sea Carrages and Maritime Insurance: Focusing on the Enforcement of The Hamburg Rules", *Transnational Lawyer*, Spring 2002, p. 20.

②　Hector Fix-fierro: *Court, Justice and Efficency*, Hart Publishing Oxford and Portland, Oregon, 2003, pp. 77–78.

③　[英]尼尔·麦考密克、奥塔·魏因贝格尔:《制度法论》,周叶谦译,中国政法大学出版社 2004 年版,第 193 页。

④　[英]詹姆斯·E. 米德:《效率、公平与产权》,北京经济管理学院出版社 1992 年版,第 2 页。

间关系的正确性被认为是关于正义而不是关于最大效用的问题。"①

　　庞德从"有用即是真理"这个实用主义哲学出发,虽然不可能绝对回答法律的目的是什么,但是应当看到法律有其"实用"目的。实用主义重视行为的效果性,不在于他们所欲达到的理想,而在于它们能达到其目的和满足人类最大需要。这种法的社会效果也就是法的最终目的。庞德所谓的法律的"社会工程说",脱胎于实用主义哲学的工具论,是"法律工具说"和"法律功利说"的一种变形。工具主义认为,凡在当时情况下有用的东西就是真理。"成功证明手段合理"就是工具主义者的公式,而庞德的法律的"社会工程说",正是实用主义基本公式的运用,强调的就是以社会效果或利益作为衡量法律的标准。所谓的利益,乃是指人的主张、需求和预期。它们乃是法律秩序试图保障或力图满足的目的。权利,乃是法律秩序据以保障或满足各种利益的一种手段②。在耶林之前,法律理论乃是一种抽象个人主义的理论,始于耶林,则发展出一种社会学的法律理论。耶林所采取的方法是通过分析去发现实然法的原则,进而根据应予满足的目的对这些原则进行批判。法律乃是在社会中创制出来的,而依据这种法律,个人可以发现一种保障其利益(他的主张、需求和预期)的手段——只要社会

---

①　[英]尼尔·麦考密克、奥塔·魏因贝格尔:《制度法论》,周叶谦译,中国政法大学出版社 2004 年版,第 195 页。

②　在 17 世纪和 18 世纪,人们普遍认为,权利乃是人的特性,并且是高于且超越国家和社会目的的,国家和社会就是为了实现这些目的而存在的。法律应予保障的是法律权利。这种观念乃是与自然法思想特有的那种将法律与道德等视之的观点相符。在 19 世纪,人们认为法律的目的乃在于协调个人的意志,从而给予每个人以最大可能的自由行动范围,权利就是从自由意志理论中作出的逻辑推演。上述两种理论都是抽象的个人主义理论。它们或是始于抽象的人的特性,或是始于抽象的个人意志。

承认这些利益。耶林的论证是社会学——功利主义的,其坚持法与社会目的相连,从社会目的中获得其内容,这意指所有法的规定具有维护社会的生活条件的目的,但如何获得对目的的评价,即目的理性与价值理性的关系问题,是其法的理论的唯一致命的弱点。利益——生活需要、要求、期待,被视作法的原因要素(生物的利益),利益被当成价值、应然来理解,即利益也是利益评价的标准。但如何产生这种神秘的辩证的跳跃,即从量到质,从实然到应然,上述理论并不能回答。①

"自耶林始,一种有关社会协调和保障各种利益的观念实际上以各种方式取代了 18 世纪的自然法和 19 世纪各种形而上学的权利理论。"②批判社会功利主义者指出,这一理论具有太多目的论式的功利主义。"社会功利主义与其说是一种法律理论,不如说是一种立法理论"。③ 国际海上货物运输承运人责任基础立法

① 赫尔曼·坎托罗维奇,自由法运动的最杰出领袖,在其《法与社会学》的文章中,一针见血地揭示了利益法学的明显不足:正确对待"利益情况",因为不顾及法律的目的,也许能决定何种利益实际上涉及,但其实不能决定何种利益应被优先照顾。由此可见,又回到目的与意义的问题上。
② [美]罗斯科·庞德:《法理学》,邓正来译,中国政法大学出版社 2004 年版,第 137 页。
③ [美]罗斯科·庞德:《法理学》,邓正来译,中国政法大学出版社 2004 年出版,第 139 页。耶林理论的缺陷在于它给我们提供了一种制定法律的哲学。即就法律律令如何获致形式的问题给我们提供了一种合理的说明。在这方面,耶林有些像边沁。耶林的社会功利主义乃始于立法作为一种推动法律发展力量的崛起以及指导这种法律发展的哲学所具有的必要性紧密联系在一起的。当今诸多法学思想都是建立在耶林思想的基础之上,因为过去的 30 年中,耶林的思想已经成为一种愈发重要的思想。此前的法律理论把法律视作是对个人自由的保障或对某种自由理念的实现,以及把各种法律规定视作是对个人意志的限制,因此,这些法学理论使得法学家基本上脱离了当今实际生活。耶林取笑这些法学家,

在该理论指导下,存有强烈的以利益作为衡量标准,权利仅成为保障利益的手段,即完全通过依凭目的对权利进行权衡或评估的方式加以决定。然而目的、需求或与其所产生的压力会持续不断地扭曲国际航运法律秩序中实际发生的调适和妥协,因为利益并不能称为利益评价的标准。构建国际海上货物运输法律制度的目的却在于努力使这种扭曲减至最小程度。"关于提单下货物责任制度起草的国际趋势似乎指向《海牙规则》或《海牙—维斯比规则》的现代化,而不是引入一个全新的责任制度,例如《汉堡规则》。"①"有关航海过失抗辩的争论,有一个很清楚的现实情况。双方争论激烈,在每一个国家每一方通常都有权阻止另一方建议的通过。然而,关于航海过失抗辩保留或取消的任何争论都应该以三个主要原则为指导:'风险分配原则,统一原则,以及航海过失抗辩保留或取消的实际效果原则'。"②"进入 21 世纪全球服务贸易一体化发展,需要一个有效的货物灭失、毁损和迟延交付的风

---

说他们被派到了一个由法学概念中构成的天堂去工作并且坐在一架机器面前,而这架机器则从每个法学概念中产生出它所具有的几乎全部的逻辑结果。这些法学家就像 19 世纪的那些法官一样,他们在面对众所周知的社会事实和经济事实的时候却坚持主张一种抽象的权利平等和契约自由以及一种抽象的合理性。但是,这种视法律为实现社会目的的手段的观念,亦即认为法律的存在乃是为了保障社会利益、公共利益和个人利益的学说,却要求法学家始终关注生活并与生活联系在一起。根据这种理论,完全抽象的因素不足以证明法律令的正当性。([美]罗斯科·庞德:《法理学》,邓正来译,中国政法大学出版社 2004 年版,第 140—141 页)

① Leslie Tomasello Weitz, "International Maritime Law: The Nautical Fault Debate(the Hamburg Rules, the U. S. COGSA 95, the STCW 95, and the ISM Code)", *The Maritime Lawyer*, Summer 1998, p. 17.

② Ibid.

险分配体系。维持现有国际海上货物运输风险分配制度,将对美国贸易未来发展造成不利。因此,以《海牙—维斯比规则》为基础,适当吸收《汉堡规则》有益部分的国际海上货物运输制度,公平地平衡承运人和托运人的利益"①,颇值得赞同和借鉴。

## 第二节　经济因素在海上货物运输法律
## 体系发展与立法中的重要性

一位著名的英国法官曾言:"法人不能被指控为犯叛国罪,不能被剥夺公民权,也不能被逐出教会,因为它们没有灵魂。"很清楚对航运经济与贸易因素的考虑决定论,不同国家无论可能存在怎样的原理性难题,都不得不以最好的方法解决这些问题,这就是认识并满足航运实践行为者需求。航运实践方面的问题说明正义及权利之间关系的许多侧面,船货双方大多是一个法人,在许多方面,它在道德上比自然人更受到偏袒。所谓商人是营利之人,是作为完全无视附着于人的自然和人为的色彩、与其他的人相对立的一个赤裸裸的经济人。最适合商人的就是从所有的个人性的及社会性的羁绊中解放出来的纯粹的理性之人。人们已经论证"很多对于个体商人的高额罚金的威慑作用来自刑事判罪所带来的耻辱。但一个公司中的个人会觉得沾不上加在这个法人实体上的耻辱;同样,对公司的定罪不会在老百姓中间产生像对个人那样的同

---

① Samuel Robert Mandelbaum, "International ocean shipping and risk allocation for cargo loss, damage and delay: A U. S. approach to cogsa, Hague-visby, Hamburg and the multimodal rules", *Journal of Transnational Law & Policy*, Fall 1995, p. 4.

样程度的道德反感"。尽管公司在法律上作为"人"来处理,然公司依然是一个朦胧的道德主体,与意识形态在个人主义所占重要地位不同,对公司的处罚意味着损失,似乎无人该受责备,尤其是投资者、雇员和隶属的团体更不该受到责备。

"经济利益属于影响法的形成的最强有力的因素,因为任何保障法的制度的权力,都在某种程度上由所属社会群体在其生存中的默契行为所支撑,而社会群体在很大程度上受到物质利益情况制约。"①经济主体趋向于作为有理性的和自我逐利的"效用最大化者"而行事。对海上货物运输承运人责任基础规则潜在效力的一种评价,必须考虑规则与经济基础在多大程度上相吻合。海上货物承运人责任基础的首要原则是航运秩序中"公正"的基本结构,即以这种方式来分配基本的权利和义务;第二项原则便是效率,即目的,其所关注的是船货双方权利与义务的配置是否能够以一种保护与促进航运与经济发展,实现船货双方整体效益最大化或最大多数国家最大利益的可能性的方式得以重新安排。正如努克斯所说:"世界并没有富裕到可以不要效率的程度。"②对于美国1999COGSA 草案,"反对者认为这建议将混乱目前风险分配框架,导致更高保险费和诉讼费用。国家工业和商业最终将在长期内遭受负面影响"。③

---

① [德]马克斯·韦伯:《经济与社会》,林荣远译,商务印书馆 2004 年版,第 371 页。

② R. Nurkse, "Economic Development for Latin America", *International Trade Theory and Development Policy*, 1961, p. 234.

③ Leslie W. Taylor, "Proposed Changes to the Carriage of Goods by Sea Act: How Will They Affect the United States Maritime Industry at the Global Level"? *International Trade Law Journal*, Winter 1999, p. 41.

经济学家在经济科学的定义及其特征上存在分歧。根据罗宾斯的说法,"经济学是这样一种科学:它将人类的行为看作是目的和稀缺的、可以付诸不同用途的手段之间的一种关系来加以研究。"在过去二十年中已经促动了许多经济学家去超越狭隘的新古典主义限制(即把经济学局限于对市场和物质福利的研究),把经济分析尤其是对不同选择的成本和利益所作的经济估算——也适用于法律、政治科学(公共选择)以及人类和公共机构行为的其他领域(边沁论断:疯子也计算)①。这些现代经济方法都代表了这样一种常识:通过把法律制度体系的经济影响融合进经济理论之中,而使经济分析在实践中变得更有意义。国际海上货物运输责任的立法不仅要考虑相应法律规则的效果,还要考虑其经济理论基础和功能,以评价各种可能的行动路线的经济优势和危害。由于航运实践中的经济主体趋向于作为有理性的和自我逐利的"效益最大化者"而行事,国际海上货物运输责任条约常常可以被解释为一些努力,以促进有效率的资源配置。19 世纪过失概念所强调的目标是威慑制止,损害赔偿本身是次要的因素。现在重点已经发生变化,转到赔偿方面。"社会开始要求确立一种制度,因侵权致害而受到的损失,将不会落在不幸的受害人身上。这种负担必须以这种或那种方式转移出去,侵权行为法已稳定地由过失为基础,转向以社会保险为基础。"②完全抽象的因素不足以证明法律的正当性的侵权法体系在 19 世纪的重大变化,反过来也有力

① [德]E.U.彼德斯曼:《国际经济法的宪法功能与宪法问题》,何志鹏、孙璐、王彦志译,高等教育出版社 2004 年版,第 119 页。
② [美]伯纳德·施瓦茨:《美国法律史》,王军等译,中国政法大学出版社 1990 年版,第 219 页。

地说明了侵权法体系从矫正正义体系演变为一种注意降低事故损失的调整制度。"《汉堡规则》和《海牙规则》两种制度都通过规定承运人责任限制来调整承运人和货物利益方有关货物灭失或损坏的权利和义务。然而,任何'强制性海上货物责任制度'的主要功能之一是以经济有效的方式分配承运人与货物利益方之间的财务风险。"①

　　海上货物运输责任体系立法不能满足于纯粹形式上的航运事实,即用技术上尽可能适当的手段,目的合乎理性地计算出来的经济结果,而是要提出正义与价值的要求,即用价值合乎理性来衡量。然对形式的纯粹计算结果,不能用价值理性作决定,而只能指出并加以限制。纯粹从技术上看最完善的经济计算手段,即目的合乎理性的航运经济的特殊手段,是用货币以一种对各种不同的可能性进行比较的"成本"和"收益"计算的形式,用数字算出:(1)完全过失责任与不完全过失责任对船货双方或世界范围内国家的航运与贸易经济行为的机会;(2)核算每一个完成了的经济行为的成果,并根据这些计算,对各种不同的可能的行为方式,所作估计的"纯收益"进行比较。《海牙规则》在其制定实施的20世纪20年代,航海过失免责被认为是一个适当责任体制,船东与航行在海上的船舶和船员无法进行有效通讯与控制,传统海洋运输被认为是船东和货主的共同冒险事业。② 随着通讯和海上航程时

---

① Leslie Tomasello Weitz, "International Maritime Law: The Nautical Fault Debate(the Hamburg Rules, the U. S. COGSA 95, the STCW 95, and the ISM Code)", *The Maritime Lawyer*, Summer 1998, p. 5.

② *International Shipping Legislation-United Nations Conventions on the Carriage of Goods by Sea*, 1978, (*Hamburg*) *note by Secretariat*, Yearbook of United Nations Commission on International Trade Law, 1988, Vol. XIX. p. 99.

间缩短,《海牙规则》责任体制被认为是陈旧和应该废除的,无法与现代航运相适应。与共同冒险共同体概念相反,承运人应对其雇员和代理人的过失所造成的货物损失负责赔偿,有能力采取进一步措施避免损失发生而没有采取方应承担赔偿责任的经济概念开始确立。①

荷兰政府在 1976 年对《汉堡规则》草案征求意见中论述道:"现存《海牙规则》责任体制的改变会对国际贸易产生负面影响。承运人责任范围的扩大与加重,将导致运输成本增加而没有相应减少货物的保险费用,恶化了承运人和货主的状况,荷兰政府担忧废除航海过失和火灾免责将对国际贸易产生的负面影响。"②瑞典政府 1976 年在对《汉堡规则》制定征求意见中论述道:(汉堡规则草案)建议的承运人责任体制的经济后果,由于缺乏准确的数据资料,很难进行确定的评价。《汉堡规则》责任体制下的货物损失和损坏的赔偿将由货物保险人转到承运人保赔协会(P&I)。这将使货物保险成为多余,然货主有多种原因会继续进行货物保险,货物保险人向承运人保赔协会的索赔会增长,从纯粹经济观点有许多劣势,结果货物保险费可能增加,承运人保赔费用可能上涨,而这种上涨将会反映在运费上。根据瑞典保险业估算货物保险费用的下降很难超过保赔费用的上涨。因此,《汉堡规则》(草案)确立的风险分摊体制将导致运输成本的上涨,相关可能纯经济影响估

---

① *International Shipping Legislation-United Nations Conventions on the Carriage of Goods by Sea*, 1978, ( *Hamburg* ) note by Secretariat, Yearbook of United Nations Commission on International Trade Law, 1988, Vol. XIX. p. 98.

② *Comments by Governments and International organizations on the draft Conventions on the Carriage of Good by Sea*, Yearbook of United Nations Commission on International Trade Law, 1976, Volume VII, p. 223.

计运输成本的上涨不会超过 0.5% —1% 的运费率。又根据美国对有关美国进出口班轮货物损失和损坏数额估算不超过货物价值的0.5%。(汉堡规则草案)建议的责任体制法律观点上的优势和经济上的微弱劣势会得到世界范围内的支持。[1] "法律的目的被认为是增进自由的个人自我主张的最大化。我们最终获得了有关最大限度满足人的欲求或愿望的观念。因此,我们在社会控制方面和法律秩序方面所必须做的便是尽我们所能去协调这些欲求或愿望,尽我们的所能去保障它们。从当下的情形来看,这也是我们眼下的范围更为宽泛的秩序。"[2]

## 第三节　以功利原则作为补充的正义
## 原则——有限正义论

康德在《道德的形而上学》中论述道:由于义务而履行的行为之所以有道德价值,不是因为它所求达的目的,而是因为决定这个行为的准则。所以,行为的道德价值不取决于行为的目的实现,而只是在于产生的意志所依据的原则,与欲望的对象无关。行为的目的与行为的结果不能使行为有任何绝对的和道德的价值。即使牺牲我的一切利益,我也应该遵守这个法则。如果行为之所以是善,只是因为它是获得别的东西的手段,那么,这个命令就是假言;如果行为自身就被认为是符合理性(决定这个意志的原则)的意

---

[1] *Comments by Governments and International organizations on the draft Conventions on the Carriage of Good by Sea*, Yearbook of United Nations Commission on International Trade Law, 1976, Volume Ⅶ, p. 231.

[2] [美]罗斯科·庞德:《法理学》,邓正来译,中国政法大学出版社 2004 年版,第 554 页。

志必然,那么,这个命令就是绝对的。前者表现作为达到人们欲求的其他某物的手段的可能行为在实践上的必然性,而绝对命令则表现行为本身的客观必然性,不考虑其他任何目的。

任何关于取消或保留航海过失抗辩的争论都应该考虑海上货物责任及其对风险分配影响之间的密切关系。在托运人和货物利益方任何折中的讨论中似乎首先希望的是航海过失抗辩的取消。由于货物多式联运包含许多种类的运输方式,因此最重要的是发展统一的责任制度及商业手段。航海过失抗辩不仅是取得统一的主要障碍,也为海上承运人提供了一种在任何其他运输方式中都没有的保护。而且,由于现代航运设备的存在,例如:雷达、GPS等,航海过失抗辩的重要性在当今是令人质疑的。这些设备毫无疑问地减少了海上货物承运人在支持航海过失抗辩时所宣称的特定风险。因此,航海过失抗辩应该取消,所有当事方都有责任适当地、安全地履行本职工作。但是,这并不意味着应该为了《汉堡规则》而抛弃整个《海牙—维斯比规则》体制。航海过失抗辩应该取消,《汉堡规则》中其他可用的规定应该包含进来以重新调整各有关利益方之间的平衡。"美国海商法协会建议案中关于修改当前美国 COGSA 的规定产生了一种明智的可行的折中方案。这个规定不仅回答了多式联运体制的需要,而且也是一个不抛弃整个海牙体制或海牙—维斯比体制的折中的例证。这个新的建议案,特别是航海过失条款,应被视为一个统一和现实主义的例证。"①"货物在运输过程中不可避免地要发生灭失、被盗、毁损等风险。这些

---

① Leslie Tomasello Weitz, "International Maritime Law: The Nautical Fault Debate( the Hamburg Rules, the U. S. COGSA 95, the STCW 95, and the ISM Code)", *The Maritime Lawyer*, Summer 1998, p. 17.

风险可以由运输过程中负责管货的人采取物理措施而减少,但不能消除。但是,采取预防措施需要成本,包括增加运输成本和货物在目的地的成本。如果采取预防措施的支出超出了发生的任何损失或货值的贬值,这些支出是不能产生收益的。任何关于运输合同的法律的经济目标是鼓励运输中货物保管人采取一些经济上能够产生效益的预防措施,仅此为止。"①

　　法律实用主义是20世纪30年代美国法律思想界最引人注意的一项发展。实用主义学者尊崇霍姆斯的见解,在其出发点上,可以找出若干共同之处:(1)法律是达成社会目的的手段,其本身并非目的,因此它的任何一部分都须依据其目的与结果不断加以审查,并依据目的与结果以及两者之间的关系,加以判断。(2)坚信法律任何部分的评价应依其效果而定,并坚信确认这些效果的努力,深具价值。"我们肉体的存在,到处遇到其所必需的外部手段的量的限制和质的欠缺,为了满足他们,需要有计划的准备和工作,与自然和与人的社会联合作斗争,这就是最基本的存在事实。"②普通法的方法从来就不是按照哲学理论发展演变的,"决定美国法官发展侵权行为法方式的,并不是伦理学的概念,而是一种压倒一切的需要——建立一套鼓励人们为实现发展生产的目标去冒险的责任制度。"③"这些先决条件的目标,在本质上是以经济为主的。确实,经济倾向基

---

① Leslie Tomasello Weitz, "International Maritime Law: The Nautical Fault Debate(the Hamburg Rules, the U. S. COGSA 95, the STCW 95, and the ISM Code)", *The Maritime Lawyer*, Summer 1998, p. 2.

② [德]马克斯·韦伯:《社会科学方法论》,韩水法、莫茜译,中央编译出版社2005年版,第14页。

③ [美]伯纳德·施瓦茨:《美国法律史》,王军等译,中国政法大学出版社1990年版,第65页。

本上贯穿了美国法律史的始终。它的第一位目标是,为经济提供法律工具,为在经济上征服北美大陆提供必要的刺激。法律和社会一样,人们使它适应不断增长的物质数量,即保护财富增多的要求,防止任何使财富减少的危险。"①随着社会分工的细化,货主的货物所涉及的范围与影响越来越大,货物后面所涉及的贸易链不断扩展,货物受损已经波及社会利益。航运市场机制的效率成果和自由不均等问题的严重性,只得同时加以考虑;需要同时注意效率和公平层面,因为以公平为目的来干预航运市场机制的运作,尽管促进了公平,却会影响效率或者经济目的的实现。在存在冲突的范围内,需要把这两个层面放在一起同时考虑,以达成总的航运秩序的优先排序,兼顾效率与公平。社会进步的指向是追求正义;但是,在哪里可以找到正义赖以存在的标准呢?边沁找到的解决办法是功利。一种不平等的海上货物运输的法律制度,即使创造了更大的财富,促进了航运发展或实现大多数国家利益最大化,或船货双方整体效益最大化,它也可能会因为过于极端而不能被辩解为是正当性航运秩序。

康德认为对我们的愿望进行质的评判的领域或应当领域不可能以纯粹的物的性质存在,它依赖于超脱物的性质的存在,即人的独特的价值。对此韦恩·莫里森论述道:"康德主义要求超越量的考虑,进行质的评判。道德律关涉对不同的欲望的质进行排序和归类的能力,也就是说这些欲望受到道德原则的判断。"②"然而,大多数义务理论并没有如此彻底,仅仅主张只需要根据行为的

---

①　[美]伯纳德·施瓦茨:《美国法律史》,王军等译,中国政法大学出版社1990年版,第331页。

②　[英]韦恩·莫里森:《法理学》,李桂林、李清伟、侯健、郑云端译,武汉大学出版社2003年版,第148页。

某些特征而不必根据其效果,就可以确定行为的正确性或错误性,而且道德上的正确性至少是部分独立于某一善的概念。"①"康德坚决主张,决定行为正确与错误并不是根据行为的具体效果,而功利主义者对义务论的一个主要批评:义务论者为了证明行为的正确性隐晦地诉诸行为的效果。对此,穆勒论证说,在决定一个行为正确与否时,康德的理论不可避免地要诉诸该行为的效果。按照穆勒对康德观点的解释,绝对命令所要求的是:一个行为,如果它被普遍采用之后,其效果无人愿意承受,那么,这个行为在道德上应予禁止。"②依照功利主义,国际海上货物运输承运人责任基础立法应重视规制行为的结果,行为本身并没有内在的正当;正当的行为就是能够产生最大效用的经济结果的行为。结果主义的计算优先于权利平等的分配,然而,一个产生最大经济结果的权利分配常常与正当观念相违背。③

　　承运人和货主对海商事立法的选择,不仅是一个具有目的合理性的手段问题,而是根据被接受的价值偏好对各种目标所作的合理权衡,即取向于价值的目标权衡和目的合理性的手段选择之

---

① ［美］汤姆·L. 比彻姆:《哲学的伦理学》,雷克勤等译,中国社会科学出版社 1990 年版,第 163 页。

② 同上书,第 207 页。

③ 我们可以通过不同的思想试验来分析这种情况。一个通常的例子就是所谓的医生的困境。称之为"306 房间的病人"。在医生工作的医院里,有六个病人等待器官移植。一个人需要换肝脏,另一个人需要换心脏,其他还有人要换肾脏。若不实施器官移植,这些病人就会死去,而现在并无器官可供移植。一个病人住 306 房间,他已经预约了一次通常手术。他的器官都是健康的。如果实际上医生利用了 306 房间的病人作为器官的提供者,我们如何评价呢? 一个病人的死去,换来了其他病人的健康生命,医生所做的不是一件高尚的事情吗?

间所建立的联系。国际海上货物运输立法所追求目的:(一)国际
范围内的法律统一性,减少法律障碍,增强预测性。(二)国际范
围内对承运人责任与权利进行规制与保护。法律是对平等主体进
行平等保护,其激励平等主体的船货双方实现各自效益最大化。
然"实然"法律经济分析,所欲做的实质是实现船货双方整体效益
最大化,单个个体的效益最大化并相加,并不必然导致整体效益最
大化。整体效益最大化实际上往往导致是对一部分或一方的权利
或利益进行限制或减低,而对另一方或另一部分予以保护或对其
利益进行扩张,此脱离了公平与正义。导致受到利益限制与减低
一方对秩序形成一种潜在破坏的可能性。国际海上货物运输,是
否采过失责任,进行经济影响分析,即进行实然分析,其实质是追
求效益最大化,在这一过程中,实际是限制航运发达国家抑或限制
航运不发达国家利益的问题。

　　捍卫康德主义观点认为,功利主义说康德要我们不考虑行为
的效果,甚至说康德认为一个行为在道德上是正确的或不正确的
与该行为的效果无关,其实这种说法不尽正确。康德的主张仅仅
是指行为的特征并不依赖于任何具体的结果,他从未劝告我们可
以全然不顾行为的后果。一个行为的效果通常不可能与行为自身
的性质相分离,所以当行为者使行为普遍化,以便决定该行为是否
许可时,也就必须考虑该行为的效果。康德只是由于过硬地谴责
以后果进行推理才偶然夸大了他的观点。但是,他的许多著作都
表明,他更多地还是愿意把行为的效果看做使行为普遍化过程中
不可缺少的一部分。康德的理论虽然很晦涩,但他强调把人作为
目的来对待,并且强调每个人的道德责任,却是基本和重要的思
想。终极价值在性质上意味着对财富的根本否定,在其他条件都
相同的情况下,不去最大限度地扩大财富永远是不合理的,即在不

与特定价值体系的要求相冲突的限度内,不去最大限度地扩大财富是不合理的。财富是获得共同终极目的(终极价值体系)的手段。

康德意义上的道德人,选择规范约束的行为符合理性,因为他认为服从绝对命令才能实现道德价值;而功利主义者的选择后果导向的行为,在他看来,唯有兼顾行为的结果才能实现道德价值。国际海上货物运输承运人责任法律制度进行实证主义的法律经济分析,其主导的设想是以效用为导向的理性行为,即试图通过对所有承运人责任基础方案的可能性后果的权衡达到效用最大化,而正义价值的约束被剔除或沦为次优的选择,换言之,以相应的经验利益为导向,而不受制于意识形态。然对效用的无节制追求首先会导致对航运秩序规范的践踏,而不会成为经常服从航运秩序规范的动机。只有当国际航运实践活动中参与方,不仅以效用最大化为动机,而且也将航运规范和价值内化以后,国际航运秩序才持续存在。

《汉堡规则》工作组在此阶段不希望为了产生最佳的经济效果而设计承运人责任体制,然而废除承运人航海过失和火灾免责须进行以下方面考虑:(1)合理。合理问题整个是不相关的,它易解释成风险增加转变成成本要素,最终货主要承担由于承运人责任增加而导致的运输成本提高。(2)损失防止。并不能期望承运人责任体制的改变导致产生损失"防止作用"(disciplinary effect),因为航海过失和火灾必然涉及承运人财产,从而产生威慑作用。(3)货物运输法律的统一。废除航海过失和火灾过失免责将与其他运输方式的法律更好地取得统一,单一的责任形式对于现代多式联运具有特殊的价值。然而,很难评估单一的形式所带来经济优势。(4)货物损失和损坏赔付是由承运人承担或是由货物保险

人承担。国际上有一个比较确定的一致,货物损失和损坏的风险
至少是主要由货物保险承担,然决不是强制法律强迫货主购买货
物保险,而是货主希望获得附加保险的提单,以保护自己。(5)是
否需要一个保护货物保险人索赔诉讼的强制法律。工作组强调承
运人的全面责任将导致索赔诉讼数量的增加,进而导致风险成本
的增加,损害货主利益。国际海上货物运输法律公约的制定,应避
免双重保险即承运人责任保险和货主的自己货物保险,技术上,这
可以通过减轻承运人责任,货主通过货物保险保护自己而实现。
(6)扩大承运人责任对货主是可接受的,然而增加目前承运人风
险责任,实行全面责任,工作组并没有看到这种强制立法能给货主
带来优势。① (7)国际统一的海上货物运输法律。工作组希望指
出建议的《汉堡规则》草案将破坏由《海牙规则》所确立的国际统
一的海上货物运输法律,将导致无尽的法律适用的复杂和争端,以
及司法上的择地诉讼。工作组因此考虑改变根本《海牙规则》的
承运人责任体制是不能接受的,除非新的责任体制保证能够获得
与《海牙规则》同样范围的接受。比利时、丹麦、芬兰、匈牙利、挪
威和瑞典在评述《汉堡规则》时指出:"草案反映了平衡和利益冲
突双方妥协。"②文章论述强制责任分配的改变能否有效地调整国
际贸易运输货物损失的发生,以及如何分配责任以取得有效的效
果。运输费率和谈判能力与优势,都取决于船舶运输能力与货运

---

① *Comments by Governments and International organizations on the draft Conventions on the Carriage of Good by Sea*, Yearbook of United Nations Commission on International Trade Law,1976,Volume Ⅶ,p. 251.

② *Analysis of comments by Governments and International organizations on the draft Conventions on the Carriage of Good by Sea*, Yearbook of United Nations Commission on International Trade Law,1971,Volume Ⅶ,p. 263.

市场需求供求平衡关系。"如果船舶运力过剩,承运人之间必定会产生激烈的竞争,托运人将享有优势的谈判地位;然而,如果存在船舶运力的短缺,货主将面临激烈的竞争,承运人将提高运输费率和降低责任。"①在运力过剩和运力不足方面是存在较大波动的,许多因素促使运力持续过剩的趋势,从而加剧承运人之间的竞争,降低了承运人谈判的优势。船舶运力过剩的一个主要原因是国家对海洋运输业提供资助,进行国家保护。因为,一支船队对国家在战争和其他危机情况下是至关重要的,许多国家对船东提供资助以确保一支有效可用的船队,以应对危机的爆发。结果,航运市场自然供求运力平衡被打破,导致运力过剩。

随着航运业发展和技术进步,货运量增长较快变化较大,对承运人而言提供廉价和快捷的运输就变得非常重要。"如果承运人承担货物保险,就需要评估保险货物的风险,并用这些信息资料确定运输费率。如果承运人能够拒绝这些货物损坏责任,承运人就可以向托运人收取较低运费,避免成本与保险相联系。"②"托运人最终会发现能够从货物保险人处获得比从承运人处更好更廉价的安全。节省的运费将超过货物的保费。"③货物损坏责任的分配影响运费的收取,若缺乏统一的法律承运人责任的法律,为了计算合理的运费,承运人须了解不同国家的责任分配法律。"如果除去人身伤害的考虑,公平的考虑是极少相关的。由于货物责任不涉及人身伤害,因此,道德无法在货物意外事件法律中发挥

---

① Leslie Tomasello Weitz, "Economic Analysis of the Allocation of Liability for Cargo Damage: The Case for the Carrier, or Is It?" *Transportation Law Journal University of Denver*, Fall, 1998, pp. 2-3.

② Ibid., p. 4.

③ Ibid., p. 5.

作用。"①诸如技术、货运量、运输能力、船舶供给品和燃料的价格、与其他运输资源比较选择（如航空运输）、国家的经济状况等都影响航运业的收入和支出,政府渐渐无法控制这些因素。在一个有效完全竞争的市场条件下,强制的法律责任是没有帮助的,它伤害了市场资源的有效分配,破坏了市场的理想选择,如果强制法律责任体制分配给各方可接受最低成本,那么,仅仅是达到了市场自然选择的结果;如果强制法律责任分配给各方并不是最廉价的成本,一个无效率的体制将产生,由于市场有效率的运作被阻止,资源就可能以无效率的方式分配。责任体制对资源的有效率分配是至关重要的,即风险有效率的初始分配可以将交易成本最小化。为了最小化事故成本,资源总量开始在承运人和托运人之间划分。一般三种交易成本影响承运人法律责任体制:谨慎防范的水平、争端的解决和过量的保险。② 承运人和托运人都可以采取谨慎防范的措施,以增加运输货物的安全。托运人可以在包装和密封上采取更加谨慎的措施,承运人可以采取更加谨慎的措施处理货物和驾驶船舶,然而谨慎防范的措施需要成本,如果较少的谨慎防范措施被采取,将导致较多的货损的发生,如果较多的谨慎防范措施被实施,成本将超过它们的利润。然而,确定何等程度责任水平强加给船东并不是一个简单的问题,即何种水平能够惩戒任性的船东,鼓励懒惰的船东放弃懒散而尽到谨慎处理的义务不容易确定。

美国 1999 年 COGSA 草案存在三个根本争执与对立。其中最根本的论点是通过强制责任惩罚一方,即承运人从事不道德行为而

---

① Leslie Tomasello Weitz, "Economic Analysis of the Allocation of Liability for Cargo Damage: The Case for the Carrier, or Is It?" *Transportation Law Journal University of Denver*, Fall, 1998, p. 6.

② Ibid., p. 7.

受到惩罚。起草者或是建议修改者宣称 COGSA 调整主要问题的框架是道德而不是经济,目标是矫正不公平(unfairness)或不合理(unconscionability),目的是抑制住承运人为了其利益而伤害无助的托运人。而实质,货物损害的冲突是在货物保险人与保赔协会(P&I)之间,而更为适当的观点是承运人和托运人是一个冒险的利益共同体,惩罚理论推断承运人承担最终的责任成本。假如承运人要维持生存,他们就必须通过收取更高运费来补偿成本。"那种认为人类行为应当还原为追求利益的目的理性的观点,根本就是一种障碍,阻止人们发现现实地引导人们获得创造性成就的道德驱动力。"① 法律所存在的价值,并不仅仅限于秩序、公平和个人自由。许多法律规范首先是以实用性、以获得最大效益为基础的,简言之,即使个人付出的代价减少到最低的限度。② 在风险只危及经济损害如财产损失的案件中,就有可能会适用成本收益过失标准。若对不同法律规则的效果缺乏经验主义的信息可能会阻碍我们实际上执行这种分析。当损害从根本上损坏人们普通的生命进程或对善的追求时,并且支付损害赔偿金不能恢复或消除此种损害,可称损害在程度上是严重的。死亡是标准的严重损害,它导致一个生命的提前终结,永远终止了对善的观念的追求,它不可能通过支付赔偿而得到恢复,也不能被分解为众多较小的损害在一些可能的加害人之间进行分散。严重的且无法救治的疾病和严重且永久的身体伤害在严重性上仅次于死亡。相反,一般的财产损害的严重性最

---

① ［德］阿克塞尔·霍奈特:《为承认而斗争》,胡继华译,上海世纪出版集团 2005 年版,第 157 页。

② ［英］彼得·斯坦、约翰·香德:《西方社会的法律价值》,王献平译,中国人民公安大学出版社 1990 年版,第 2 页。

小,其发生不会毁灭一个生命,它能够通过支付赔偿金而得到消除,它能够被分解为无数的较小的损害而在一系列可能的加害人中分配。

普遍有效的科学分析必须与价值判断分离开来。19 世纪末美国《哈特法案》和 20 世纪初《海牙规则》的制定,在处理航运秩序即承运人责任基础问题上实质上采用因果关系方法,不再探讨正义,而是提倡探讨航运实际行为中的因果必然性,并不谋求决定航运秩序中承运人应当如何行为,而成了承运人如何行为,以及根据因果法则效用目的进行研究与立法,即转变为关注航运现实,而弱化了法律价值。航运秩序不过是船货双方相互冲突利益的妥协,一种均衡的表示,而抛弃了实现国际社会"共同"或"普遍"利益并构成一个完全统一持久的这样一种航运秩序的概念。《汉堡规则》忽视了经济影响,并企图建立理论上平等规则。它似乎是清晰共识,《汉堡规则》可以产生船东保险费用增加,这些增加最终体现在费率上,消费者即货主是最终的输者。从调查数据推断,《汉堡规则》对海上货物保险以及船东责任保险的影响需要从长期和短期观点两方面进行评价。长期来看,《汉堡规则》可能诱发国际贸易当事方之间保险实践的改革。国际贸易商最终可能利用减负的优势,条件是相信航运公司能够对货物灭失或损坏作出迅速和全额的赔偿。我们因此可以预测,"从长期看货物保险市场可能会有一些畏缩。另一方面,增加的承运人责任会导致责任保险市场的扩张,承运人成本的增加。最终,运费标准将不得不提高。"①"道

---

① Eun Sup Lee, "The Changing Liability System of Sea Carrages and Maritime Insurance: Focusing on the Enforcement of The Hamburg Rules", *Transnational Lawyer*, Spring 2002, p. 12.

德任务便是严格遵守存在于特定环境中所有价值标准,反思这些价值标准,努力使有关的冲动得到最大限度的满足和发展,达到最大限度的能动的和谐与发展"①,这也是实用主义学说的核心。

---

① [美]乔治·H.米德:《心灵、自我与社会》,上海世纪出版社 2005 年版,第 21 页。

# 第六章 国际海上承运人责任基础
# 法律制度的效力基础

关于法律效力的基础,法哲学提供了两个学说答案:(一)合意。根据社会契约说,法是由合意建立的。法应当有效,因为那些建立社会和国家的人曾一致认为,建立一个国家总比没有国家好。在由法律秩序建立的契约("社会契约")中,当事人不是活生生的相关个人,而是被认为是理想典型的、理性行为的人,他们追求着自身的"真正利益",也即他们是发挥作用的、受共同利益约束的个人。但是,受契约约束的则是法律共同体的所有成员,也包括那些没有参与合同缔结的、对共同福利持有不同看法的人。换言之,社会契约是单一契约,更好地说是对拥有不同想法的第三者的责任拟制。(二)权力。法律实证主义认为,权力是法的效力基础。①实证主义根本不可能依靠自己的力量来证立法律的效力。在权力

---

① 这种法的权力论长期以来统治者德国的国家法学说并在思想上影响了德国几代法律工作者。直到今天它对国家法律的规范基础仍有影响。根据法律实证主义,如果强盗集团成功地篡夺了国家权力,那么这群强盗正式颁布的强盗法律就是法律,并且具有法律的约束力。法官和法律共同体真的应该屈从于强盗的国家权力,服从不道德的法律吗?([德]伯恩·魏德士:《法理学》,丁小春、吴越译,法律出版社 2003 年版,第 221页)

基础上所建立的，或许只有必然，但从来不会有应然和价值。而法只见建立在一种价值上，此价值内含于法律之身。"格老秀斯认为，国际法就是一切国家或者多数国家合意采用和制定的一种法则。利益并不是法律的渊源，遵守法律就是一点利益都没有，也是应该的，因为法律只是人性的表现，由此可见，格老秀斯也把国际法的渊源追溯到人类社会生活本性"。① 必须承认，民主并不会产生社会公正，即使决策是通过漫长的民主讨论作出的。民主立法不同于道德观点本身，它是和一个具体的共同体联系在一起。在海上货物运输法律确立的现实中，这可能意味着把多数国家的目标和价值强加于少数国家，其实质是在实用主义基础上与在计算功利的基础上的民主立法的原则。

## 第一节　合意(多数国家同意)与正义原则

"国际条约是就所包括的各项题目，为所有参与国家创立共同齐一的规则。这些规则就是法律，在缔约的国家内皆要遵守的。这些国际条约将以前专属每国国内立法问题变为国际法的问题，所以这些条约立刻将所规定的各题目变换了性质。研究这些题目已不是仅仅与一国国内立法上所规定者有关，这些题目具有国际的一方面。"② 如果国际社会欲达成一种凝聚力颇高且内在和谐的整体国际航运秩序，那么，就必须在立法过程中遵循一般性正当规

---

① 法学教材编辑部：《西方法律思想史》，北京大学出版社1983年版，第148页。

② 方孝岳：《大陆近代法律思想小史》，中国政法大学出版社2004年版，第59页。

则,即使多数国家也不得破坏这项规则。如果一个特定船方或货方群体,即使构成了多数一方,就海上货物运输承运人责任基础问题所达成的一致都被称之为法律,那么它肯定是与正义的法律理想不相符合的。我们可以遵循多数之治,但是无论如何,只有当多数国家在决定承运人责任基础规则问题时受所不能改变的正义规则约束的时候,正当的国际航运秩序才能够得到维护。然而,国际海上货物运输责任体系立法当下的情形已经发展到,正当行为规则意义上的法律,与多数就某个特定问题的意志表示这种区别不存在了。《汉堡规则》重心在于第五条责任原则、第六条责任限制以及第八条责任限制权的丧失。第一委员会主席为避免此等重心条文纯由多数决定,乃委英国、荷兰、挪威、美国、苏联、波兰、捷克、印度、比利时、乌干达、加纳、墨西哥、阿根廷、厄瓜多尔等十四个国家与主席共同组成以协议小组折衡,期能符合各方利益。"免除国际海上货物运输承运人航海过失免责例外,是构成现代和协调的国际运输体系的重要一步,是建立门到门运输体系的实质一步。尽管废除航海过失是不可避免的,然仍需要在最后阶段,根据'一揽子责任'最后讨论决定。"①

如果仅仅强调功利主义,那么,一些不正义的行为看起来也好像是正义上所要求的。大多数国家无权以侵害少数国家利益的方式对待少数国家,即不允许多数国家的利益凌驾于少数国家的权利和法定的利益之上。如果运用功利原则就会碰到许多明显的不正义的现象,因为功利主义允许不正义的行为和对少数者的权利的侵犯。这一论点进一步推广为:能够对受承运人责任基础规则

---

① *Transport Law Draft Instrument on the Carriage of Goods by Sea*, CMIYEAK2003, p. 152.

影响的最大多数国家产生最大价值的行为,也可能会证明是对少数国家的不公正的伤害或损害,致使多数国家压迫少数国家。采取不完全过失责任,如果承运人的收益超过了货主的损失,或者,更确切地讲,如果在承运人向货主进行了风险负担的转让后,所产生的情形较之于完全过失责任是一个帕累托改进,那么一种情形就要优于另一种情形。换言之,如果最大多数国家最大利益所确立的海上货物运输法律,对少数国家利益没有形成损害,即帕累托改进,那么,可以讲,由此所确立的承运人责任基础规则是符合正义的,然而船货双方既存在互惠性又存在利益冲突特性,决定了帕累托改进是难以获得的。

国际海商事秩序,只有在一国同意受这一秩序的约束时才受约束,每一个国家可以通过撤回其同意而在任何时候使自己置于国际航运秩序之外。一个真正的国际航运秩序和最高程度的自决是不相容的。国际秩序的变革要求从属该国际航运秩序的简单多数国家的同意,即赞成秩序国家数目将始终大于不赞成该航运秩序国家的数目(2/3 多数)。作为多数表决原则的基本观念是国际航运秩序应与尽可能多的国家一致而同尽可能少的国家不一致。如将国际航运实践的内容,视为一般的各种利益,则不同国家之间或船货双方之间利益彼此冲突时,法律应保障何种利益,无从加以判断。美国法学家庞德在其社会利益学说内曾提出一种标准,即应就法律认可的全部社会利益,在尽量使最少数的利益遭受损害或最多数的利益获得保障的原则下,选择一项合理决定。这也是获得公平与正义的途径。可是在实际运用此项标准时,如何确定所谓的"最多数"与"最少数",亦是不能靠数学的方式所能完成的。国际海上货物运输责任体系不能盲目地以航运事实为根据,任何选择有赖一定标准,而航运事实本身,并不能提供批判事实的准据,数学统计的归纳和经济目的论的观察方式应用于法律上的构成事实的判断会带有一定主观偏颇性,不同的统计或观察由于设计者目的不同,对于航运事实的认知会有不同的结论。而利益间的冲突,必须在各种利益之外,另立衡量船货双方或国家之间利益轻重的客观标准,才能判断何种利益应予保障,何种利益应予牺牲。庞德因采用詹姆斯的实用主义,声明对人类各种需要不作任何价值判断,法律的目的就在尽量使所有这些需要得到满足。因此,只要对航运秩序中的利益不作任何价值判断,所代表的只能是绝大多数国家的实际需要,而不是共同的利益。"如果允许多数国家违反少数国家的意愿而创立法规,又将导致不可克服的困难。这个多数应该有多大,在计算多数时,是否必须把危地马拉的实践与美国的实践等量齐观,反之,如果把一些国家看得比其他国家重要,那么,所谓的重要又以什么为标准——是人口、面积、财富还是军事力量?"①"尽管《汉堡规则》最终得以实施,但是世界主要海运国家没有一个采纳它,而且以它现在的形式取得世界的接受似乎是不可能的"。②"美国将领导新的调整海上货物运输统一法的形成。如果美国不作为,只是在决定是否参与统一进程前等待和观望,那么很大的可能是什么结果也不会发生。如果确实发生了什么,那么美国对于法律发展的影响就会微乎其微。"③"国家财富的不同对于某些国际规则和法规在某些领域的普及以及在其他领域的不流行也有很大的影响。发展中国家接受诸如《1974 海上生命

---

① [英]M. 阿库斯特:《现代国际法概论》,汪瑄等译,中国社会科学出版社 1981 年版,第37—38 页。

② Michael F. Sturley, "Uniformity in the Law Governing the Carriage of Goods by Sea", *Journal of Maritime Law & Commerce*, October, 1995. p. 89.

③ Ibid. , p. 78.

安全公约》,和《1973/1978 防止船舶污染国际公约》,以及技术附件、安全和污染防止领域的修正案较为缓慢是可以理解的,因为这些规定通常要求巨额的支出和严格的检查程序来实现并确保公约的遵守。这些措施通常是第三世界的小国家做不到的。William O'Neil 认为:"较为发达的海运国家对于不太发达的海运国家有一种责任。"①

　　实际上,我们没有任何理由相信,在国际航运秩序制定过程中,由于多数国家所欲求某一特定目的,所以该多数国家这项欲求便是对它所具有的正义感的一种表示。长期以来在国际海上货物运输责任体系中一个最为紧要而又无法得到解决的问题是,如何对"众意"进行限制,即如何对多数国家所达成一致的利益目的进行制约。因为,国际航运的基本秩序不可能完全依凭目的理性的设计,不能够以特定的可预见的利益结果为目标,而牺牲少数国家的利益。法实证主义以唯科学唯目的理性摧毁价值的做法,是时代的悲剧,因为价值实是我们一切文明所不可或缺的基础。国际法"越是更一般地承认共同价值,那么国际社会将越是更为坚强,相反,如果不再承认任何共同价值,那么国际社会必然分崩离析。由于共同的人类天性的结果,总是会承认一个最低限度的共同价值"②。因此,国际海商事公约可以认为,是代表不同国家间构成一种相互义务,是依共同公益而成立。国家生存是每个国家的主要利益,如果多数国家的意志不受约束,那么,我们也就只能由这个多数国家的特定目的来决定何为海上货物运输法律制度的问题

① William Tetley,"Uniformity of international private maritime law—the pros, cons, and alternatives to international conventions—how to adopt an international convention",*Tulane Maritime Law Journal*,Spring 2000. p. 56.

② [奥]阿·菲德罗斯等:《国际法》,商务印书馆1981年版,第19页。

了。因此，一如凯尔森所主张的那样："从理性认知角度看，所存在的只是人的利益，以及由此而产生的利益之间的冲突。这些冲突得以解决的方式，或者是以牺牲一方的利益来满足另一方的利益，或者是在彼此冲突的利益之间达成一种妥协。因此，人根本就不可能证明任何一种解决方法是正义的。"①

近半个世纪，一部分思想进步的学者主张主权应该放弃，承认国家间相互依赖原则，国际公法的渊源，应求之于法理的一般原则，而不必拘于各个国家间的明白同意，国际法学不仅应该说明现存规则而且应该将法律上一般正义原则和较高的国际法理想相配合，以促使国际关系更加良好②。自20世纪初以来的国际海上货物运输法律制度显著特征是国际条约具有了更广泛的应用，以航运事实为结论的根据，很少去评价事实，或事实所依之产生的经济的基础。这里有很坚强的倾向，即常为大多数国家利益而辩护，事实之法和应当之法几乎完全分开。为什么多数国家的要求和目的可以优于少数国家？多数与少数仅为数量的多寡的差别，非为价值高低差别。若以侵害权益为不法，那么纵然为少数国家的权益，加以侵害亦为不法。若说侵害少数国家的利益是为了大多数国家的最大利益，但多数国家之大与多绝对不足以视作不法为合法的理由。"若以此为理由，则无异乎说一人杀千人为不法，而千人杀一人为正当。"国际海商事公约制定，实质是功利主义的合目的理性需求的实证立法，而脱离了法律的价值。海上货物运输立法特

---

① [英]弗里德里希·冯·哈耶克：《法律、立法与自由》，邓正来等译，中国大百科全书出版社2000年版，第81页。
② 张行道：《国际公法》，(中国台湾)"国立"编译馆1979年版，第30—31页。

性是以国家作为一个同意的主体,抑或签约国家船舶吨位总量作为生效条件。国际海事商事条约,若采用实证主义,实际就把法律效力来源寄予主权者的命令,而由于不存在这种类似国家的主权者,因此,导致功利主义,最终最大多数人的最大利益成为公约效力的来源。"凡是没有'绝对正义感'的人,一切都是从自己的实际利益出发。由这些人组成的社会集团,就会把符合多数人(或主要社会势力)利益的事业看成正义的事业。换言之,在这些人的社会里,多数人的利益就具有正义的外表。所谓多数人的利益,无非是一种社会主观意识,而这种社会的主观意识,由于缺乏'绝对正义感',因而,归根结底是一种实利主义思想。"①因此,国际公约往往只是调和各种利益,基于合目的理性行为,而本身缺乏系统的理论支撑,缺少法律价值判断,条约的内容在某种程度上大多反映了缔约各方的相对实力与数量多寡,多半是妥协的结果。

## 第二节 公意与正义原则

"一般国际法所构成的这一法律共同体是完全分散化的,它没有创造和适用法律的特殊机关。因此,一般国际法由于其分散化,具有原始法律的性质;原始法律的特征是:它没有设立特殊的立法、司法或行政机关,而把有关职能交给各主体,即法律共同体的成员。"②一个现代国家的立法机关有可能颁布少数立法者所不

---

① 〔日〕堺屋太一:《知识价值革命》,金泰相译,沈阳出版社1999年版,第207页。
② 〔美〕汉斯·凯尔森:《国际法原理》,王铁崖译,华夏出版社1989年版,第19页。

同意通过的法律,而且这些法律对隶属于该立法机关管辖范围的每一个人都具有约束力。但是另一方面,多边条约所通过的国际海上航运秩序的规范(国际立法行为),却通常只对那些在有关条约上签字或以其他遵守条约的方式来表示同意的国家具有约束力。国际海上货物运输承运人责任基础立法中的公正问题的起因是对各个国家之间的利益有不可调和的各种要求与分歧。因此,只要能够用某种适当的方式把这种矛盾与分歧转化成为协议,问题即可以得到解决。这就是在全体国际社会国家之间就正确分配船货利益与风险达成的协议。在适当的条件下,凡是国际社会全部国家达成的航运秩序的协议,就能够被明确视为公正的。然而,指望现实中的全部国家达成这种协议或设想会达成什么样的协议是没有用的。

在船货双方权利的平等分配和不平等分配之间作出选择,立法在什么条件下会选择不平等的分配,其根据和条件当然不总是使总效益最大化,把总效益最大化的行为,并不会关心该总量在船货双方间的平等分配。因此,立法中仅仅当船货之间风险不平等分配比平等的分配风险对船货双方更有利,或者对国际社会所有国家更为有利时,那么就值得选择一个不平等的船货双方之间风险分配。由此出现罗尔斯所说的公正的一般概念:社会的基本利益要进行平等的分配,除非对任何或所有这些利益的不平等分配对每个人都有利,它才是公正的;或者更简单地说,社会基本利益的分配必须增加处境最差的阶级所享受的社会基本利益。这就是著名的罗尔斯最大化原则,它概括了罗尔斯的一般公正观。"不过尽管如此,罗尔斯的差别原则已经包含着对功利主义的重要让步,或更好的说法是,包含着经济学意义上的效率原则。事实上,它是公正和效率的混合。差别原则要求,对社会和经济的不平等要这样做出安排,使其能够最大限度地使最贫穷阶层获益。"①这既是帕累托最优,也是公正的。罗尔斯的差别原则使我们既能获得经济效率的最大好处,又符合公正分配,因此是"最佳的公正安排"。当然,这意味着这种不平等分配风险将是公正的,但海上货物运输立法中难以寻找到这一点,即使能够做到这一点,从经济上说大多情形也是无效率的。因为,从经济上而言,每一个人效益最大化简单相加,大多情形并不总是整体效益最大化。帕累托改进是不可能的,能够存在的是帕累托的效率原则。换言之,如果国际海商事立法中多数国家作为原始共同体的多数人的利益,而不侵犯少数人的利益,达到一个帕累托改进,那么,如此所建立的国际航运秩序可以称为正义的航运秩序。然要做到这一点是不可能的,由于航运是国际贸易的基础,国际性与整体性是其主要特征,航运发达国家与不发达国家或发展中国家利益是相对立与矛盾的,要做到大多数国家从国际航运秩序中受益,而少数国家或航运不发达国家的贸易利益不遭到侵害是不可能的。"《汉堡规则》由联合国起草,维护了没有庞大规模船队的发展中国家的货主及托运人的利益,也得到了不少可借此减少保险费用的其他国家托运人的拥护。但是,将货物运往这些国家或从这些国家启运的船只的所有者,被国际海运保险联合会征收较高的保险费率。此规则遭到全球承运人及保险公司的强烈反对。"②

公意是一个特殊的概念,它不是"所有人的意志"的简单的数

---

① ［英］迈克尔·H.莱斯诺夫:《二十一世纪的政治哲学家》,冯克利译,商务印书馆2002年版,第318页。

② ［美］理查德·谢佛、贝弗利·厄尔、菲利伯多·阿格斯蒂:《国际商法》,邹建华主译,人民邮电出版社2003年版,第184页。

学累加,例如在某种简单的投票制度中选票的纯粹经验性的展示。只有当全体的意志符合公共利益的宗旨时,它才成为公意。合意也被解释为民主制度的多数表决原则。这种建立在"多数人合意"基础上的效力观点根据这样一个原则,即所有法律共同体的成员都有义务遵守由多数人决定的行为规则。在那些对这种规则理性持怀疑态度的人看来,合意是成问题的。怀疑和争论正是充满活力的民主的必要特征。海上货运输立法中的情况往往是,它只不过是多数国家的意志,从海商事公约制定过程中看,投票制度和法律的通过应该受到共同利益或者社会正义以高于一切目的的制约。只有当整个海商事制度的指向是社会正义而且法律和制度表达了该种志向的时候,我们才能肯定:通过的法律实际地与公意保持了一致。在制定海上货物运输责任体系公约时,是以共同利益或社会正义为指导,在这种情况下,法律表达了公意,而不是特殊利益的工具性结果。"个别意志由于它的本性总是倾向于偏私,而公意总是倾向于平等。"①"如果规范体现了普遍利益,那么,它就是以一种理性的共识为基础,如果规范不能调节普遍利益,那么,就是基于力量。"②如果民主的意志形成不受到保障个人自由的限制,那么,这种意志就会变成压制。

"正义是社会制度的首要价值。某些法律和制度,不管它们如何有效率和条理,只要它们不正义,就必须加以改造和废除。每个人都拥有一种基于正义的不可侵犯性,这种不可侵犯性即使全社会的福利也不能凌驾其上。因此,正义否认了为了一些人分享

---

① ［法］卢梭:《社会契约论》,何兆武译,商务印书馆1980年版,第36页。
② ［德］哈贝马斯:《合法化危机》,刘北成、曹卫东译,上海人民出版社2000年版,第148页。

更大利益而剥夺另一些人的自由是正当的,不允许以大多数人应该享有更大利益为借口而把牺牲强加于少数人。"①唯有公意才能够按照国际公约创制的目的,即国际社会共同利益来指导国家的各种力量。"公意永远是公正的,并且永远以公共利益为依归。众意与公意之间经常总有很大的差别,公意只着眼于公共的利益,而众意则着眼于私人利益,众意只是个别意志的总和。"②功利主义与人们对社会正义所作的思考难以协调起来。"应当强调指出的是,大多数强调国际关系的惯例和条约规定之所以在很大程度上都得到遵守,乃是因为它们有利于有关国家维持和平共处,并且遵守它们还会有助于赢得国际间的友好亲善"。③ "国际海商公法(或公共国际海商法)调整国家间有关海商的法律关系。统一性的缺乏是由于主要国际海商法公约适用的缺乏。国际海商法统一性的缺乏使那些信仰统一的人感到沮丧,特别是与航空法相比较,航空法的统一起步很晚但现在已经远远超过了海商法。"④

国内法力图保护一国内部的和谐与合作,而国际海商事法律力图在跨国或全世界的范围内实现和谐与合作,减少可能引起的国际海商事纠纷与争端。因此,如果要作出国际海上货物运输法

---

① [美]约翰·罗尔斯:《正义论》,何怀宏等译,中国社会科学出版社 1988年版,第 3 页。

② [法]卢梭:《社会契约论》,何兆武译,商务印书馆 1980 年版,第 39 页。

③ [美]E. 博登海默:《法理学》,邓正来译,中国政法大学出版社 1999 年版,第 346 页。

④ William Tetley, "Uniformity of international private maritime law—the pros, cons, and alternatives to international conventions—how to adopt an international convention", *Tulane Maritime Law Journal*, Spring 2000, p. 99. 在西方社会海商法具有一个共同的国际起源——大陆法系传统,而当今强烈受到普通法系和发展中的现代海商法影响。

律制度是一种真正的法律这样的评价,就必须首先承认这样一个事实,即国际海上货物运输承运人责任规则如果不以国际社会或国际社会大多数成员的接受为基础,那么,该制度就不可能有效。由于国际海商事立法,是一种软法,缺少立法机构,以及超国家制约力,所以依然取决于航运发达国家的基于效益的同意,这导致《汉堡规则》徒具公平并经发展中国家共同通过,而对航运发达国家不起作用。现行国际海上货物运输法律制度被利益矛盾和不确定性扭曲了,理性总是倾向于自利,各国以自利为基础参与国际贸易,不存在与国内社会相似的条件,也不存在识别国际公意的可能性。"在国际法中,实效原则起着巨大的作用。"①从长远来看,只有一个真正普遍的以正义为基础的法律体系才能缓和或缓解当今国际航运秩序中多元化所造成的冲突与紧张。日益深化的国际经济交往同时推动了一个一体化的国际海上货物运输领域的形成,因为一个一体化的国际航运市场需要一个一体化的法律,这些目标主要是通过国际公约来达到的。"为了促进国家之间、国家商业关系之间的发展,其间法律应该统一。立法和变化需要时间。有许多障碍需要克服。"②

## 第三节　民主的基础——法律实证主义

法律经济分析集中研究效率而不是正义,效率应成为法律解

---

① [奥]阿·菲德罗斯:《国际法》,商务印书馆1981年版,第167页。
② William Tetley, "Uniformity of international private maritime law—the pros, cons, and alternatives to international conventions—how to adopt an international convention", *Tulane Maritime Law Journal*, Spring 2000, p. 88.

释的关键,其认为关注正义就丧失了客观性和中立性。实证主义被认为是经济科学存在的基础。"法律实证主义被认为是对自然法的一种反动。"①"法律实证主义长期以来一直在努力证明,所有的道德价值都是毫无意义的,甚至是纯粹的'情感的产物',其无视这样一种观点,由生物的进化或文化的进化选择出来的那些情感性的回应方式,对于一个发达社会的凝聚力来说具有着至高无上的重要意义。"②在国际法上,实证主义法律根基于国际实践活动,如果没有国家的同意便不可能被创造出来并约束国家,国家不可能受预先存在规则的制约,同意是一切法律责任的基础而不是根据更高的道德原则。③ 1650 年 Richard Zouche(系剑桥大学教授)的《国际法》,特别注重于习惯为国际法的渊源,其虽不否认"理性",但认为"同意"为国际法的唯一根据,即不是说理性不足为国际法的准绳,而是说国家间关系复杂,须经各国认可,纵然理性丰富,这种法规亦属徒具幻想。所以,他对国际法的定义为:"一种法律为最大多数国家所接受的习惯且与理性相合。"④然而 Martin Dixon 论述道:"同意理论是有吸引力,但是它并没有精确地论述出国际法的本体。表面同意是创造有约束力法律的方法,但它不能解释受约束的原因。"⑤许多国际法学家承认实证主义在国际法上的盛行使国际法失去了一些发展因素,因此,本世纪的国际

---

① [美]乌戈·马太:《比较法律经济学》,沈宗灵译,北京大学出版社 2005 年版,第 75 页。
② [英]弗里德里希·冯·哈耶克:《法律、立法与自由》(第二卷),邓正来等译,中国大百科全书出版社 2000 年版,第 519 页。
③ Martin Dixon, *International Law*(second edition ),Blackstone Press Limited, p. 14.
④ 张行道:《国际公法》,(中国台湾)"国立"编译馆 1979 年版,第 25 页。
⑤ 同上。

实践与学者并不采严格的实证主义,而在认为缺少根据国家实践的法律规则时,可以求助于正义的规则。"现代的国际法,除了维持一个有秩序、并尽可能符合正义的国际秩序外,还有积极促进人类福利的目的。"①对国际法的基础,对国际法拘束力的根据,有多种学说,诸如:"共同同意说"、"自我限制说"、"共同意志说"、"基本权利说"、"连带关系说"、"条约神圣说"、"社会需要说"。"在此,可以让一般人相信的国际法的根据,一方面基于各国对它的公认,另外一方面亦是由于各国基于事实上的利害关系而对它的需要。因此,国际法是充分反映各国的共同主张及共同利益的法之规范。去寻求实际需要以外的原因,作为国际法拘束力的根源,毫无意义可言。"②美国的国际法学者范威克(Charles G. Fenwick)认为国际法是国际社会生存的实际需要,基于人类在当代条件下彼此经常接触,超出这种需要的国际法哲学根据的一切讨论,都是空谈而已。③ 现代国际海商事法律在很大程度上是条约法,那些看上去不经各国预先同意便对它们有约束力的规则,实际上仍然是以各国的同意为基础。功利主义通过对利益最大化的计算或者投票,多数人投票裁决的同意方式来进行决定。利益计算与民主投票都无助于个人权利的建构,其将个人的外在偏好——目的计算在内,因为这种方式侵犯了所有人应当都被平等的关怀与尊重的基本权利。功利主义或民主投票体制,衡量票数与效益最大化的选择,并不能保证满足所有公正的诉求。独立的占大多数的投

---

① 丘宏达:《现代国际法》,(中国台湾)三民书局1998年版,第10页。
② 吴嘉生:《国际法学原理》,(中国台湾)五南图书出版公司2000年版,第49页。
③ Charles G. Fenwick, *International Law*, 4 th ed. N. Y. : Appleton-Century-Grofts, 1965, pp. 36–37.

票者可能合并成一个利益集团,而使受挫的少数没有资格以平等的关怀和尊重而受到平等对待,剥夺平等的自由与尊重。"日本在对 CMI《运输法》草案意见中指出:本协会认为现行的责任制度已经有效分配了海上货物运输的风险,因此,目前不必要也不希望修改。应该采取新加坡会议上多数人支持的推定过失制度。"①

庞德因采詹姆斯的实用主义,对人类的各种需要不作价值判断。任何一种需要,一旦有人提出,即有其价值。"而法律的目的即在于尽量使所有这一切需要得到满足。法律基理只是代表某特定社会在某特定时期内绝大多数的实际需要,而不是说明全部实际需要。"②依照庞德的论点可以阐述为,国际海上货物运输秩序冲突的船货之间利益何者可以保障,何者可以牺牲,其牺牲的程度如何,是根据何种选择的结果能使最少数国家利益遭受牺牲。反过来说,何种选择能使最多数国家利益获得保障。但是,所谓最少数以及最多数,究竟如何确定,是一个关键的问题。立法者显然不能将一切与争执有关的国家数量,分别乘以每一个国家的利益,然后比较双方的数字,视其寡多,以为选择的准据。"任何选择必定引起价值判断的问题,实际需要或利益,并不能自动表示他们的价值,换言之,何种利益应该保障,何种利益可以牺牲,并不是观察利益本身,即可以知道的。"③

依据法律实证主义,海商事法律是为了实现人的目的而被设

---

① *Synopsis of responses to the consultation paper*, CMI YEARBOOK1999(Issue of Transport Law), p. 438.
② 马汉宝:《西洋法律思想主流之发展》,(中国)台湾大学法学丛书编辑委员会1999年版,第44页。
③ 同上书,第50页。

计出来的,即有助于人的目的实现,我们应当重新设计航运秩序法律制度,从而使航运实践都受已知目的的指导。如果人们被说服并且相信多数国家就承运人责任基础规则选择的益处所达成的共识便能够证明该项措施是正义的,那么他们也同样有理由全力将该项措施付诸实施。那种宣称多数国家就能够达成共识的航运秩序都是正义的观点,几十年来一直都影响国际海上货物运输承运人责任基础规则的制定,即多数国家同意乃是证明承运人责任基础规则正义与否的证据。以功利原则立法论,如果大多数国家对船货双方风险分配承运人责任基础提出疑义的话,那么这种海商事法律制度便趋向于动摇和面临变革。"虽然众人就一项特定规则的争议问题所达成的共识确实是判定该项规则是否正义的一项好标准,尽管这并不是一项永远可靠的判断标准,但是,如果我们由此而把多数所赞同的任何一项特定措施都界定为正义的措施,那么,我们会使正义观点彻底丧失意义,而这种多数赞同的任何一项特定措施为正义的措施所依凭的理由只能是实证主义所信奉的那种教条,即客观正义标准根本是不存在的。如果多数相信它做出的决定就是正义,那么,我们就极有必要要求多数对此做出证明,而证明的方式就是多数必须把它在特定场合行事所依凭的那些规则予以普遍适用。民主诠释的基础是实证主义法理学。"①众多的航运不发达国家试图建立一种新的国际航运新秩序,但至今占主导的仍然是国家价值,而且,需要航运发达国家的同意,这又阻碍了创立新的国际航运新秩序。"国际体系的价值是国家价值——国家主权、国家自治、不可干涉,这些价值使作为国

①　[英]弗里德里希·冯·哈耶克:《法律、立法与自由》(第二卷),邓正来等译,中国大百科全书出版社 2000 年版,第 277 页。

际法主体的国家获益。"①"民族主义坚持,甚至在 21 世纪,在实现国际社会海事法律更大的协调一致方面也产生了许多问题。当国家认为生死攸关的事务可能会被一种新的国际制度和标准带来负面影响时,他们不会轻易放弃主权。例如,加拿大和美国还没有成为 1982 海上法律公约的签约方。主要原因是他们拒绝放弃对诸如海上渔船法规(加拿大主要关心的)以及海底开发(美国批准的主要障碍)等事务的主权。"②

　　在 20 世纪下半叶,各国对相互依赖性有了逐步认识,一个相互依赖国际航运秩序,一个贸易与航运相互依赖的环境,各国对相互依赖性的认识推动了合作,开始超越了国家的自治和不可干涉性,并且会进一侵蚀这些国家价值和同意原则。具有支配力的正义原则之所以可以作为评价的标准,乃是因为其可以保障"最广泛的同意"。多数国家同意的特定行为,并不能使此种价值判断对少数国家发生拘束力。一个人类社会从根本上取决于以人的价值为中心,毕竟这是共同体成员能借以交流其各种意愿的唯一语言。夹带各种诸如效用等非人类的、外在于人类价值的"价值"将使社会分崩离析,将会摧毁自由、公正、繁荣、安全、和平等其他目标。"保护国际贸易中弱方当事人的利益,不仅是正义的需要,也是开明工业国的自我利益的需要。"③"政治和社会目的是国际海事私法不能调和的另一个原因。在许多不发达地区,诸如增加国

---

①　[美]路易斯·亨金:《国际法:政治与价值》,张乃根等译,中国政法大学出版社 2005 年版,第 161 页。

②　William Tetley,"Uniformity of international private maritime law—the pros, cons, and alternatives to international conventions—how to adopt an international convention",*Tulane Maritime Law Journal*,Spring,2000,p. 88.

③　[英]施米托夫:《国际贸易法文选》,赵秀文译,中国大百科全书出版社 1993 年版,第 516 页。

家收入,最大程度地雇佣贫苦人群的政治和社会目的,比促进海上安全、保护海洋生态更重要。"①功利主义者认为,应当依据一个行动、做法、制度或法律推动社会的各种居民的总和的幸福("减去痛苦后的快乐之剩余")的效果来评判其道德值,而这个社会也许是一个民族或整个世界。②

## 第四节　质疑最大多数国家的最大效益

以国家为单位的同意,对世界航运市场和外贸经济的影响力,导致一系列海事公约,以船舶吨位的总量作为国际海事公约生效的条件,导致美国在国会批准《汉堡规则》时,所加附加条件,即《汉堡规则》通过国家与美国的贸易量超过《海牙规则》国家与美国的贸易量。为了不受海运大国的垄断,《汉堡规则》打破了海运公约历来的管理,废除了公约生效对商船吨位的要求,明确规定有二十个国家批准,即宣告生效,不论它有多少条船或者没有船。由于公约对货方有利,且又没有商船吨位的限制,对第三世界很有吸

---

① William Tetley,"Uniformity of international private maritime law—the pros, cons, and alternatives to international conventions—how to adopt an international convention",*Tulane Maritime Law Journal*,Spring,2000,p. 89.

② 规范经济学认为,应当根据一个行动所推动的社会福利效果来评判该行动,这里的社会福利常常界定得很宽,乃至几乎就是功利主义的幸福概念的同义词,只是一般来说,社会福利的概念中不包括非人类存在物的满足。([美]理查德·A.波斯纳:《正义司法的经济学》,苏力译,中国政法大学出版社 2002 年版,第48页)"财富最大化避免了效用最大化提出的一些伦理难题。有人认为,财富最大化就是有限制的功利主义,这种限制就是,社会寻求最大化的仅仅是满足那些有支付意愿支撑的偏好。"([美]理查德·A.波斯纳:《正义司法的经济学》,苏力译,中国政法大学出版社 2002 年版,第86页)

引力,公约在 1990 年就获得生效。"多数国际公约的主要缺点在于,他们的实施很困难。每项公约的草案必须通过称为'明示接受程序'的传统外交程序重新谈判和采纳。例如,IMO 采纳的公约和草案,为了使之生效,要求固定数量签约国的支持,有时还要求占世界总吨一定百分比的国家的支持。20 世纪 60 年代和 70 年代,IMO 越来越难以获得三分之二多数签约政府的支持,主要原因是:IMO 成员国继续增加,使它越来越难以获得需要的三分之二多数。"①"不管《汉堡规则》最终将比《海牙—维斯比规则》多大范围内被接受,它在很大程度上是一个政治问题,而不是一个法律问题"。②"当今,大多数的美国贸易伙伴以及航运发达国家采纳了《海牙—维斯比规则》修正案。他们是这样一些商业联盟,如:澳大利亚、加拿大、日本、比利时、中国、丹麦、法国、德国、中国香港、意大利、荷兰、挪威、西班牙、瑞典、瑞士及英国,美国 63.9%的贸易是与他们做的。加入《汉堡规则》的 22 个国家多数是发展中国家,进出口贸易占美国贸易额不足 2%。船舶利益方常常对于《汉堡规则》只在很少一部分世界对外贸易中被采纳,没有主要的商业势力使用而提出批评。不管怎样,根据 sturley 教授的观点,美国对《汉堡规则》的批准适用将毫无疑问成为一个获得国际社会广泛接受的主要因素。"③依此,也引出了一个关键问题或称

① William Tetley,"Uniformity of international private maritime law—the pros, cons, and alternatives to international conventions—how to adopt an international convention", *Tulane Maritime Law Journal*, Spring 2000, p. 89.

② *Carriage of Goods by Sea*(*Billing of Lading*), CFCG—Service Issue No. 6—2 October 1995, p. 296.

③ Samuel Robert Mandelbaum,"Creating Uniform Worldwide Liability Standards for Sea Carriage of Goods Under the Hague, COGSA, Visby and Hamburg Conventions", *Transnational Lawyer*, Spring 2002, p. 167.

为国际海上货物运输公约是以国家的接受数量为基础,还是以在世界经济总量中被接纳程度为基础。

我们根本无法从国际海上货物运输承运人责任基础立法中,多数国家的意见应当占据支配地位要求当中推论出这样一项规则,即多数国家就特定问题的意志应当是无限的或不受限制的。正义理性观念所依凭的乃是这样一种信念,即有可能发现独立于特定利益而存在的客观的正当行为规则。这种正义观念只关注航运实践行为的正义问题或者调整航运实践行为规则的正义问题,而不关注这种行为对不同的国家或不同的利益群体的地位所造成的特定影响的问题,即并不要求不同国家或利益群体在这个国际海上货物运输承运人责任基础法律秩序过程中所获得的特定结果是公平的。

17 世纪的英国政治哲学家霍布斯( Hobbles, 1588—1679 )主张国际法的自然状态说,按照其理论,各主权国家不是共处在有组织的国际社会中,而是共处在自然状态中。在自然状态中,各主权国家都尽力为自己取得最大的利益和权力并保全自己的生存,而很少顾及其他主权国家的利益、权利和生存。因此,国际间既不实行道德法则,也不实行法律规则,而实行着调节一些物质力量相互关系的自然法则。虽然霍布斯著作中曾认为国际法就是自然法。但是他在国际关系方面所说的自然法实际上并不是意指自然法学派所成的效力高于实定法的自然法,而是指他所称的实行自然权利的自然法则,即满足自己欲望并保全自己生存的权利的自然法则。①"人为的社会状态和自然的状态不同,在前者之中有一个明显的制法者,在后者却没有,因此,如果某一单位不承认它们服从

① 李浩培:《国际法的概念和渊源》,贵州人民出版社 1994 年版,第 42 页。

一个共同的主权或政治领袖的时候，它们就好像恢复到受命于'自然法'了。国家就是这类单位，它们各自独立的这个假设，排斥了一个共同立法者的观念，并从这种观念出发，进而得到了从属于自然原始秩序的观念。"①多数决定原则使多数国家能无视少数国家的意见而作出决定，在少数国家具有强大实力的情况下，这种决定根本无法实行。因此，从20世纪60年代开始发展了协商一致决定的原则，这个原则介于全体一致同意决定和多数决定之间。按照1974年世界人口会议内部规则的附录所给予的定义，"consensus"是按照联合国的实践，指不经投票的一般合意（general agreement），但并非必须全体一致（unanimity）。所以在采取这种程序作出决定之时，第一，在作出决定前，出席代表必须先进行协商，以取得最广泛同意，因而在协商中必须相互让步。第二，决定这种程序的一个要点是不经过投票的。第三，只要有一个代表提出正式反对意见，决不能认为协商已取得基本一致，这时仍须采取通常的多数表决程序。协商基本一致决定的程序，已为几个重要的制定多边条约的国际会议所采取。"一致同意原则吸引人的地方在于它是唯一能确保法律改变是帕累托改进的原则，因为如果提请通过的法律将使某个人的境况变得更糟，那么，这个人就会投票反对，从而阻止该法律通过。"②一致性原则是非常吸引人与理想的，却也是极难达到与不太可能的。考虑到一致原则的困难，多数裁决的原则就通常被认为是最理想的投票标准，问题是多数裁定原则并不能达到帕累托改进，也并不能保证达到帕累托

---

① ［英］梅因：《古代法》，商务印书馆1996年版，第56页。
② ［美］尼古拉斯·麦考罗、斯蒂文·曼德姆：《经济学与法律》，吴晓露等译，法律出版社2005年版，第117页。

最优。致使少数人在多数决原则之下,在利益上付出代价。"当代社会各个具体制度规划问题的纠葛,主要仍存于'民主/多数决'与'正义/人权'两环。"①因此,如果国际海上货物运输公约制定仅以多数决原则运作,民主制度下将可能出现许多反民主的决定,即利益受损国家对公约的反对。

权力说认为,法律的正义并非基于一定不变的道理,不过跟着每个时期的势力所趋,势力之所在,正义之所在。因此,正义便是"无明无心"的物力,亦即所谓"正义不外乎强者的利益"。从而绝望于普遍妥当的正义理念,更不能想到正义是能够要求成为一种客观的普遍妥当的价值规范,只把正义看做持着主观的要求的无明无心的物力的强弱。因此,"权力说又能够把现实生活中当前的经济形态描写得很逼真。"②然而现实的人类决不以纯粹的唯物的权力说的理论为满足,若依凭权力说所论,我们服从航运法律秩序仅仅等于不得不服从强于自己的力,弱者应该服从强者,少数国家应该服从多数国家,这并没有阐明服从的道德理由,不过是指出服从的物理的必然性,并不能成为航运秩序规范的理由。追求法律遵守的理由不能以自然的必然的无明无心的拘束为满足,假如遵守法律在本质上只是对于自然的必然的、机械的盲从,那就没有必要再问"何以必须遵守法律"。如果要对遵守法律,追问其规范的正当性,就不能以无名无心的必然的物力所产生的机械的束缚为满足。权力说的基础便是把物力的力压置于规范的妥当价值之

① 颜厥安:《规范、论证与行动》,(中国台湾)元照出版社2004年版,第257页。
② [日]三谷隆正:《法律哲学原理》,徐文波译,(中国香港)商务印书馆1937年版,第20页。

上,亦即把非价值的物理的拘束,置于价值的规束之上。"然而,
法律之所以为法律乃在使物力的力压不得放肆,以制约因物力的
强弱所引起的自然的乱断,保障和平安定的环境。假使强力便是
法律,则虽为弱者而当其一旦获有违反特定法规的实力时,那么也
必然是很正当地,持有破坏该法规的权力了,即只要具有违反该法
律的实力,那么,违反便是正当的行为。如此,权力说便成为了法
律自身的自杀论。"①然而就国际海上货物运输法律的规范内容而
言,有不少场合可以证明其颇为强力的力压的影响。人类的本质
原不是与物质不相往来的,人类的生活依存于物质。因此,物力当
然是对于人类生活的强大的实力,人类的社会生活也直接受到此
物力的影响。在这一点上,马克思主义及其唯物史观均含有伟大
的真理。可是,航运法律秩序内容不免受物力的影响为一问题,而
航运法律秩序的本质即是在物力的力压下,又为一个问题,不可混
同。据此可知,国际海上货物运输法律秩序并不是自然的必然规
则,而是平等自由的规制规则。

## 第五节　后果与价值抵触的选择方案

"国际海商法统一,因为它的可预见性和确定性,促进了国际
正义和秩序。但是国际社会还没有为单一法律体做好准备。它不
可能放弃社会目的和行为方式多样性。任何形式的国际统一的法
律必须承认在本质和体例不同,否则将失败。他们必须避免以排

---

① [日]三谷隆正:《法律哲学原理》,徐文波译,(中国香港)商务印书馆
1937年版,第21页。

斥一种法律制度或法律传统为代价来强加另一种。"①"法理念是
人类追求至善意志的表现,学者将之解析为三个因素:(1)正义;
(2)合目的性;(3)法的安定性。为法理念的实现,这些因素称之
为相反相成。其所以如此是由于可支配的资源有限性,使得必须
从比较效益的观点,从事每一个最佳的决定。"②现实世界中最好
制度都会出现大量法律结果的不平等,如果一个法律与占支配地
位的公众意见过分抵触,乃至无人服从或实施,或是法律过分难以
理解,乃至无人服从,这样的法律就是不正义的。"真理不可能存
在于这样的学说之中,即通过避免功利主义的缺陷,忽视人与人之
间的独立性而得以界定;它也不大可能存在于这样的学说之中,即
所有的一切都有赖于'平等的关怀与尊重',这是对抗功利主义的
屏障。"③

"实证主义者们坚持认为:'同意'是国际法的绝对条件,他们
只承认条约和习惯是国际法确定的渊源。"④对于生存依赖于其后
果与合法的价值相冲突的决策情形,依照法律实证主义观点,国际
海上货物运输是不受"高级"法律原则制约,并且认为海商事法律
不过是主权国家共同同意(无论是习惯上同意还是通过条约规
定)采纳的若干规则而已。不能用正义来评价海上货物运输法律

① William Tetley, "Uniformity of international private maritime law—the pros, cons, and alternatives to international conventions—how to adopt an international convention", *Tulane Maritime Law Journal*, Spring 2000, p. 29.
② 黄茂荣:《法学方法与现代民法》,中国政法大学出版社 2001 年版,第 388 页。
③ [英]H. L. A. 哈特:《法理学与哲学论文集》,支振锋译,法律出版社 2005 年版,第 235 页。
④ [美]西奥多·A. 哥伦比斯、杰姆斯·H. 沃尔夫:《权力与正义》,华夏出版社 1990 年版,第 316 页。

体系。这一思想把我们引到国际海商事立法中的一个核心问题上来，即通过什么途径才能把正义与各个国家的利益协调起来，而目前大多数海商事法律体系都在很大程度上反映体系内强有力的和有影响的或最大多数国家或利益集团的重要利益。"自然法学派大多以一种等级的观念来看待法律，他们反对'强权即公理'这一古老格言所论战的无政府状态和弱肉强食原则，而实证主义则声称国际体系的基本要素是国家政府的主权和不受约束。"①在国际海商事公约制定过程中，那些拥有庞大资源的国家能够采取一切手段更强有力、更有效地影响国际社会的海商法律制度的选择，并使之为其谋利。海洋运输一向是国际性的，海洋航运是一个国际性事业，它的运行受到两个以上国家的法律和经济利益的制约，买主、卖主和航运公司也是属于多种不同国籍的。"世界航运界势必日益重视国际规则"。②"不容置疑，国际法实际效力一个重要的实践原因是国家自我利益和需要。然为了确保一个稳定和有秩序的国际社会，每一个国家利益要受到国际法原则的约束"。③"至少在国际公约实体法的一些规则上的协调一致的重要性是不能低估的。我们在此讨论的不是纯粹的学理上的法律制度的进一步统一，我们是说工业，商业和银行业都认为对其很重要的事情"。④

---

① [美]西奥多·A. 哥伦比斯、杰姆斯·H. 沃尔夫：《权力与正义》，华夏出版社1990年版，第3316页。

② [美]杰拉尔德·丁·曼贡：《美国海洋政策》，海洋出版社1982年版，第140页。

③ Martin Dixon, *International Law*(*second edition*), Blackstone Press Limited, p.8.

④ Roy Goode, "Insularity Or Leadership? The Role Of The United Kingdom In The Harmonisation Of Commercial Law", International and comparative law, October 2001, p.154.

而且"航运业所涉及的各种贸易和职业(船东、承租人、托运人、造船人、船级社、保险人、经纪人、代理人以及海损理算人)都有国际组织来保护和促进各自的利益"。①

国际海商事法律不应太轻易地得以改变,一个临时性的立法无法保证同样可靠地执行。从实质正义的观点看,一个不完善的海商事法律应尽可能较快地予以改善,然而正义终究也绝不能容忍任何经常变动的立法,因为,如此一来可能造成法律适用的不平等而导致违背正义。法律的安定性与实质正义要求间经常存在矛盾,而立法者的首要任务应是由法律安定性面向,时而由实质正义面向来决断这样一个冲突。对立法者而言,将法律安定性限于某些范围和某些时点,特别是为了实现实质正义,甚至规定或忍受为如此限制时,便有一个正当的理由。法律又不同于科学,法律关心不仅仅是获得正确的结果,还关心稳定性,为了稳定性,法律会频频牺牲实质正义。"法律概可分为两类,即技术法与伦理法,前者因系人类智慧拟定的技术规范,基于人类内在的合理性而渐进步,故最容易统一而抵大同,如现时的票据法与海商法皆已趋于世界性,即其印证;而后者,因系基于人类的内在道德的确信力,并含有各民族风俗习惯的成份,且此种习惯多为传统因系,由现实生活自然成长者,故其无共同理想目标,欲求大同,殊属匪易。"②海商法是法律国际统一运动中最可能成功的一个领域。"在国际海事制度,国际海事委员会已经发起鼓励全球货物责任体制统一,但这大

---

① William Tetley,"Uniformity of international private maritime law—the pros, cons, and alternatives to international conventions—how to adopt an international convention",*Tulane Maritime Law Journal*,Spring 2000,p.89.

② 何孝元:《诚实信用原则与衡平法》,(中国台湾)三民书局 1977 年版,第236 页。

约需要十年时间。问题是立法要得到每个国家同意是非常困难
的,因为每个国家只关注各自利益。"①

---

① Leslie W. Taylor, "Proposed Changes to the Carriage of Goods by Sea Act:
How Will They Affect the United States Maritime Industry at the Global
Level?" *International Trade Law Journal*, Winter 1999, p. 44.

# 结　　语

## 一、基本观点

（一）国际航运法律中的正义与目的理性提出了完全不同的秩序要求。正义就是平等,法律的平等要求法律原则的一般性,正义在任何层面都能得以概括。但是,从目的理性角度出发,所有的航运秩序中的不平等都是根本的,目的理性必须尽最大可能地去满足发展与保护航运或实现船货这一利益共同体效益最大化的需要。这样,正义和目的理性相互间就处于矛盾之中,这种紧张关系是不可能消除的。在19世纪末20世纪初期,国际海上货物运输承运人责任基础立法中,目的理性保护了脆弱的风险较大的航运业的发展,作为起决定性的原则,以致《海牙规则》实行不完全过失责任,将正义原则排除在外。《海牙规则》中承运人责任基础的内容偏重目的论,而非法律本质论,未能脱离理性哲学的范畴。而《汉堡规则》所确立的承运人责任体系的内容基本上是法律本质论,是基于法律正义价值判断而确立。《汉堡规则》所取得的成就在于,基本的正义得到进一步的认可,然目的理性被忽略或者说目的理性完全偏到货主一方,促进与保护航运经济发展以及国际航运业对国际贸易与经济发展的重要性在《汉堡规则》确立过程中被低估了。

（二）实证主义以人类预测和控制自然和社会环境的欲望为基础,系统表述有关自然(包括人和社会)的理论,即科学理论是人类需要和欲望的函数,而非事物的本来面目;其所遵循的是自然法则,条件就是"原因",后果就是"结果"。自然法则的基本形式是因果律,即自然科学据以描述其对象的原则是因果性。法律实证主义摈弃形而上学与终极价值,拒斥一切先验的思辨而仅以经验事实为探讨范围,因此,其失去了核心内容,并因而成为形式上的肆意。法律实证主义认为,正义的判断是主观的价值,不能在客观上验证,所以,在法律科学中无容身之地。如此,就把价值成分从航运秩序体系中完全排除掉,这样,目的就成为随意的,就不能考虑航运与贸易经济成分与价值成分的相互依赖性。而目的理性探讨的是航运实践中的各种因素在功能上的相互联系,并把航运实践活动看成是最大限度地增进效用的问题。然而仅依凭目的理性行为模型至少无法解释国际社会中被高度全面规范化的国际航运秩序法律制度的存在,无法建立公正的航运秩序。从某一"是"的东西,即目的理性中,而且按照因果关系的原则,永远不会推论出来某一"应当是"的东西,即国际海上货物运输承运人按照某种行为方式行为的义务或权利。从"是"的领域通过逻辑结论而进入"应当"是的领域是不可能的。

（三）一个效用最大化制度是功利主义制度的代表。成本收益分析具有实证效用,是实证主义的一个工具,可以用来预测国际海上货物运输承运人责任基础规则制定所带来的经济后果,辅助我们在涉及船货双方重大利益时作出复杂的判断,把它作为立法中的一个输入量使用时,它可以提高立法质量,在利益衡量与价值判断的现代国际航运秩序中,法律经济分析是有其地位与价值的。然实证主义的法律经济分析理论不能充分解释承运人责任基础规则的核心特征,成本收益分析不可能是立法中的唯一决策规则。法律经济分析的主要目的是促进财富最大化,对于船货双方应该具有什么权利并无任何立场,而效用最大化的责任基础制度削弱了国际海上货物运输法律制度的价值基础。法律经济分析理论分析遗漏许多重要方面,其改变了批判的目的,完全忽视了应受责罚性的"过失"行为的正义目的,其在概念上是不完整的,其预先假设承运人责任基础规则由某一特定目的或者特定功利功能决定,并据此对收益进行评价,但是其无法脱离正义论根源来支撑这个观点。因此,尽管可以根据利益或者效用最大化对海上货物承运人责任基础作出充分的描述,然而不能成为承运人责任基础的立法目标,它只能有助于决定责任的形式,促进责任基础的目标矫正正义的实现。而正义论,不管是根植于矫正正义还是分配正义理论,在承运人责任基础规则立法的一些重要问题上仍显得力不从心。正义论在实用上是不完整的,需要法律经济分析的理论来补充完善其目的。虽然矫正正义很好地解释了承运人责任基础体系中的实质部分,但是法律经济分析理论也同样很好地解释了其中的实质部分。这两种研究方法与其说是对立的,不如说是互补的,且在很多重要方面具有相互依赖性。因此,承认海上货物运输法律责任体系受多个不同目标或者价值的支配的多元论是当代海商事法律立法的发展趋向。

（四）国际海上货物运输法律制度确立中,依据法律实证主义或经验论理论则取消了价值在立法中的意义,排除了由意志支配的特性和规范性成分;而依形而上学价值论则排除了实现价值障碍的航运实践实在效用性。法律实证主义和与之相关的功利主义观点以及正义论的任何一边都不能作为海上货物运输法律确立中令人满意的方法论根据,都不是坚实的方法论基础。当为与实存,规范与事实,并非处于严格的对立关系,并非两个截然分隔的领域,两者须相互适应相互联系。国际海上货物运输承运人责任立法及所有发现航运秩序规范的行为,均致力于当为与实存的"彼此适用调和",在差别中把握统一性。我们对一切片面的国际海上货物运输立法中的正义价值论,明确地表示拒绝,这些理论只看见价值观、规范与应然,并认为能从这里出发,不考虑更多的东西,去获得现实的正当的航运秩序法律。然也不能利用"事实"来对抗价值,不能由航运事实推论出当的航运秩序规范。因此,不能彻底摒弃经济学的模式,而是在经济学模式和可选正义模式之间寻求一种协调,这两种研究手段是可以互补的,其所代表的价值可以有机地结合起来。不仅是制定公正或不公正承运人责任体制,而是要找出既公正又符合航运与贸易经济发展目标的承运人责任基础的行为模式。"规范性的事实效力",即基于价值受效用制约的国际海上货物运输承运人责任基础模式是架起从应然到实然的、从正义价值论到目的理性的桥梁。

(五)国际海上货物运输公约具有原始的法律性质的论断,有助于更有效地揭示其落后性和缺点。因为在国际海上货物运输承运人责任基础立法中,实效原则即目的理性起着巨大的作用,然而如果实效原则无限制的有效,那么国际航运秩序本身就会因而失效,所以尽管国际航运秩序顺应事实,在正义价值与航运事实之间,必然会存在一定的紧张关系。这向我们很清楚地表明了国际海上货物运输法律制度的最新发展,因为国际海上货物运输法律制度越来越反对向违反正义而造成的事实投降的企图。功利主义通过对利益最大化的计算或者投票,多数人投票裁决的同意方式来进行决定。利益计算与民主投票都无助于个人权利的建构,其将个人的外在偏好目的计算在内,因为这种方式侵犯了所有人应当都被平等的关怀与尊重的基本权利。民主的基础解释是法律实证主义,功利主义或民主投票体制,衡量票数与效益最大化的选择,并不能保证满足所有公正的诉求。大多数的投票者可能合并成一个利益集团,而使受挫的少数被剥夺平等的自由与尊重。国际海商事法律力图在跨国或全世界的范围内实现和谐与合作,减少可能引起国际海商事纠纷与争端。因此,如果要作出国际海上货物运输法律制度是一种真正的法律这样的评价,就必须首先承认这样一个事实,即国际海上货物运输承运人责任规则如果不以国际社会或国际社会大多数成员的接受为基础,那么,该制度就不可能有效。由于国际海商事立法,是一种软法,缺少立法机构,以及超国家制约力,所以依然取决于航运发达国家的基于主观效益的同意,这导致《汉堡规则》徒具公平并经发展中国家共同通过,而对航运发达国家不起作用。

(六)公意是一个特殊的概念,它不是"所有人的意志"的简单的数学累加,只有当全体的意志符合公共利益的宗旨时,它才成为公意。合意也被解释为民主制度的多数表决原则,海上货物运输立法中的情况往往是,它只不过是多数国家的意志。从海商事公约制定过程中看,投票制度和法律的通过应该受到共同利益或者社会正义者以高于一切目的的制约。只有当整个海商事制度的指向是社会正义而且法律和制度表达了该种志向的时候,我们才能肯定:通过的法律实际地与公意保持一致了。在制定海上货物运输责任体系公约时,是以共同利益或社会正义为指导,在这种情况下,法律表达了公意,而不是特殊利益的工具性结果。唯有公意才能够按照国际公约创制的目的,即国际社会共同利益来指导国家的各种力量。公意永远是公正的,并且永远以公共利益为依归。众意与公意之间经常总有很大的差别,公意只着眼于公共的利益,而众意则着眼于私人利益,众意只是个别意志的总和。从经济上说它大多情形是无效率的。因为,从经济上而言,每一个人效益最大化简单相加,大多情形并不总是整体效益最大化。帕累托的改进是不可能的,能够存在的是帕累托的效率原则。换言之,如果国际海商事立法中多数国家为原始共同体的多数人的利益,而不侵犯少数人的利益,达到一个帕累托改进,那么,如此所建立的国际航运秩序可以称为正义的航运秩序。然由于航运是国际贸易的基础,国际性与整体性是其主要特征,船货双方既是利益共同体又是矛盾体,货主国与航运国、航运发达国家与不发达国家或发展中国家的利益是对立与矛盾的,因此,要做到大多数国家从国际航运秩序中受益,而少数国家或航运不发达国家的贸易利益不遭到侵害是不可能的。从长远来看,只有一个真正普遍的以正义为基础的国际航运法律体系才能缓和或缓解当今国际航运秩序中多元化所造成的冲突与紧张。日益深化的国际经济交往同时推动了一个一体化的国际海上货物运输领域的形成,因为一个一体化的国际航运市场需要一个一体化的法律,这些目标主要是通过国际公约来达到的。

# 简略用语中英文对照

| BIMCO | Baltic and International Marine Conference | 波罗的海国际航运协会 |
|---|---|---|
| BMLA | British Maritime Law Association | 英国海商法协会 |
| CMI | Comité Maritime International | 国际海事委员会 |
| CMNI | Convention on the Contract for the Carriage of Goods by Inland Waterways | 关于内河货物运输合同的布达佩斯公约 |
| CMR | Convention de Merchandises Par Routes | 国际公路货物运输合同公约 |
| COGSA | Carriage of Goods By Sea Act | 海上货物运输法 |
| GATT | General Agreement on Tariffs and Trade | 关税及贸易总协定 |
| ICC | The International Chamber of Commerce | 国际商会 |
| ICS | International Chamber of Shipping | 国际航运协会 |
| IGclub | The International Group of P&I Club | 国际船东互保协会 |
| IMO | International Maritime Organization | 国际海事组织 |
| ISM | International Safety Management | 国际船舶安全营运和防止污染管理规则 |
| IUMI | International Union of Marine Insurance | 国际海洋运输保险协会 |
| MLA | Maritime Law Association | 海商法协会 |
| NAFTA | North American Free Trade Area | 北美自由贸易区 |

| STCW | International Convention on Standards of Training, Certificationgand Watchkeeping for Seafarers | 1978 年海员培训、发证和值班标准国际公约 |
|---|---|---|
| UNCITRAL | United Nations Commission on International Trade Law | 联合国国际贸易法委员会 |
| UNCTAD | United Nations Conference on Trade and Development | 联合国贸易和发展会议 |
| UNIDROIT | International Institute for the Unification of Private Law | 国际私法统一协会 |
| WTO | World Trade Organization | 世界贸易组织 |

# 主要参考文献

## 一、中文文献

### (一)中文著作

[1]沈宗灵主编:《法理学(第二版)》,高等教育出版社2004年版。

[2]程家瑞主编:《中国经贸法比较研究论文集》,(中国台湾)东吴大学法学院1998年版。

[3]邱聪智:《民法研究》,中国人民大学出版社2002年版。

[4]张新平:《海商法》,中国政法大学出版社2002年版。

[5]杨任寿:《汉堡规则》,发行人杨任寿1990年版。

[6]欧阳谿:《法学通论》,中国方正出版社2004年版。

[7]张文显:《二十世纪西方法哲学思潮研究》,法律出版社1996年版。

[8]姚志明:《侵权行为法研究》,(中国台湾)元照出版社2002年版。

[9]何孝元:《诚实信用原则与衡平法》,(中国台湾)三民书局1977年版。

[10]姚志明:《侵权行为法研究》,(中国台湾)元照出版社2002年版。

[11]林文雄:《法实证主义》,"国立"台湾大学法学丛书,元照出版公司2003年版。

［12］杨仁寿：《法学方法论》，中国政法大学出版社 1999 年版。

［13］黄茂荣：《法学方法与现代民法》，中国政法大学出版社 2001 年版。

［14］李浩培：《国际法的概念和渊源》，贵州人民出版社 1994 年版。

［15］马汉宝：《西洋法律思想主流之发展》，台湾大学法学丛书编辑委员会 1999 年版。

［16］王文宇：《民商法理论与经济分析》，（中国台湾）元照出版社 2000 年版。

［17］苏永钦：《民事立法与公私法的接轨》，北京大学出版社 2005 年版。

［18］林荣耀：《法学绪论》，（中国台湾）发行人林荣耀 1990 年版。

［19］史尚宽：《债法总论》，（中国台湾）发行人史吴仲芳 1978 年版。

［20］王卫国：《过错责任原则》，中国法制出版社 2000 年版。

［21］吴嘉生：《国际法学原理》，（中国台湾）五南图书出版公司 2000 年版。

［22］曾世雄：《损害赔偿法原理》，中国政法大学出版社 2001 年版。

［23］赖源河编审：《公平交易法新论》，（中国台湾）元照出版社 2002 年版。

［24］丘宏达：《现代国际法》，（中国台湾）三民书局 1998 年版。

［25］柯泽东：《最新海商法——货物运送责任篇》，（中国台

湾)元照出版有限公司 2001 年版。

[26]法学教材编辑部:《西方法律思想史》,北京大学出版社 1983 年版。

[27]方孝岳:《大陆近代法律思想小史》,中国政法大学出版社 2004 年版。

[28]张行道:《国际公法》,(中国台湾)"国立"编译馆 1979 年版。

[29]颜厥安:《规范、论证与行动》,(中国台湾)元照出版社 2004 年版。

[30]郭瑜:《海商法的精神——中国的实践和理论》,北京大学出版社 2005 年版。

[31]王肖卿:《载货证券》,(中国台湾)五南图书出版公司 1999 年版。

[32]杨仁寿:《海上货损索赔》,(中国台湾)发行人杨仁寿 1992 年版。

[33]梁宇贤:《海商法精义》,(中国台湾)发行人梁宇贤 1996 年版。

[34]杨良宜:《提单》,大连海运学院出版社 1994 年版。

[35]司玉琢:《海商法专论》,中国人民大学出版社 2007 年版。

(二)中文译著

[1][俄]B.B.拉扎列夫主编:《法与国家的一般理论》,王哲等译,法律出版社 1999 年版。

[2][德]E.U.彼德斯曼:《国际经济法的宪法功能与宪法问题》,何志鹏、孙璐、王彦志译,高等教育出版社 2004 年版。

[3][美]E.博登海默:《法理学》,邓正来译,中国政法大学出

版社 1999 年版。

[4][德]G. 拉德布鲁赫:《法哲学》,王朴译,法律出版社 2005年版。

[5][英]H. L. A. 哈特:《法理学与哲学论文集》,支振锋译,法律出版社 2005 年版。

[6][美]James Gordley:《亚里士多德学派的合同法》,载[加拿大] Peter Benson 主编:《合同法理论》,易继明译,北京大学出版社 2004 年版。

[7][英]M. 阿库斯特:《现代国际法概论》,汪瑄等译,中国社会科学出版社 1981 年版。

[8][美]Melvin A. Eisenberg :《合同理论》,载[加拿大]Peter Benson 主编:《合同法理论》,易继明译,北京大学出版社 2004年版。

[9][美]T. 帕森斯:《社会行动的结构》,张明德、夏遇南、彭刚译,译林出版社 2003 年版。

[10][加]William Tetley:《海上货物索赔》(第三版),张永坚、胡正良、傅廷中等译,大连海运学院出版社 1993 年版。

[11][奥]阿·菲德罗斯等:《国际法》,商务印书馆 1981年版。

[12][德]阿克塞尔·霍奈特:《为承认而斗争》,胡继华译,上海世纪出版集团 2005 年版。

[13][英]阿马蒂亚·森:《以自由看待发展》,任赜等译,中国人民大学出版社 2002 年版。

[14][德]阿图尔·考夫曼、温弗里德·哈斯默尔主编:《当代法哲学和法律理论导论》,郑涌流译,法律出版社 2002 年版。

[15][美]艾伦·沃森:《民法法系的演变及形成》,李静冰、

姚新华译,中国政法大学出版社 1992 年版。

[16][法]昂德雷·顿克:《侵权行为法导论》,国际比较法百科全书 1999 年版。

[17][法]奥古斯特·孔德:《实证主义》,黄建华译,商务印书馆 1996 年版。

[18][英]彼得·斯坦、约翰·香德:《西方社会的法律价值》,王献平译,中国法制出版社 2004 年版

[19][英]边沁:《道德与立法原理导论》,时殷弘译,商务印书馆 2000 年版。

[20][德]伯恩·魏德士:《法理学》,丁小春、吴越译,法律出版社 2003 年版。

[21][美]伯纳德·施瓦茨:《美国法律史》,王军等译,中国政法大学出版社 1990 年版。

[22][美]道格拉斯·G.拜尔、罗伯特·H.格特纳、兰德尔·C.皮克:《法律的博弈分析》,严旭阳译,法律出版社 1999 年版。

[23][德]迪特尔·梅迪库斯:《德国债法总论》,杜景林译,法律出版社 2004 年版。

[24][美]弗朗西斯·福山:《大分裂:人类本性与社会秩序的重建》,中国社会科学出版社 2002 年版。

[25][英]弗里德里希·冯·哈耶克:《法律、立法与自由》(第一卷),邓正来等译,中国大百科全书出版社 2000 年版。

[26][英]弗里德里希·冯·哈耶克:《哈耶克论文集》,邓正来译,首都经济贸易大学出版社 2001 年版。

[27][德]格尔德·克莱因海尔、扬·施罗德主编:《九百年来德意志及欧洲法学家》,许兰译,法律出版社 2005 年版。

[28][美]格瑞尔德·J.波斯特马:《哲学与侵权行为法》,陈

敏等译,北京大学出版社 2005 年版。

[29][德]古斯塔夫·拉德布鲁赫:《法律智慧警句集》,舒国滢译,中国法制出版社 2001 年版。

[30][德]哈贝马斯:《合法化危机》,刘北成、曹卫东译,上海人民出版社 2000 年版。

[31][德]哈贝马斯:《在事实与规范之间》,董世骏译,生活·读书·新知三联书店 2003 年版。

[32][美]汉斯·凯尔森:《国际法原理》,王铁崖译,华夏出版社 1989 年版。

[33][德]黑格尔:《法哲学原理》,商务印书馆 1979 年版。

[34][日]偩积重远:《法理学大纲》,李鹤鸣译,中国政法大学出版社 2005 年版。

[35][德]霍尔斯特·海因里希·雅科布斯:《十九世纪德国民法科学与立法》,王娜译,法律出版社 2003 年版。

[36][英]吉尔德·德兰狄:《社会科学——超越建构论和实在论》,张茂元译,吉林人民出版社 2005 年版。

[37][美]杰拉尔德·丁·曼贡:《美国海洋政策》,海洋出版社 1982 年版。

[38][日]堺屋太一:《知识价值革命》,金泰相译,沈阳出版社 1999 年版。

[39][德]京特·雅可布斯:《规范·人个体·社会》,冯军译,法律出版社 2001 年版。

[40][德]卡尔·拉伦茨:《法学方法论》,陈爱娥译,商务印书馆 2003 年版。

[41][奥]凯尔森:《法与国家的一般理论》,沈宗灵译,中国大百科全书出版社 1996 年版。

[42][美]凯斯·R.孙斯坦:《自由市场与社会正义》,金朝武、胡爱平、乔聪启译,中国政法大学出版社2002年版。

[43][法]克雷斯蒂安·冯·巴尔:《欧洲比较侵权行为法》(上卷),张新宝译,法律出版社2001年版。

[44][法]莱昂·狄骥:《宪法学教程》,王文利、庄刚琴、马利红、张恒等译,辽海出版社1999年版。

[45][美]理查德·谢佛、贝弗利·厄尔、菲利伯多·阿格斯蒂:《国际商法》,邹建华主译,人民邮电出版社2003年版。

[46][美]理查德·A.爱泼斯坦:《普通法规则的社会效果》,徐爱国译,载《哈佛法律评论》(侵权法学精粹),法律出版社2006年版。

[47][美]理查德·A.波斯纳:《法理学问题》,苏力译,中国政法大学出版社2003年版。

[48][美]理查德·A.波斯纳:《法律的经济分析》,蒋兆康译,中国大百科全书出版社1999年版。

[49][美]理查德·A.波斯纳:《法律理论的前沿》,武欣、凌斌译,中国政法大学出版社2003年版。

[50][美]理查德·A.波斯纳:《正义司法的经济学》,苏力译,中国政法大学出版社2002年版,第115页。

[51][法]卢梭:《社会契约论》,何兆武译,商务印书馆1980年版。

[52][德]鲁道夫·冯·耶林:《为权利而斗争》,胡宝海译,载梁慧星主编《现代世界法学名著集》,中国法制出版社2000年版。

[53][美]路易斯·亨金:《国际法:政治与价值》,张乃根等译,中国政法大学出版社2005年版。

[54][美]罗宾·保罗·麦乐怡:《法与经济学》,孙潮译,浙江人民出版社1999年版。

[55][美]罗伯特·A.希尔曼:《合同法的丰富性》,郑云瑞译,北京大学出版社2005年版。

[56][美]罗伯特·D.考特、托马斯·S.尤伦:《法和经济学》,施少华等译,上海财经大学出版社2002年版。

[57][美]罗伯特·考特、托马斯·尤伦:《法和经济学》,张军等译,上海三联书店1994年版。

[58][美]罗斯科·庞德:《法理学》,邓正来译,中国政法大学出版社2004年版。

[59][英]马克·布劳格等:《经济学方法论的新趋势》,张大宝等译,经济科学出版社2000年版。

[60][德]马克斯·舍勒:《哲学与世界观》,上海人民出版社2003年版。

[61][德]马克斯·韦伯:《经济与社会》,林荣远译,商务印书馆2004年版。

[62][德]马克斯·韦伯:《论经济与社会中的法律》,中国大百科全书出版社1998年版。

[63][德]马克斯·韦伯:《社会科学方法论》,韩水法、莫茜译,中央编译出版社2005年版。

[64][英]迈克尔·奥克肖特:《经验及其模式》,吴玉军译,北京出版社2005年版。

[65][英]迈克尔·H.莱斯诺夫:《二十一世纪的政治哲学家》,冯克利译,商务印书馆2002年版。

[66][英]梅因:《古代法》,商务印书馆1996年版。

[67][德]米歇尔·鲍曼:《道德的市场》,肖君等译,中国社

会科学出版社 2003 年版。

[68][日]内田贵:《契约的再生》,胡宝海译,载梁慧星主编《现代世界法学名著集》,中国法制出版社 2000 年版。

[69][英]尼尔·麦考密克、奥塔·魏因贝格尔:《制度法论》,周叶谦译,中国政法大学出版社 2004 年版。

[70][美]尼古拉斯·麦考罗、斯蒂文·曼德姆:《经济学与法律》,吴晓露等译,法律出版社 2005 年版。

[71][英]帕非特:《平等还是优先?》,载万俊人主编:《20 世纪西方伦理学经典》,中国人民大学出版社 2005 年版。

[72][英]帕特里克·贝尔特:《二十世纪的社会理论》,瞿铁鹏译,上海译文出版社 2005 年版。

[73][美]庞德:《庞德法学文选》,雷宾南译,中国政法大学出版社 2005 年版。

[74][美]乔迪·S.克劳斯、史蒂文·D.沃特:《公司法和商法的法理基础》,金海军译,北京大学出版社 2005 年版。

[75][美]乔治·H·米德:《心灵、自我与社会》,上海世纪出版社 2005 年版。

[76][美]撒穆尔·伊诺克·斯通普夫、詹姆斯·菲泽:《西方哲学史》(第七版),丁三东等译,中华书局 2005 年版。

[77][日]三谷隆正:《法律哲学原理》,徐文波译,(中国香港)商务印书馆 1937 年版。

[78][英]施米托夫:《国际贸易法文选》,赵秀文译,中国大百科全书出版社 1993 年版。

[79][冰]思拉恩·埃格特森:《新制度经济学》,商务印书馆 1996 年版。

[80][美]汤姆·L.比彻姆:《哲学的伦理学》,雷克勤等译,

中国社会科学出版社 1990 年版。

[81] [法]托马斯·阿奎那:《阿奎那政治著作选》,马清槐译,商务印书馆 1982 年版。

[82] [加拿大]威尔·金里卡:《自由主义、社群与文化》,应奇等译,上海世纪出版集团 2005 年版。

[83] [德]韦伯:《法律社会学》,康乐、简美惠译,广西师范大学出版社 2005 年版。

[84] [英]韦恩·莫里森:《法理学》,李桂林、李清伟、侯建、郑云端译,武汉大学出版社 2003 年版。

[85] [澳]维拉曼特:《法律导引》,张智仁、周伟文译,上海人民出版社 2003 年版。

[86] [美]文森特·R.约翰逊:《美国侵权法》,赵秀文等译,中国人民大学出版社 2004 年版。

[87] [美]沃伦·A.西维:《过错:主观抑或客观?》,林海译,载《哈佛法律评论》(侵权法学精粹),法律出版社 2006 年版。

[88] [美]乌戈·马太:《比较法律经济学》,沈宗灵译,北京大学出版社 2005 年版。

[89] [美]西奥多·A.哥伦比斯、杰姆斯·H.沃尔夫:《权力与正义》,华夏出版社 1990 年版。

[90] [法]雅克·盖斯丹、吉勒·古博:《法国民法总论》,陈鹏、张丽娟、石佳友、杨燕妮、谢汉琪译,法律出版社 2004 年版。

[91] [日]樱井玲二:《汉堡规则的成立及其条款的解释》,张既义等译,对外贸易教育出版社 1985 年版。

[92] [德]尤尔根·哈贝马斯:《交往行为理论》,曹卫东译,上海人民出版社 2004 年版。

[93] [美]约翰·罗尔斯:《正义论》,何怀宏等译,中国社会

科学出版社 1988 年版。

[94][美]约翰·罗尔斯:《政治自由主义》,万俊人译,译林出版社 2000 年版。

[95][英]约瑟夫·拉兹:《法律的权威》,朱峰译,法律出版社 2005 年版。

[96][英]约瑟夫·克罗普西:《国体与经体》,邓文正译,上海世纪出版集团 2005 年版。

[97][美]詹姆斯·布坎南:《财产与自由》,韩旭译,中国社会科学出版社 2002 年版。

[98][英]詹姆斯·E.米德:《效率、公平与产权》,北京经济管理学院出版社 1992 年版。

[99][加]威廉·泰特雷:《国际海商法》,张永坚等译,法律出版社 2005 年版。

(三)中文论文

[1]熊秉元:《法律的经济分析:方法论上的几点考虑》,(中国台湾)"国立"大学《法学论丛》第二十九卷第一期。

[2]陈妙芬:《法律正义的意义:一个思想史的初步尝试》,《当代基础法学理论》,(中国台湾)学林文化事业有限公司 2001 年版。

[3]柯宝秀:《海上件杂货运送损害赔偿问题研究》,载林咏荣主编:《商事法论文选集》(下),(中国台湾)五南出版社 1984 年版。

[4]赵月林、胡正良:《论取消航海过失免责对承运人义务、责任及对其他海事法律制度影响》,载《大连海事大学学报》(社科版)(2002 年 12 月)。

[5]王泽鉴:《损害赔偿法的体系、请求权基础、归责原则及发

展趋势》,载《月旦法学》2005 年第 119 期。

〔6〕林群弼:《船舶适航能力研究》,载台北大学《法学论丛》2000 年第 46 期。

〔7〕王笙:《汉堡规则与海上货物运送研究》,载林咏荣主编:《商事法论文选集》(下),(中国台湾)五南出版社 1984 年版。

〔8〕魏家驹:《对 1978 年海上货物运输公约(汉堡规则)的初步探讨》,载《海商法论文选集》,西南政法学院编辑 1981 年版。

〔9〕简资修:《法律经济分析的伦理价值与法学方法》,载《月旦法学》2004 年第 11 期。

〔10〕Patrick J. S. Griggs:《从国际层面看海商法的统一》,张相兰译,载《中国海事审判年刊》2000 年。

## 二、英文文献

### (一)英文著作

〔1〕Martin Dixon, *International Law* ( second edition ), Blackstone Press Limited.

〔2〕Hector Fix-fierro: *Court, Justice and Efficency*, Hart Publishing Oxford and Portland, Oregon. 2003.

〔3〕R. Nurkse, *International Trade Theory and Development Policy, Economic Development for Latin America*, 1961.

〔4〕Martin Dixon, *International Law* ( second edition ), Blackstone Press Limited.

〔5〕Charles G. Fenwick, *International Law*, 4th ed. N. Y.: Appleton-Century-Grofts, 1965.

〔6〕Ward, *Dynamic sociology The Psychic Factors of Civilization*, Blackstone Press Limited. 1984.

［7］Richard Ziade, *Benedict on Admiralty* ( cumulative supplement) volume 2A, Carriage of Good by Sea, New York, March 1997, Matthew Bender.

［8］John F Wilson, *Carriage of Goods by Sea* ( fourth edition ), Harlow, Pearson Education 2001.

［9］Grant Gilmore Charles L. Black. Jr. , *The Law of Admiralty* ( second edition) , New York, The Foundation Press, Inc.

［10］Raoul Colinvaux, *Carver' s Carriage by Sea* Volume 1 ( Twelfth Edition) , London, Stevens & sons, 1971.

［11］Richard O. Zerbe Jr. , *Economic efficiency in Law and Economics*, Edward Elgar Publishing, Inc. ( Cheltenham, UK. Northampton, MA, USA) ,2001.

［12］Lawrence M. Friendman and Stewart Macaulay, *Law and the Behavioral Science*, The Bobbs-Merrill Company, Inc. 1969.

［13］David Dyzenhaus and Arthur Ripstein, *Law and Morality*: *Readings in Legal Philosophy*( Second Edition) , University of Toronto Press, 2001.

［14］Matthew H. Kramer, *In the Realm of Legal and Moral Philosophy*, Antony Rowe Ltd, Chippenham, Wiltshire, 1999.

［15］Tom D. Campbell, *The Legal Theory of Ethical Positivism*, Dartmouth( Aldershot Brookfield USA) , 1996.

［16］Brian Leiter, *Objectivity in Law and Morals*, Cambridge University Press, 2001.

［17］Michael Neumann, *The rule of Law*, Ashgate Publishing Limited( Burlington) , 2002.

［18］Howard Davies David Holdcroft, *Jurisprudence*, Butterworths

(London, Dublin), 1991.

［19］Roger Cotterrell, *The Sociology of Law : An Introduction*, But-terworths (London), 1992.

（二）英文论文

［1］Samuel Robert Mandelbaum, International ocean shipping and risk allocation for cargo loss, damage and delay : A U. S. approach to COGSA, HAGUE-VISBY, HAMBURG and the MULTIMODALRULES, *Journal of Transnational Law & Policy*, Fall, 1995.

［2］Chester D. Hooper, Carriage of Goods and Charter Parties, *Tulane Law Review*, May-June, 1999.

［3］Roy Goode, Insularity or Leadership? The Role Of The United Kingdom In The Harmonisation Of Commercial Law, *International and comparative law*, Quarterly, October, 2001.

［4］Jurgen Basedow, Common Carriers—Continuity and Disintegration in United States Transportation Law Part II, *Transportation Law Journal University of Denver*, 1984.

［5］Michael F. Sturley, Uniformity in the Law Governing the Carriage of Goods by Sea, *Journal of Maritime Law & Commerce*, October, 1995.

［6］William Tetley, Uniformity of international private maritime law—the pros, cons, and alternatives to international conventions—how to adopt an international convention, *Tulane Maritime Law Journal*, Spring, 2000.

［7］Robert Force, A comparison of the Hague, Hague-visby, and Hamburgrules : much adout, *Tulane Law Review*, June, 1996.

［8］Kevinxli and Kevin Cullinane, An Economic Approach to

Maritime Risk Management and Safety Regulation, *Maritime Economics & Logistics*, 2003, 5.

[9] Patrick J. S. Griggs, Obstacles to Uniformity of Maritime Law, *Journal of Maritime Law & Commerce*, April, 2003.

[10] Samuel Robert Mandelbaum, Creating Uniform Worldwide Liability Standards for Sea Carriage of Goods Under the Hague, COGSA, Visby and Hamburg Conventions, *Transnational Lawyer*, Spring, 2002.

[11] David Michael Collins, Admiralty—international uniformity and the carriage of goods by sea, *Tulane Law Review*, October, 1985.

[12] Howard L. Myerson, General Average—A Working Adjuster's View, *Journal of Maritime Law & Commerce*, July, 1995.

[13] William J. Coffey, Admiralty Law Institute Symposium: Terminal Operations and Multimodalism and the American carrier, *Tulane Law Review*, December, 1989.

[14] Eun Sup Lee, A Carrier's Liability for Commercial Default and Default in Navigation or Management of the Vessel, *Transportation Law Journal*, Spring, 2000.

[15] Thomas C. Galligan Jr., Contortions along the boundary between contracts and torts, *Tulane Law Review*, December, 1994.

[16] Nicholas J. Healy, Collision law during the last quarter-century of the millennium, *Journal of Maritime Law & Commerce*, July, 1997.

[17] Susan Hodges, Express Warranties of Seaworthiness in Time Policies: A Comparative Analysis of American and English Law, Journal of Maritime Law & Commerce, January, 2001.

［18］Leslie W. Taylor, Proposed Changes to the Carriage of Goods by Sea Act: How Will They Affect the United States Maritime Industry at the Global Level? International Trade Law Journal, Winter, 1999.

［19］David Michael Collins, Admiralty—international uniformity and the carriage of goods by sea, Tulane Law Review, October, 1985.

［20］Michael White and Stephen Knight, Australian maritime law update: 2003, *Journal of Maritime Law and Commerce*, July, 2004.

［21］Leslie Tomasello Weitz, International Maritime Law: The Nautical Fault Debate(the Hamburg Rules, the U. S. COGSA 95, the STCW 95, and the ISM Code), *The Maritime Lawyer*, Summer, 1998.

［22］Jurgen Basedow, Common Carriers— Continuity and Disintegration in United States Transportation Law Part II, *Transportation Law Journal University of Denver*, 1984.

［23］Michael F. Sturley, Uniformity in the Law Governing the Carriage of Goods by Sea, *Journal of Maritime Law & Commerce*, October, 1995.

［24］William Tetley, The Proposed New United States Senate COGSA: The Disintegration of Uniform International Carriage of Goods by Sea Law, *Journal of Maritime Law & Commerce*, October, 1999.

［25］Leslie Tomasello Weitz, International Maritime Law: The Nautical Fault Debate(the Hamburg Rules, the U. S. COGSA 95, the STCW 95, and the ISM Code), *The Maritime Lawyer*, Summer, 1998.

［26］Howard L. Myerson, General Average—A Working Adjuster's View, *Journal of Maritime Law & Commerce*, July, 1995.

［27］David Michael Collins, Admiralty—international uniformity and the carriage of goods by sea, *Tulane Law Review*, October, 1985.

[28] Thomas C. Galligan Jr., Contortions along the boundary between contracts and torts, *Tulane Law Review*, December, 1994.

[29] Robert M. Jarvis, Economic Analysis of the Allocation of Liability for Cargo Damage: The Case for the Carrier, or Is It? *Transportation Law Journal University of Denver*, Fall, 1998.

[30] Robert M. Jarvis and Michael S. Straubel, Litigation with a foreign flavor: A comparison of the warsawconvention and the Hamburg Rules, *Journal of Air Law and Commerce*, May-June, 1994.

[31] Michael F. Sturley, The future of maritime law in the federal courts: A faculty colloquium: Carriage of Goods by Sea, *Journal of Maritime Law & Commerce*, April, 2000.

[32] Constantine G. Papavizas and Lawrence I. Kiern, Article: 1997-98 U.S. Maritime Legislative Developments, *Journal of Maritime Law & Commerce*, July, 1999.

[33] William Tetley, Reform of carriage of goods——the uncitral draft and senate COGSA '99, *Tulane Maritime Law Journal*, Winter 2003.

[34] Sean R. Thornton, An optimal model for reforming cogsa in the united states: Australia's cogsa compromise, *Transportation Law Journal*, Fall 2001.

[35] Geoff Motte, Book review: United states shipping policies and the world market. (Edited by William A. Lovett), *Journal of Maritime Law & Commerce*, January, 1997.

[36] Jane Andrewartha and Zelda Stone, English Maritime Law Update: 2003, *Journal of Maritime Law & Commerce*, July, 2004.

［37］Sarah Derrington and Michael White, Australian Maritime Law Update: 1998, *Journal of Maritime Law & Commerce*, July,1999.

［38］Littleton,Book review: legislative history of the carriage of goods by sea act and the travaux preparatoires of the hague rules, *The Maritime Lawyer*,Spring,1992.

［39］Wan Izatul Asma Wan Talaat, Article: Causa Proxima Non Remota Spectatur: The Doctrine of Causation in the Law of Marine Insurance, *Journal of Maritime Law & Commerce*, July,2003.

［40］Robert Bradgate and Fidelma White,Into the 21st century, *THE LAW SOCIETY*,1992,Vol89.

（三）国际组织出版物

［1］*Diary of future CMI and other maritime events*, CMI NEWS LETTER,No. 4—1999.

［2］*Carriage of Goods by Sea（Billing of Lading）*, CFCG— Service Issue No. 6—2 October 1995.

［3］*Issue of Transport Law, Synopsis of responses to the consultation paper*, CMI YEARBOOK 1999.

［4］*International Shipping Legislation, United Nations Convention on the Carriage of Goods by Sea*, 1978（*Hamburg*）, *note by the secretariat*, Yearbook of the United Nations Commission on the International Trade Law,1973.

［5］*Report of the Working Group on International Legislation on the Shipping on the Work of its sixth session*（4–20 February 1974）, Yearbook of the United Nations Commission on the International Trade Law,1974.

[ 6 ] *Report of the Secretary-General*: *analysis of comments by Governments and international organizations on the draft Convenion on the carriage of good by sea*, ( February 1974. ) Yearbook of the United Nations Commission on the International Trade Law,1974.

[ 7 ] *Status of the Hamburg Rules*: *note by the Secretariat*, Yearbook of the United Nations Commission on the International Trade Law,1994.

[ 8 ] *Woking Group on the International Legislation on shipping*; *report on the work of the first session 22 – 26 march 1971*, Yearbook of the United Nations Commission on the International Trade Law,1972.

[ 9 ] *A survey of the work in the field of international legislation on the shipping undertaken by various international organizations and coordination of future work in this field*: *report of the Secretary-general*, Yearbook of the United Nations Commission on the International Trade Law,1973.

[ 10 ] *Uniformity of the law of the carriage of goods by sea — Report on the work of the International Sub-committee*, CMI NEWS LETTER,No. 2–1999.

[ 11 ] *Synopsis of responses to the consultation paper*, CMI YEARBOOK( Issue of Transport Law) ,1999.

[ 12 ] *Comments by Governments and International organizations on the draft Conventions on the Carriage of Good by Sea*, Yearbook of United Nations Commission on International Trade Law, 1976, Volume VII.

[ 13 ] *International Shipping Legislation-United Nations Conventions on the Carriage of Goods by Sea*,1978, ( *Hamburg* ) *note*

*by Secretariat*, Yearbook of United Nations Commission on International Trade Law , 1988 , Vol. XIX.

[14] *Transport Law Draft Instrument on the Carriage of Goods by Sea* , CMIYEARBOOK , 2003.

[15] *Analysis of comments by Governments and International organizations on the draft Conventions on the Carriage of Good by Sea* , Yearbook of United Nations Commission on International Trade Law , 1971 , Volume VII.

责任编辑:姜冬红

责任校对:吕　飞

**图书在版编目(CIP)数据**

国际海上货物运输承运人责任立法中目的理性与价值判断研究/
胡绪雨 著. -北京:人民出版社,2012.1
ISBN 978－7－01－010459－1

Ⅰ.①国…　Ⅱ.①胡…　Ⅲ.①国际运输:海上运输:货物运输-
承运人责任-立法-研究　Ⅳ.①D996.1

中国版本图书馆 CIP 数据核字(2011)第 253039 号

国际海上货物运输承运人责任立法中
目的理性与价值判断研究

GUOJI HAISHANG HUOWU YUNSHU CHENGYUNREN ZEREN LIFA ZHONG
MUDI LIXING YU JIAZHI PANDUAN YANJIU

胡绪雨　著

人民出版社 出版发行
(100706　北京朝阳门内大街 166 号)

北京市文林印务有限公司印刷　新华书店经销

2012 年 1 月第 1 版　2012 年 1 月北京第 1 次印刷
开本:880 毫米×1230 毫米 1/32　印张:9.875
字数:230 千字　印数:0,001-3,000 册

ISBN 978－7－01－010459－1　定价:22.00 元

邮购地址 100706　北京朝阳门内大街 166 号
人民东方图书销售中心　电话 (010)65250042　65289539